I0023115

www.ingramcontent.com/pod-product-compliance
Lightning Source LLC
Chambersburg PA
CBHW052123270326
41930CB00012B/2736

מאיר ניצן

אם לא תרצו –
זו תישאר אגדה

CONTENTONOW

עורכים ראשיים: קונטנטו – הוצאה לאור בינלאומית

עריכה לשונית: נועם קצב

עיצוב פנים: ליליה לב ארי

עיצוב עטיפה: בנג'י הרשקוביץ

ניהול הפקה: מתי אלחנתי

איסרליש 22 תל אביב 6701457

www.ContentoNow.co.il

מסת"ב: 978-965-550-501-6

דאנאקוד: 488-224-4

נדפס בישראל תשע"ו 2015

Printed in Israel

חיזקו, בנותיי, נכדיי, ניניי וגם רעיי,
עד שוך הסערה המתחוללת בארצנו,
באובדן חזון ודרך סלולה.
ולרעייתי, שותפתי לאורך כל דרכינו, מלוא התודה!

מאיר ניצן

אנו חיים בסביבה מוסרית מזוהמת

אנו חיים בסביבה מוסרית מזוהמת. הארץ הזאת היא לי עבר, הווה ועתיד. זאת הארץ היחידה שאני מרגיש, כיהודי, שאני שייך לה והיא שייכת לי. זאת ארצי, זאת מולדתי. אני כותב מנשר זה מתוך אהבה רבה לארצי ודאגה עמוקה לעתידה של מדינת ישראל. האיום העיקרי על קיומה של מדינת ישראל הוא באובדן הערכים ובמוסר הירוד של מנהיגיה, שליטיה, ובבחירתנו החוזרת בהם למרות השחיתות שפשתה בכל רובדי השלטון.

גם אנו, אזרחי המדינה, נושאים באחריות לזיהום המוסרי של מנהיגינו. דבריי בעניין זה מושפעים מנאום שנשא נשיא צ'כוסלובקיה, הסופר ואצלב האוול, ברדיו פראג ב-1 בינואר 1990.[1] כותרת נאומו הייתה "אנו חיים בסביבה מוסרית מזוהמת".

נאומו הִכה בתדהמה את המאזינים בכך שטען כי בני אדם צריכים לקבל אחריות חלקית להשחתת המשטר בארצם. גם אנו, ובעיקר הצעירים, הנושאים בנטל קיום המדינה והמתקשים לכלכל חייהם בכבוד, צריכים לקבל אחריות לזיהום המוסרי במדינתנו ולפעול לשינוי הנורמות המוסריות הירודות שחדרו למערכת הפוליטית הישראלית. אנו חיים בסביבה מוסרית מזוהמת!

ארבע תופעות עיקריות מאפיינות את הזיהום המוסרי במדינתנו:

---

1 "נאומים ששינו את העולם", ספרם של רוזלינד הורטון וסלי סימונס, עורך המהדורה העברית: אורן נהרי, הוצאת מטר, עמ' 223.

1. השחיתות פשתה בכל רובדי השלטון הישראלי לרבות נשיא המדינה, ראש הממשלה, חברי הכנסת, השופטים, הרמטכ"ל, ראשי הרשויות המקומיות, רבנים וראשי ישיבות, פרקליטים, ניצבים במשטרה וראשי מוסדות פיננסיים.
2. היעדר בושה: שרים וחברי כנסת שסרחו ונדונו לעונשי מאסר וקלון שבים לתפקד בכנסת ובממשלה תוך כדי קבלת גיבוי ממפלגות החפצות להרכיב את הממשלה.
3. קיטוב חברתי, המקבל ביטוי בפלגנות בין עדות, דתות וזרמים דתיים ופוליטיים, יחד עם גידול מתמיד בשיעור העניים.
4. שליטה על עם אחר: קרוב ליובל שנים אנו שולטים בפלסטינים ביהודה ובשומרון. מאז רצח רבין, בשנת 1995, לא עשתה מדינת ישראל צעד ממשי לסיום מצב הכיבוש, הפוגע בייעודה כמדינה יהודית, מוסרית ואנושית.

הפוליטיקאים שלנו הגיעו לעמדתם לאחר בחירות דמוקרטיות, כלומר אנחנו בחרנו בהם, ואנחנו מעדיפים להתעלם מהפגם המוסרי שדבק בהם. זוהי גם אשמתנו. אנו מנסים להשקיט את מצפוננו בכך שהעמדתם לדין מוכיחה שהם אינם מעל החוק, אך אין די בכך.

אני נוטל גם על עצמי חלק מהאחריות ומעז לזעוק: די! עלינו להבריא מהחולי המוסרי. אף על פי שאני פונה ישירות לכל חברי הכנסת ולאנשי ציבור נעלים כנשיאי המדינה, שופטי בית המשפט ואנשי תקשורת ידועים, אינני מאמין שהם יצליחו לחולל את השינוי המוסרי הדרוש.

אני מודע להתקפות ולגילויי האיבה שאני צפוי להם מצִדם של פוליטיקאים ושל מלחכי הפנכה המשרתים אותם. בגילי המתקדם אינני חושש מדבר שיקרה לי, איני דואג לעצמי, אני מודאג מעתידה של המדינה. אני חושש שעתידה לוט בערפל ושאם לא נשנה את רמת המוסר הפוליטי והציבורי עלולה המדינה להיכחד.

דבריי מופנים אל הצעירים הסולדים מהמוסר הלקוי שדבק בחלק מהפוליטיקאים שלנו. אני פונה אל הצעירים הדורשים צדק חברתי, משום שהם אלה המסוגלים לדרוש ולהביא לשינוי מוסרי. ייתכן שיימצאו גם אנשי שלטון, ובהם נשיאי המדינה בעבר ובהווה, שיעודדו את השינוי המיוחל, אך עיקר הנטל של השינוי

מוטל על הדור הצעיר. עלינו לפעול בכמה דרכים לשינוי הנורמות המוסריות הקלוקלות שהשתרשו בחיינו הפוליטיים והציבוריים:

1. שינוי חוק הבחירות, שיביא להידוק הקשר בין הנבחר לבוחריו וימנע קשר בין הון לשלטון.
2. חקיקת חוקה נאורה שהובטחה במגילת העצמאות.
3. מתן חופש אמונה ודת לכל אדם. כנסת ישראל לא תעסוק בחקיקה דתית או באכיפה דתית; לא כפייה דתית ולא כפירה בדת – איש באמונתו יחיה!
4. שוויון זכויות וחובות של כל אזרחי מדינת ישראל ללא הבדל לאום, גזע ומין, כפי שבא לידי ביטוי במגילת העצמאות.

אחד ממדליקי המשואות ביום העצמאות הארבעים ותשעה של מדינת ישראל נתן כבר ביטוי להשקפתי במנשר זה. זהו עמנואל כהן, נינו של הרב אשר מיכאל כהן, רבה של העיר בזל וממשתתפי הקונגרס הציוני הראשון, ונכדו של השר משה שפירא, מחותמי מגילת העצמאות. אלה הם חלק מדבריו: "לכבוד ליכודם של כל הפלגים והזרמים, הרוחניים והמעשיים, הדתיים והסוציאליסטיים, הליברלים והרוויזיוניסטים, למעשה ציוני משותף... ולתפארת מדינת ישראל."[2]

לדבריו של עמנואל כהן אני מבקש להוסיף קטע תנ"כי שדוד בן-גוריון ראה בו את חזונה של היהדות: "וכי יגור אתך גֵּר בארצכם לא תונו אותו. כאזרח מכם יהיה לכם הגֵּר הגָּר אתכם ואהבת לו כמוך כי גרים הייתם בארץ מצרים..." (ויקרא יט לג-לד).

הגיעה העת לעשות מעשה למען שינוי של ממש במוסר המערכת הפוליטית והשלטונית במדינת ישראל, ואם נדחה את הדבר אנו עלולים לאחר את המועד.

אם תשאלוני מה חזוני, אשיב בקצרה: קיומה **של מדינת ישראל כמדינה יהודית, ציונית, ממלכתית ודמוקרטית** שישרור בה צדק חברתי; מדינה שיצומצם בה הפער בין רובדי האוכלוסייה השונים וכל אזרחיה **כולם יהיו שווים** בזכותם

2 "ארץ מולדת", עורך: פרופ' מיכאל בר-זוהר, הוצאת משרד הביטחון, תשנ"ז, עמ' 12.

לחיים, לחירות ולאי-כפייה; לכל פרט במדינה תהיה הזכות לאושר, ונוסף על כך, **מנהיגיה יהוו מופת בענוותם, בצנעת דרכם, ביושרם ובכמיהתם לשלום.**

כל אזרח צריך לראות את עצמו מחויב לפעול להבראתנו המוסרית.

איך עושים זאת?

עיינו במנשר זה. **יחד נוכל!**

תוכן עניינים

פרק א

אירועים שחרשו תלמים באישיותי והגותי משחר חיי

הנני בן לעם היהודי, עם למוד סבל, רדיפות ונדודים. נולדתי ב-18 במאי 1931, ב' בסיוון התרצ"א, בעיר בוקרשט שבגלות רומניה לאבי מיכאל ולאמי רחל למשפחת מינץ.

יהדות בוקרשט עמדה להישלח למחנה ההשמדה באושוויץ באוקטובר 1944. פרט זה נודע לי רק כעבור שבע-עשרה שנה בעת קיום משפט אייכמן בירושלים בשנת 1961.

משחר נעוריי חוויתי איבה ועוינות מאנטישמים. אתאר בקצרה כמה אירועים שימחישו את הרקע להגותי, לתקוותיי ולמאוויי ששהשפיעו ומשפיעים על מעשיי לאורך כל חיי.

אני, כיתר הילדים היהודים בני דורי באירופה, עברתי את שני העשורים הראשונים בחיי במאבק להישרדות. **היינו ילדים אך לא הייתה לנו ילדות.**

אירוע ראשון: "יהודון מלוכלך!"

בהיותי בן שמונה רכבתי על אופניי ברחוב שגרתי בו, רחוב קנטמיר שברובע היהודי של בוקרשט. בן של קצין רומני רכב על אופניו ונכנס בי בכוונה תחילה ושאג לעברי: "יהודון מלוכלך!" כתוצאה מההתנגשות שנינו נפלנו.

קמתי ובחמת זעם דרכתי על מיתרי אופניו וקרעתי כמה מהם. הוא הרים את אופניו והסתלק מהמקום תוך שהוא קורא לעברי: "אבא שלי יחזור בערב ותראה מה נעשה לך." ידעתי שאביו קצין בדרגת סרן בצבא הרומני.

אבי, שחזר בערב מהחנות, שמע את אשר קרה ואמר לי: "אתה צריך להתעלם מקריאות גנאי ולא להתקוטט עם רומנים. זו ארצם והם רואים בנו זרים לא רצויים. עכשיו נלך לביתו של הקצין ותתנצל על הנזק שעשית לאופני ילדו, ואני אשלם עבור אופניים חדשים." ניסיוני למחות בפני אבי בטענה שהוא העליב אותי ותקף אותי לא הועילו.

הגענו לביתו של הקצין הרומני. ראיתי את אבי בכניעתו: עיניו מושפלות, גוו כפוף ובפיו דברי חנופה ותחינה. הוא ביקש שיסלח לי על מעשיי האלימים. אבי הכריח אותי להתנצל ולהבטיח שזה לא יקרה עוד פעם. בתום דבריי הושיט אבי לקצין הרומני ערמת שטרות לקניית אופניים חדשים לבנו. אבי ראה בכך את סיום התקרית, ומעולם לא שוחחנו עליה.

צעדנו בדרך הביתה בשתיקה רועמת. חשתי מושפל עד עפר. אירוע מביש זה חרת בנפשי תלם עמוק: **נשבעתי שלעולם לא אתנצל עוד על מעשה צודק שאעשה!**

אירוע שני: "שחיטה כשרה של יהודים"

ביום שלישי ה-21 בינואר 1941 החל פוגרום ביהודי בוקרשט. בראש הפוגרום עמד הוריה סימה, מנהיג התנועה האנטישמית הרומנית ששמה היה "משמר הברזל". הם לבשו חולצות ירוקות, חבשו כובעי פרווה של רועים, נעלו מגפיים, חגרו חגורות עור והיו מצוידים בסכינים. הם נהגו לצעוד באמצע הרחוב בטורים ארוכים, ובכל שורה שישה בריונים. הם שרו שירים אנטישמיים וגזעניים. אחד מהם כלל את המילים הבאות: **"היהודונים והצוענים מוצצים לנו את הדם / ורק הסכין והמוות הוא עתידם!"**

הפוגרום נמשך ארבעה ימים ולילות, ובמרוצתו נטבחו 121 יהודים, חמישה-עשר מהם בבית המטבחיים של בוקרשט. גם על חצרנו, שהתגוררו מסביבה כעשר

משפחות יהודיות, לא פסחה אימת הפוגרום. הגברים העבירו את כל הנשים והילדים לאחד המרתפים, כיסו את פתחו בשטיח והעמידו עליו שולחן כבד ושנים-עשר כיסאות כדי למנוע מהפורעים, אם יצליחו לחדור לחצר, למצוא אותנו.

הגברים נעלו את שערי הברזל בכניסה לחצר, הצטיידו בגרזנים ובסכינים וגם בפחים של נפט ובנזין. הם התכוונו לשפוך אותם על הפורעים ולהציתם, אם אלה ינסו לטפס על השער. על ארגון ההגנה וההתבצרות ניצח הגוי הפולני טדאוש דרוז'ינסקי, שאספר עליו באירוע הבא. הוא היה קצין פולני ולבש את מדיו, שכללו כובע בעל ארבע פינות, דרגות קולונל בכותפותיו ואקדח בחגורתו. הוא עשה עלינו, הילדים, רושם אדיר, והתייחסנו אליו כאל גיבור אמיתי. הגברים היהודים סרו לפקודתו של הקצין הפולני ופעלו לפי הוראותיו.

באחד מימי הפוגרום הגיעה קבוצה של פורעים וניסתה לטפס על השער. דרוז'ינסקי ירה ירייה באוויר והזהירם שאם ימשיכו לטפס יירה בם. הפורעים הסתלקו מהשער, עברו לצד האחר של הרחוב, ושם העלו את בית הכנסת באש. ריח השרֵפה הגיע למחבואנו במרתף.

אף על פי שלא נפגענו ישירות, זוועותיו של הפוגרום לא נחסכו ממני. אני נושא את צלקותיו בנפשי, ונראה שכך יהיה עד אחרון ימיי. אבי החליט שעליי לראות במו עיניי חלק מהזוועות שחוללו האנטישמים הרומנים. בבוקר שבו הודיעה ממשלת רומניה כי שמה קץ לפוגרום וכי הוריה סימה הוגלה לגרמניה, לקח אותי אבי לבית המטבחיים של בוקרשט. ראיתי במו עיניי יהודים הקשורים ברגליהם כבהמות, ערומים, שחוטי צוואר, ועל הווים היו שלטים בעברית: "שחיטה כשרה."

המראה היה מעורר פלצות ומלווה אותי יום-יום ולילה-לילה. אבי דיבר אליי ומילותיו מהדהדות בי. ואלה היו דבריו: "יגיע יום שבו חיות אדם אלה, ששחטו אנשים חפים מפשע, יבקשו רחמים על חייהם. יכול להיות שאני לא אגיע ליום הזה, אבל אתה מרטין (זה היה שמי ברומניה) – אתה תגיע, **ולכן זכור את אשר אתה רואה היום. אל תשכח ואל תסלח להם ולכמותם. לעולם אל תחוס על חייהם כי הם לא חסו על חיי הנטבחים כאן!"**

התבוננתי בנרצחים, בפיותיהם הפעורים, ששאפו שאיפת אוויר אחרונה, ולבי הלם בחוזקה. כדי לעצור את דמעותיי נשכתי את שפתיי. בחוץ שרר קור עז. שפתיי התנפחו וחשתי כאבים עזים. צעדנו חזרה לביתנו בלי לומר דבר.

חזרתי מבית המטבחיים ילד אחר: חדרה לתודעתי הידיעה שאין לנו מקום אחר לחיות אלא בארץ ישראל, ושם בארצי, אם רק יעזור לי ה', **אעשה כל שביכולתי שזוועות כאלה לא יבואו על עמנו ועל שום עם אחר!**

אירוע שלישי: ההבהק האנטישמי של טדאוש דרוז'ינסקי

פליט פולני גוי הובא אל ביתנו על ידי שירותי הביטחון הרומניים: הסקוריטטה. הם החרימו לנו חצי מהבית ושיכנו בו את מר טדאוש דרוז'ינסקי, שלווה על ידי שומר ראשו ושמו גורצקי. היה זה בנובמבר 1939 לאחר שפולין נכבשה בחלקה על ידי הגרמנים, ובעקבות ההסכם שנחתם בין שר החוץ הנאצי יואכים פון ריבנטרופ לבין שר החוץ הסובייטי ויאצ'סלב מולוטוב הועברו חלקה המזרחי של פולין ושל הארצות הבלטיות לשליטת ברית המועצות.

אינני יודע מה הייתה הסיבה לצעדי הסקוריטטה, אך אבי סיפר לנו שהם רצו להחביאו מפני הגסטפו הגרמני. הוא היה אחד מבכירי הבנק הפולני ועם השנים נודע לי שהוא היה קצין מילואים בחיל התותחנים הפולני בדרגת קולונל (אלוף משנה). כעבור זמן קצר נעלם שומר ראשו גורצקי, ואבי הוזהר על ידי הסקוריטטה שעליו להשגיח על דרוז'ינסקי, ואם יחשוד שמאן דהוא מתעניין בזהותו, עליו לדווח להם מיד.

התחבבתי על דרוז'ינסקי וכנראה שימשתי לו פורקן לגעגועיו לבנו, סטפן, שהיה בן גילי ונשאר בפולין עם רעייתו. יום-יום עזר לי בשיעוריי וניהל אתי שיחות בנושאים שחרגו מתחום הלימודים, כגון דרכי חשיבה, ייעוד בחיים, ובעיקר בהבנת הדברים והאירועים לעומקם. עבורי הוא היה באותם הימים מחנך ומדריך לחיים. ליחסיי עם דרוז'ינסקי הקדשתי שלושים וחמישה עמודים מספרי "תרמיל חיי".[3]

אביא כמה דוגמאות מדבריו. כאשר ניסיתי לשנן את אשר לימדונו בבית הספר, הוא לא הסתפק בכך והתעקש שאוכיח כי הבנתי את הדברים לעומקם. כאשר ניסיתי להגדיר את המונח "תאוצה", הוא לא הסתפק בהגדרה המתמטית אלא

---

3 הוצאת "סער", 2010.

רצה שאבין את משמעות המונח "תאוצה", שפירושו: תוספת מהירות קבועה בכל יחידת זמן.

הוא לימדני שאין הגדרה מוחלטת למושגים "טוב", "יפה", "רע" וכדומה, היות שהם מושגים יחסיים המותנים בדעתו של המתייחס. בעת שעברנו הפצצות אמריקאיות ובריטיות כבדות על העיר ושריקות הפצצות החרישו אוזניים, הוא לימדני שאין מה לפחד משריקתן האימתנית של הפצצות. הוא הסביר לי שגלי הקול מתפזרים במעגלים מחוד הפצצה, ולכן פצצות ששומעים את קולן אינן מהוות סכנה לפגיעה ישירה, וכאשר פצצה עומדת לפגוע בך, אינך שומע את קולה.

בהיותו נוצרי קתולי היה חדור אמונה באלוהים הכול-יכול ושהכול נברא מרצונו. בהתייחסו ליהדותי היה משנן לי: "גם העם היהודי נברא כי זה רצונו של אלוהים. אינך רשאי להתכחש לעמך ולדתך. אל תעמיד פני רומני, ואם תמיר את דתך – זה נוגד את מעשה הבריאה." הופתעתי עד מאוד מדעותיו ביודעי את ההשקפה המיסיונרית הנוצרית, שדרשה מיהודים ומאחרים להמיר את דתם לנצרות. הוא נטע בי את הגאווה הלאומית המלווה אותי עד היום.

בקיץ 1946, יותר משנה לאחר תום המלחמה, הגיעה שעת הפרֵדה. תמונת הפרֵדה ממר דרוז'ינסקי בתחנת רכבת צפון של בוקרשט צפה ועולה לנגד עיניי בכל צבעיה וגווניה. טדאוש, מורי ומעצב דרכי ואופיי, האדם שזרע בלבי את אהבתי ללאום שלי ולעמי, זה שבזכותו הייתי מודע בפעם הראשונה בחיי לחשיבות זהותי הלאומית, האיש אשר לימדני להגות ולבחון כל פרט בחיי, האיש שהיה יקר לי מאוד, עמד לעזבני. לבי נצבט בקרבי. בעודנו מסייעים לו בהעלאת מזוודותיו לתא הרכבת שהתמקם בו, התנהלה בינו לבין אבי שיחה איומה שהחריבה בעיניי את דמותו של טדאוש דרוז'ינסקי, המורה והמחנך האהוב עליי.

"מר טדאוש דרוז'ינסקי," פנה אליו אבי מתוך רצון לנהל שיחת חולין ברגעי הפרֵדה לאחר שהיה בן בית אצלנו כשבע שנים. "כיצד אתה חש לאחר שבע שנים שחיית עמנו, ובהן נעדרת ממולדתך?"

תשובתו המפתיעה של דרוז'ינסקי הלמה בי כפטיש. את מהלומתו אני נושא עמי עד עצם היום הזה. הוא דיבר בשלוות נפש מדהימה ואלה הם דבריו: "ראה,

מר מינץ, אני חוזר לפולין הרוסה ושדודה, שסועה וקרועה. הרוסים והגרמנים קרעוה מכל עבר ובנינו הטובים ביותר נפלו חללים ורבים הם הנכים. הרוסים והגרמנים רצחו בדם קר את מרבית המנהיגים ואת האינטליגנציה הפולנית. שלושה מיליון פולנים נטבחו. רק דַלַת העם נותרה בחיים. אנו צריכים להתחיל הכול מחדש. הדבר אינו פשוט היות שהרוסים חומדים את ארצנו, והם לא ירשו לנו להיות עצמאיים. הם יחנקו כל יוזמה פולנית לתחייה לאומית, והעולם יעמוד שוב מנגד וישתוק. אך בכל הזוועה הזו צמחה טובה אחת לפולין: **נותרו בפולין פחות יהודים!"**

מיקדתי את עיניי בעיניו הכחולות המוכרות לי כל כך, הפניתי אצבע אליו, ובשלוות נפש מדהימה, כמעט כשלו, אמרתי: **"מר טדאוש דרוז'ינסקי, אתה אנטישמי ללא תקנה.** אין לי יותר מה לדבר אתך! אני בוש ונכלם על שאהבתי אותך בכל מאודי!" לא המתנתי אפילו שנייה, סבתי על עקביי ופניתי מהם בצעד בוטח, גאה והחלטי.

קריאתו של אבי לעברי, כי עליי לנהוג בנימוס כלפי מר דרוז'ינסקי על שסייע לנו רבות, הגיעה לאוזניי, ולכן עצרתי לשנייה ואמרתי: "אני נוהג כפי שלימדני מר דרוז'ינסקי. **הוא אשר לימדני גאווה לאומית מהי**, ואשמור עליה עד אחרון ימיי!"

בעקבות אירוע קשה זה החזקתי שנים רבות בדעה שאין לתת אמון בגויים. בשנת 1991, כלומר כעבור ארבעים וחמש שנה, שיניתי דעתי בעקבות אירוע שבו היה מעורב ראש עיריית מינסטר שבחבל ווסטפליה אשר בגרמניה. אז הבינותי שאין לייחס לכלל את התנהגותו של פרט, ואין לייחס לפרט את התנהגות הרוב. על האירוע אספר בהמשך.

אירוע רביעי: פלגנות וטוטליטריות יהודית

הזוועות של מלחמת העולם השנייה והשואה שעברה על העם היהודי עוררו בנו, בשארית הפליטה, רגש לאומי ושותפות גורל, ותוצאתם הייתה אחת: ידענו שעלינו לעלות לארץ אבותינו, לארץ ישראל. הוריי החליטו שאחותי, גיסי ואני

נצא לדרך אל ארץ ישראל, נכה שורש במולדתנו, והם יבואו בעקבותינו לאחר שתהיה להם אפשרות להעביר חלק מרכושם לארץ ישראל.

התארגנה קבוצה של כארבעים יהודים, ואנו בתוכם. חצינו בגְנֵבָה את הגבול להונגריה במטרה להגיע לעיר דברצן, ומשם באמצעות ארגון "הבריחה" להגיע לאוסטריה או לגרמניה בדרכנו לארץ ישראל. כעבור יומיים, סמוך לעיר דברצן, נתפסנו על ידי שוטרים הונגרים, והם החלו להצעיד אותנו חזרה לגבול רומניה. אמרתי לאחותי שאינני מוכן לשבת בכלא רומני, וכי בכוונתי לברוח. אחותי וגיסי ניסו למנוע זאת ממני ונטלו את תעודותיי ואת מעט הכסף שהיה בכיסי. למרות זאת הצלחתי להישאר על עץ תפוחים באחת החניות. זה היה בשעות הערב, לפני כפר ששמו ניר-אוצ'אד. כאשר השתרר חושך צעדתי בלילה מזרחה לעבר הגבול הרומני מתוך כוונה לחזור להוריי, לבוקרשט. בעת עלות השחר הבינותי שאני נמצא בשטח רומניה.

התגלגלתי בדרכים כשבועיים, והזדמן לי להכיר את הכנסת האורחים של האיכרים הרומנים ואת טוב לבם. הם שונים כל כך מהרומנים העירוניים שהכרתי בבוקרשט. אחותי וגיסי, יחד עם יתר חברי הקבוצה, שיחדו את שומרי הגבול הרומנים והמשיכו בדרכם מערבה. חזרתי להוריי והתחלנו להתארגן לעלות לארץ ישראל באמצעות ארגון ההגנה.

ב-24 בדצמבר 1947 חצינו את נהר הדנובה מהעיר גיורג'ו שברומניה לעיר רוסצ'וק שבבולגריה, ומשם נסענו ברכבת משא לנמל בורגס שבבולגריה. בבורגס עלינו על האנייה "עצמאות" (Pan Crescent) ולצדה שטה אנייה נוספת בשם "קיבוץ גלויות" (Pan York). בשתי האניות היינו 15,236 עולים. ב-27 בדצמבר 1947 הפלגנו דרומה כשפנינו לארץ ישראל. בצאתנו אל הים היוני ב-30 בדצמבר 1947, נעצרנו על ידי שבע משחתות בריטיות, והן הובילו אותנו לנמל לרנקה שבקפריסין. הוקמו שם מחנות מעצר לעולים לארץ ישראל.

בעת שהורידו אותנו הבריטים מהאנייה הורו לנו להתפשט, לעשות מקלחת ולעבור חיטוי של די-די-טי. כאשר יצאתי מהמקלחת גיליתי שהבריטים הם חובבי נעליים: הם גנבו את הנעליים שחלצתי וגם את הזוג הנוסף שהיה במזוודה שלי. נותרתי בגרביים בבוץ של קפריסין. הועברנו לאוהלים במחנה שמספרו היה 69.

עליתי במסגרת תנועת "השומר הצעיר", קן בוקרשט. היכרותי עם חברי הקן הייתה שטחית ביותר. את חלקם הכרתי בקיץ 1946 במחנה הכשרה שנמשך חודש בהרי הקרפטים ליד העיירה זיזין, ומאז רבים התחלפו. שוכנו שישה בחורים באוהל. החלפתי גרביים והלכתי לישון. אמי ואבי שוכנו עם זוג עולים נוסף באוהל אחר. אמי תפרה לי באותו הלילה נעליים משמיכה, עם סוליית קרטון.

הקן החל בפעילותו: השכמה בשש בבוקר, רחצה, שתיית קפה ואכילת שתי פרוסות לחם עם גבינה צהובה, לפעמים ביצה קשה ותפוז; בשעה שמונה: מסדר בוקר והנפת דגל הלאום ודגל התנועה תוך כדי שירת ההמנונים: "התקווה" ו"האינטרנציונל"; לאחר מכן שיחה רעיונית, סיור להכרת המחנה וסביבתו ולימוד השפה העברית. היינו עסוקים מאוד וכמעט לא היה לי זמן לראות את הוריי.

הקן החל להתגבש, מכינים עצמנו לכל הצפוי לנו בארץ ישראל. חיכינו בכליון עיניים למדריך מארץ ישראל שיבוא להדריך אותנו באימוני שדאות וקרבות פנים אל פנים.

חבריי שמו לב שבמסדר הבוקר אינני שר את המנון "האינטרנציונל". כאשר שאלוני מדוע אינני שר את ההמנון, השבתי: "יש כמה סיבות. אחת העיקריות שבהן היא שאינני מסכים להחריב שום עולם, כמילות השיר: **'עולם ישן עד היסוד נחריבה'.** אינני מסכים להחריב עולם. אני רוצה לבנות עולם חדש, טוב יותר." את השיחה הזו ניהלתי עם זיגו, אחד ממדריכי הקן והמבוגר בינינו. הוא הבטיח להביא את הנושא לשיחת קן.

בשיחת הקן שלמחרת יזם זיגו שיחה על מילות "האינטרנציונל" וביקש ממני להביע את עמדתי. טענתי שעובדת היותנו ציונים אינה מתיישבת עם תפיסה קוסמופוליטית הבאה לידי ביטוי בהמנון "האינטרנציונל", ובוודאי אינני תומך בהחרבת עולם, לאחר שראינו את החורבן שהביאה עלינו מלחמת העולם השנייה. הוויכוח היה קצר והחלטי, והקן החליט שעלינו לשיר מדי בוקר את "האינטרנציונל" אחרי "התקווה".

בתום ההצבעה עלה נושא נוסף: הצעה לגנוב בלילה את הדגל של תנועת הנוער בית"ר. מיד התחילו בחלוקת תפקידים: חוליית הסחה שתמשוך את חברי בית"ר מחוץ למחנה שלהם, חוליית חדירה שתגנוב את הדגל ותגן על הגונבים

וחוליית הגנה על דגלנו, אם אנשי בית"ר ירצו לגנוב את הדגל שלנו. מאחר שהייתי יחף הועידו לי תפקיד בחוליית ההגנה על הדגל שלנו. כבר אז הבעתי את דעתי, גם כאשר ידעתי שעמדתי לא זוכה לתמיכה או לאהדה. הרמתי ידי ושאלתי בתמימות: "מדוע אנחנו צריכים לגנוב דגל עם מגן דוד מתנועה הנמצאת במעצר בריטי, כמונו?! מדוע איננו יוצאים לגנוב דגל בריטי?! אם תשלחו אותי יחף לגנוב דגל בריטי, אעשה זאת בשמחה!"

לא שיערתי איזה זעם יעוררו דבריי. כמעט כולם פרצו בצעקה. "איך אתה מעז להגן על דגל של תנועה פשיסטית יהודית"; "דגלם אינו דגלנו, דרכם אינה דרכנו"; "הם לא נשמעים להנהגת היישוב"; "הם כלומניקים המתחזים לאנשי צבא מצוחצחים." בתוך ההמולה שקמה נשמעה צעקתו של זיגו, שפנה אליי: "אתה תכפר על דבריך בכך שתהיה חלק מחוליית החדירה שתביא את הדגל של בית"ר."

סירבתי. אמרתי שההוראה הזו מנוגדת למצפוני כיהודי שנמצא במעצר בריטי.

בלילה הצליחו לגנוב את הדגל של בית"ר. בבוקר הודיעו לי שבשעה אחת-עשרה יש לי משפט קן על סירובי למלא את צו התנועה. זיגו היה התובע ובפיו שתי האשמות: הראשונה, סירובי במודע לקיים את צו התנועה; השנייה, סירובי לשיר את המנון "האינטרנציונל" אף על פי שהקן קיבל החלטה שעלינו לשיר אותו במעמד ההנפה של דגל התנועה.

השבתי: "בית"ר הם יריבינו הפוליטיים, ועמם נאבק בדרכים דמוקרטיות. עלינו להשפיל את בריטניה ולקרוע את דגלה, לא את דגל בית"ר. אנו ציונים, לא קוסמופוליטים. מה לנו ול'אינטרנציונל'? האם עלינו להרוס את עולמנו או לבנות עולם חדש, טוב יותר?! **גם בתנועה יש מקום למצפון אישי ולא צריך להכריח אדם לנהוג בניגוד למצפונו."**

דבריי נפלו על אוזניים ערלות. באותה ישיבה סולקתי מתנועת "השומר הצעיר" והודיעוני שעליי לעזוב מיד את הקן ולהפסיק לאלתר את לימודי השפה העברית. ניסיתי להתקבל לתנועת "דרור הבונים", אך לא קיבלוני היות שלא הסכמתי להצהיר שאמלא את צו התנועה ללא תנאי וללא עוררין. נותרתי מנותק: ללא לימודי עברית וללא אימוני הגנה, בודד בין אלפי בני נוער מתנועות שונות.

במרוצת הזמן הכרתי את יושב ראש הסניף של "הציונים הכלליים", יצחק יבלונובר, והוא הסכים לאפשר לי לעבור אימוני הגנה אך לא להשתתף בבית הספר ללימוד עברית. וכך הסביר לי את החלטתם: "באימונים לא יהיה לך זמן לדבר ולהפיץ רעיונות בדלניים, בבית הספר תוכל להפיץ רעיונות בדלניים!"

שעות רבות ביום הייתי בודד, אך לא נכנעתי. אחרי עלייתי לארץ המשיכו אירועי קפריסין ללוות אותי. יצחק יבלונובר, ששינה את שמו ליצחק ילון, שירת בחיל החימוש בדרגת אלוף משנה, ואני הייתי סגנו ומחליפו בתפקיד מפקד מרכז ציוד לחימה מבוקר וחלפים. במרוצת השנתיים ששירתנו יחד שוחחנו על ימי קפריסין, שנראו כימים הלקוחים מעולם אחר.

הקן שזרק אותי בקפריסין עלה לתל עמל, הוא קיבוץ ניר דוד. בעת שירותי הצבאי עברתי עשרות פעמים ליד הקיבוץ, אך לא נכנסתי בשעריו, כי העלבון צרב את לבי. בשנת 1981 ביקשה אסתר קויאטקובסקי, קרובה של אשתי שבאה לביקור מארצות הברית, לבקר בן של קרוב משפחה שהתעוור במלחמת יום הכיפורים. הבן נמצא בניר דוד!

לא יכולתי לסרב לה ובשבת הסעתי אותה לניר דוד. בדרך כלל לא לבשתי מדי צבא בשבתות. לקראת נסיעתי לניר דוד אמרתי לעצמי: אני רוצה להראות להם את מי הם זרקו משורותיהם. לבשתי את מדי צה"ל ועליהם דרגות תת-אלוף, כנפי צנחן על רקע ירוק (קומנדו), אות ההגנה, אות מלחמת קדש (סיני), אות מלחמת ששת הימים, אות להבה על השתתפות בקרבות תחת אש ואות מקצוע החימוש.

נכנסנו בשערי הקיבוץ ופנינו למקום המפגש שאסתר קבעה. בשעת הצהריים הסתובבתי סביב חדר האוכל. חלפו שלושים ושלוש שנה מאז שראיתי את חברי הקן. לפתע זיהיתי בחורה שזכרתי את שמה: שפרה. ניגשתי אליה. היא לא זכרה אותי והופתעה שאני זוכר את שמה. הזכרתי את משפטי, אך היא לא זכרה דבר. שאלתי "איפה זיגו?", כי הוא היה התובע במשפטי ובוודאי יזכור. "נפטר לפני שבועיים מהתקף לב," אמרה שפרה.

אני נשאתי בלבי את העלבון עשרות שנים ואיש מהם לא זכר דבר! הכאב והעלבון, שנשאתי בנפשי בהיותי בטוח בצדקת דרכי, לא נגע לאיש מהם! למרות זאת,

אם איקלע למצב דומה, אחזור על מעשיי ללא היסוס. **עד אחרון ימיי אדגול בחופש הביטוי והדעה של כל אדם, וזה גם אחד המניעים לכתיבת מנשרי זה.** הפלגנות היהודית והאיבה העזה בין זרמים דתיים, כתות ומפלגות מסכנות את המשך קיומה של מדינת ישראל כמדינה יהודית, ממלכתית ודמוקרטית.

אירוע חמישי: להיכן נעלמה החמלה היהודית?!

לבי הלם בחוזקה כאשר ראיתי את חופיה הצפוניים של ארץ ישראל מאניית המעפילים שהשיטה אותנו ממעצר קפריסין אל מכורתנו. משמאלנו נראתה העיר הערבית עכו, על חומותיה הנישאות מהים, עיר צפופה ומסוגרת. לעומתה, העיר חיפה הייתה עיר פרזות ובתיה הלבנים פתוחים ומפוזרים על הר הכרמל. חשבתי בלבי, כמה אופייני הדבר שלנגד עיניי: הערבים מסתגרים ואנו פתוחים לרוחות החופש הנושבות בעולם המערבי.

בהגיענו לנמל חיפה הדברים שבלטו לעיניי היו החלודה שדבקה בכל המתקנים שבנמל והריח הרע שנשב מהים, שלחופו התדפקה פסולת רבה: קרשים, קופסאות שימורים פתוחות ועוד. למרות המראה העגום שסביבי נישא ראשי מעלה-מעלה, אל שמי התכלת של ארץ ישראל – **ארצי!**

תקוותי הייתה שאנו נחיה בארצנו חיי קוממיות, נבנה את מולדתנו, ונוכיח לעולם שאנו מעניקים ליושבי הארץ, תהא דתם ולאומיותם אשר תהא, יחס אנושי והוגן, שאנו, בני הלאום היהודי, לא זכינו לו בארצות גלותנו. קיוויתי שביחסינו לתושבי ארצנו נהיה דוגמה ומופת לכל עמי העולם. עד מהרה נגוז חלומי.

לאחר כשמונה שבועות במעברת פרדס חנה הועברנו להתגורר בשכונת "ג'בליה" שבעיר הערבית יפו, אשר מרבית תושביה ברחו לרצועת עזה. התושבים הערבים שנותרו רוכזו ברובע "עג'מי".

רובע "עג'מי" הוקף בגדר תיל, וסביבו הוצבו עמדות שמירה שהיו מאוישות על ידי חיילי צה"ל. חשתי אכזבה: הרי לפני כחודשיים בלבד אנחנו הוחזקנו מאחורי גדר תיל בריטית. הייתכן שבמולדתי תושבים שחיו כאן לפני בואי יושמו מאחורי גדרות תיל דוקרני?! העובדה שתושביה של הארץ שלי, שבאתי אליה

לבנות את עתידי ואת עתיד הדורות הבאים של היהודים, אינם זוכים לחופש אלא מרוכזים בגטו ערבי, כפי שאנו חיינו בגולה, לא נתנה לי מנוח.

נוסף על המצב המדכא שתיארתי, קלטו אוזניי, לראשונה בשפה העברית, ביטויים מעליבים כלפי ערבים: "ערבי מסריח", "חוראני", "עבודה ערבית" ו"ערבי טוב הוא ערבי מת". לביטויים דומים זכיתי לא מזמן בגלות רומניה מפיהם של אנטישמים. האם הפכנו מנרדפים לרודפים?! היכן הלקחים ההומניים שלמדנו מיחסם העוין של הגויים אלינו?!

במרוצת השנים עמדתי על האיבה הערבית הרצחנית שהייתה, במידת-מה, הסיבה להתנהגות הממסד הישראלי. באותה עת נלחמה המדינה על חייה לאחר שהותקפה על ידי שבעה צבאות ערב, שזכו לתמיכת ערביי ארץ ישראל. למרות זאת, אינני חושב שלנו, בני הלאום היהודי, מותר לנהוג באכזריות הנהוגה בעמים אחרים. מידות המוסר והאנושיות שצריכות להנחות אותנו הן מידות החסד והרחמים שהטיפו להן נביאי ישראל. זהו צו מורשתנו היפה והעתיקה, ככתוב: **"וגר לא תוֹנֶה ולא תלחצנו, כי גרים הייתם בארץ מצרים"** (שמות כב כ).

מדאיגה מאוד תופעה שהתגברה במאה העשרים ואחת במדינת ישראל ושמה "תג מחיר", המביאה לפגיעה במסגדים, בכנסיות ובמטעי פרי על ידי יהודים לאומניים-משיחיים. בשנת 1995 רצח יהודי דתי-משיחי את ראש הממשלה יצחק רבין בגלל פעילותו למען השלום.

בין הקוראים יימצאו, בוודאי, אנשים שיראו סתירה בין דעותיי המובאות כאן לשירותי הארוך בצה"ל (במשך שלושים ושלוש שנה לחמתי במלחמות ישראל, התנדבתי לקורס קומנדו, פעלתי ככל יכולתי להיות לוחם, עברתי קורס מפקדי פלוגה בחי"ר בהצטיינות ותרמתי במיטבי לעוצמתו של צה"ל במסגרת חיל החימוש ואגף האפסנאות). ובכן, תשובתי חדה ופשוטה: **אלחם באויביה של מדינתי, אך אינני מוכן לראות בכל בני המיעוטים המתגוררים במולדתי אויב.** הם ראויים למידת החסד והרחמים. הדרישה הדמוקרטית היסודית שחייבת להנחות אותנו: **כל אזרחיה ותושביה של מדינת ישראל שווים הם בפני החוק!**

הצעתי לקידום ערביי ישראל מבוססת על העיקרון: כל אזרחי מדינת ישראל זכאים להשתלב בחיי המדינה, והמדינה חייבת ליצור מסגרות להשתלבות שאינן

יוצרות מחלוקת בין דתם ולאומיותם לחובתם למדינה. המחלוקת הזאת עלולה להתעורר גם בין יהודים דתיים למדינה. הדרך הטובה ביותר להשתלבותם מבוססת על "שירות ממלכתי" במקום "שירות ביטחון". זהו פתרון הולם ליהודים דתיים ולבני מיעוטים כאחת. פירוט לנושא זה אביא בפרק אחר.

אנו עם שסבל מדיכוי ומהפליה בארצות גלותנו. אסור לנו לשכוח את סבלנו ואסור לנו לגרום סבל, דיכוי והפליה למיעוטים במדינתנו ולפלסטינים הנמצאים תחת שלטוננו הצבאי קרוב ליובל שנים!

אירוע שישי: יחסי אל אומות העולם

ב-25 באוקטובר 1983 נבחרתי בפעם הראשונה לראשות עיריית ראשון לציון, וכך המשכתי להיבחר: חמש קדנציות רצופות, כלומר עשרים וחמש שנה. במרוצת השנים האלה הפכה ראשון לציון מהעיר האחת-עשרה במספר תושביה לעיר הרביעית בגודלה בארץ. היא צמחה מ-102 אלף תושבים ל-243 אלף תושבים.

אחד הנושאים שנדרשתי לקבוע מדיניות לגביהם היה הקשר עם ערים תאומות במדינות שונות. הגיתי בקשרים שבין ערים בישראל לבין ערים תאומות שעל אדמת אירופה, שבה הועלו יהודים על מוקד, נטבחו, נרצחו והושמדו במשך מאות שנים. את העבר אי אפשר וגם אסור לשכוח, אבל השאלה המרכזית הייתה האם קיים סיכוי לשנות את עמדות ההמונים ביחסם ליהודים לאחר שהתחנכו מאות שנים לשנוא יהודים על פשעם היחיד: היותם יהודים.

בסופו של דבר גיבשתי לי מדיניות ברורה: אל לנו לשכוח, אל לנו לסלוח. עלינו לזכור ולהזכיר לגויים את סבלי עמנו על אדמתם ובקרבם, ועם זאת לתת סיכוי לדורות חדשים של גויים ויהודים שייסדו יחסים של כבוד והערכה למען חיי שלום ושיתוף פעולה.

העיר הראשונה שלראשון לציון היו קשרים עמה הייתה מינסטר שבחבל וסטפליה אשר בגרמניה. מרבית יהודי מינסטר נרצחו במאה השתים-עשרה בפוגרום אכזרי, ותחת שלטונו של היטלר, יימח שמו, הוגלו יהודי מינסטר לגטו ריגה שבלטוויה, שם טבחו בהם הלטווים והגרמנים כאחת.

לא היה לי קל לקשור קשרים עם ראש עיריית מינסטר, ד"ר פירחלה. הוא שירת כקצין תותחנים בוורמכט ונפל בשבי הרוסים במלחמת העולם השנייה. למרות היעדר האמון בגויים, שהיה טבוע בי, הצלחתי לשוחח עמו ועם סגנו, ד"ר יורג טוונהובן, שבהמשך החליפו כראש עיריית מינסטר. הנוהג היה שכאשר מבקרים איש את רעהו מתארחים בבתיהם ובבתינו ולא בבתי מלון. נוהג זה הידק את הקשרים האישיים לא רק בין ראשי הערים אלא גם בין ראשי הערים לבין כל בני המשפחה המארחת.

לאחר פתיחה זו אביא את האירוע ששינה את עמדתי ביחסי לגויים. בפברואר 1991 תקפה ארצות הברית את עירק לאחר שזו פלשה לכווית. בתגובה לתקיפה האמריקאית החליט רודן עירק, סאדאם חוסיין, לשלח טילי קרקע-קרקע מסוג סקאד לעבר מדינת ישראל, אף על פי שמדינת ישראל לא הייתה מעורבת בלחימה נגד עירק. שניים מהטילים נפלו בתחומי העיר ראשון לציון אך לא גרמו לפגיעות בנפש.

ביום השני למלחמה קיבלתי שיחת טלפון מנתב"ג. בצדו השני של הקו נשמע קולו של ד"ר יורג טוונהובן, ראש עיריית מינסטר. הופתעתי, אך הוא פתח בקולו הלבבי ואמר: "**אני כאן בישראל ומתכוון להישאר בארץ כל עוד התקפת הטילים העירקית הנפשעת תימשך.** לא ייתכן שאני אשב בחיבוק ידיים בעירי מינסטר, בשעה שעירי התאומה בישראל מותקפת. יש סיבה נוספת להחלטתי לבוא: אני יודע שמומחי טילים גרמנים עוזרים לסאדאם חוסיין לפתח טילים, וברצוני להוכיח שאני אישית, וכמוני רוב העם הגרמני היום, סולד ממעשי המדענים העוזרים לעירק ומעניקים לעולם את ההרגשה שהעם הגרמני לא למד דבר מלקחי השואה!"

התמלאתי הערצה לאיש ולדרך חשיבתו, לנכונותו לעזוב את משפחתו, את עירו ואת ארצו כדי לעבור עמנו את ימי המלחמה שנכפו עלינו. נסעתי מיד לנתב"ג, אספתי אותו ברכבי וציידתי אותו במסכה נגד גזים. הוא שהה בביתנו כל תקופת המלחמה, שהה אתנו בחדר האטום בעת האזעקות, וביקר במקומות שנפלו בהם טילים, בעיקר ברמת גן ובתל אביב. היו לנו הרבה חוויות משותפות, חלקן אף מצחיקות.

כאשר נגמרה המלחמה, שבועיים לאחר בואו, והוא עמד לעזוב, סיפר לי שבדרכו הביתה הוא יעבור דרך העיר התאומה של מינסטר בפולין, לובלין. בזמן השיחה הבזיק לו רעיון והוא אמר: "מה דעתך, ניצן, שנכרות ברית ערים משולשת: לובלין-מינסטר-ראשון לציון? זאת תהיה ברית סמלית מאוד: הכובש, הנכבש והקורבן. בכך נוכיח שאנו מכירים בעוול שהעם הגרמני גרם לעם הפולני, וכן שהפולנים והגרמנים גרמו להשמדת העם היהודי באירופה."

הסכמתי, וכשבועיים אחר כך הודיעני ראש עיריית מינסטר שראש עיריית לובלין, ד"ר לז'ק בובז'יק, הסכים לברית הערים המשולשת, ומה שנותר לעשות היה תיאום למועד החתימה. התחלתי להכין את עצמי לטקס החתימה. השאלה שהטרידה אותי הייתה האם בין דברי הנימוסים אדע להבחין ברגשות אנטישמיים החבויים בלבם. כבר התנסיתי בכך עם טדאוש דרוז'ינסקי. גם אחרי המלחמה, בשנת 1946 בעיר קילצה שבפולין, נטבחו שישים יהודים שחזרו ממחנות ההשמדה הנאציים!

נדרשו ממני ימים וגם לילות רבים עד שגיבשתי את הרכב המשלחת מראשון לציון ואת הדברים שאשמיע בעת חתימת ההסכם לברית ערים משולשת. החלטתי שהמשלחת תורכב ממספר מצומצם של חברים שיש להם שורשים משפחתיים בפולין.

צירפתי למשלחת את מר יוסף ברנהולץ, ראש מינהל החינוך בראשון לציון, יליד העיר לומז'ה בפולין, שדיבר פולנית רהוטה ושימש כמתרגם; את יושבת ראש פרלמנט הנוער העירוני בראשון לציון, דנה ליפשיץ בת השבע-עשרה, שסבה וסבתה היו ניצולי שואה ילידי פולין; את שניים מחברי מועצת העיר – ישראל פלץ מסיעת הליכוד, שנולד בעיר זמושץ' שבמחוז לובלין, ועו"ד יוסף וסטשניידר מסיעת העבודה, שהוריו היו ילידי ורשה וביאליסטוק; וכן את הגברת רינה שיפוני, שהייתה ממונה על הקשר עם הערים התאומות בעיריית ראשון לציון.

התקבלנו בלובלין בחמימות על ידי ראש העירייה וחברי מועצת העיר. טקס החתימה התקיים ב-13 בספטמבר 1992. כהרגלי ביקשתי להיות אחרון הדוברים. נוהג זה מאפשר לי להתאים את דבריי לנאומים ולהשיב לדברים שהשמיעו הדוברים האחרים. ראש עיריית לובלין, שהיה ראשון הדוברים, הביע תקווה

שהעם הפולני למד את הלקח ולא יחזור על מעשי השנאה כלפי העם היהודי. ראש עיריית מינסטר התמקד בסבל שגרמו הנאצים לעם הפולני ולעם היהודי, וגינה את השנאה העיוורת ששכנה בלב הנאצים הגרמנים, שנהרו אחרי היטלר וטבחו באכזריות שישה מיליון יהודים ושלושה מיליון פולנים.

יושבת ראש פרלמנט הנוער שלנו, דנה ליפשיץ, דיברה ברגש על שאיפתה הכנה ליצירת יחסים בין בני הנוער הפולנים, הגרמנים והיהודים בלי לטשטש את מכאובי ולקחי העבר, אלא כדי ללמוד מהם לבניית עולם של כבוד הדדי ושלום. לא אלאה את הקורא בנאומי, אך אביא קטעים עיקריים ממנו.

"**אנו עם עתיק בעל זיכרון ארוך**. אנו מודים לבני העם הפולני על שאפשרו לבני עמנו שגורשו מספרד ומפורטוגל להתיישב בקרבם במאה התשיעית, במאה השלוש-עשרה ובמאה החמש-עשרה. אבל אין אנו יכולים לשכוח את הגזירות והפוגרומים בשנים 1648 ו-1649. איננו שוכחים ואיננו סולחים על איסור השחיטה הכשרה בשנות השלושים של המאה העשרים.

"אנו מודים לכם, תושבי לובלין, על שהענקתם אכסניה לגדולי תורה: המהר"ם מלובלין, מאיר בן גדליה, שחי בין השנים 1558 ו-1618 והיה מגדולי הפוסקים ופרשני התלמוד בדורו וכתב את ספרו הידוע 'מאיר עיני חכמים'; גאון נוסף הוא 'החוזה מלובלין', יעקב יצחק, שחי בין השנים 1745 ו-1815 והיה ממייסדי תנועת החסידות בפולין. לפני שבאתי לטקס הזה ביקשתי לעלות לקברו ומצאתיו מגודר ושלם. סיפרו לי שהנאצים חששו לגעת בקברו היות שיוחסו לו כוחות מאגיים; האישיות השלישית שאבקש להזכיר היא רבי יהודה מאיר שפירא, שחי בין השנים 1887 ל-1934. הוא הקים את ישיבת חכמי לובלין על קרקע שהייתה בבעלותו של יהודי אמיד בעל אחוזות, שמואל אייכנבוים. למרות הזמן הקצר שבו פעלה הישיבה, יצא שמה לתהילת עולם...

"עם כיבוש פולין על ידי הגרמנים חיו יותר מארבעים אלף יהודים בלובלין והם היו שליש מתושביה. הגרמנים, בסיוע הפולנים, השמידו כמעט את כל תושביה היהודים של לובלין.

"צר לי שהיום, כחמישים ושלוש שנה מפלישתה של גרמניה הנאצית לפולין, מרימה האנטישמיות ראשה בכל רחבי אירופה. **באנו מתוך תקווה שברית הערים המשולשת תקים מחסום בפני האנטישמיות והגזענות...**

"בצד כל אלה אני מקווה שנוכל לשמר ולציין את האתרים ההיסטוריים היהודיים, המהווים חלק מההיסטוריה היהודית על אדמת אירופה. נזכור ולא נשכח את אשר עוללתם לעמנו. לא נסלח לעולם, אבל **נקווה שיחד נגדל דורות של פולנים וגרמנים שלא יחזרו על פשעי אבותיהם!"**

במרוצת השנים התחלפו ראשי העיר בלובלין, והשלישי שהייתי עמו בקשרים הדוקים היה מר אנדרי פרושקובסקי, איש צעיר, בן ארבעים, היחיד ביניהם שדיבר אנגלית, כך שלא היה צורך במתורגמן. באחד מביקוריי בלובלין, בשנת 2000, החלטתי להעלות את נושא בניין הישיבה של חכמי לובלין, שבאותם הימים אוכלס על ידי בית ספר לאחיות נוצריות.

התחלתי בסיפורו של רבי מאיר שפירא, שנולד בעיר צ'רנוביץ' שברומניה, חי בפולין והיה חבר הסיים (הפרלמנט הפולני) בין שנת 1922 ל-1928. העליתי את הקשיים שנתקל בהם בהקמת בניין הישיבה, וסיפרתי על הכסף שגייס בעולם מיהודים, בעיקר מארצות הברית, עד שפתח את הישיבה בשנת 1930. הארכתי בהתייחסותי לשיטות הלימוד שהנהיג להבנת הנאמר בתורה ובתלמוד ולהעמקה בדבר עצמו, כדרכו של הגאון מווילנה, בשילוב החריפות וההתפלפלות שהייתה נהוגה ב"שטיבעלעך" בפולין, וציינתי את הבקיאות והשינון שחידדו את הזיכרון, כפי שהיו נהוגים בבתי המדרש בגליציה.

הופתעתי מהתעניינותו של ראש העיר במעשיו ובדרך ההוראה של רבי מאיר שפירא, שמצא דרך להרחיב את דעתו של כל אחד מתלמידי הישיבה. הרגשתי שזה הרגע המתאים להעלות את בקשתי, שהכנתי בקפידה מראש.

"אדוני ראש העיר, אני מבקש להעלות בפניך בקשה שאולי תיראה לך מוזרה, ואולי לא ניתנת לביצוע. זה שמונה שנים שהעיר לובלין ועירי ראשון לציון עומדות בקשרים הדוקים. בשנים אלה מצאתי יחס חם ולבבי לעם היהודי ולהיסטוריה

שלו בארצכם ובעירכם. למדתי שעל פי החוק התקף היום בפולין ניתן להחזיר רכוש שהופקע על ידי המדינה לאזרח פולני החי בפולין. הקהילה היהודית בעירך מונה היום שנים-עשר איש ותינוק. ידוע לך על קשריי עמם. הם מתכנסים מדי פעם כדי לשמור על שורשיהם היהודיים. ישיבת חכמי לובלין הייתה פארה של העיר, ששמה נודע ברחבי העולם. **כואב לי לראות את המבנה האדיר הזה, שבראשו נישא באותיות עבריות השם 'ישיבת חכמי לובלין', ובמבנה אין כל זכר לעברו המפואר ולרבי מאיר שפירא,** שהחזיר את נשמתו לבורא עולם כאן באחד האולמות של הישיבה. בשכבו על ערש דווי דרש מתלמידיו ומחסידיו שירקדו סביב מיטת חוליו כאות שהוא מחזיר את נשמתו לבורא עולם בשמחה על שזיכה אותו להקים את בניין הישיבה."

באומרי דברים אלה הבחנתי בדמעות שזלגו מעיניו של ראש העיר, פולני קתולי. הוא הסיר את משקפיו, ניגב את עיניו, ואני המשכתי בדבריי: **"כל שאני מבקש, כבוד ראש העיר, הוא ששני החדרים אשר שימשו את הרבי יוקדשו לזכרו: נקבע מזוזה במשקוף הדלת ואני אביא מישראל ספרי קודש שהרבי בוודאי החזיק בחדרו."**

מר אנדרי פרושקובסקי הבטיח כי יעשה כמיטב יכולתו למלא את בקשתי. כעבור כמה חודשים השיבני בחיוב. בקשתי אושרה על ידי מועצת העיר לובלין.

הטקס להקדשת החדרים לזכרו של רבי מאיר שפירא התקיים בספטמבר 2002 בנוכחות שגריר ישראל בפולין, פרופסור שבח וייס; הרב הראשי של פולין, שהגיע מוורשה; ד"ר טילמן, ראש עיריית מינסטר, שהחליף בתפקיד את ד"ר יורג טוונהובן; הבישוף של לובלין, יוסף ז'שינסקי; וכמובן ראש עיריית לובלין, אנדרי פרושקובסקי, וחברי מועצת העיר. כולם נשאו דברים נרגשים לזכר רבי מאיר שפירא זצ"ל והישיבה המפוארת שהוא הקים.

כאשר הגיעה העת לקבוע את המזוזה, הכנסתי את ידי לכיסי להוציא את הכיפה שתמיד מצויה אתי, ולא מצאתיה. לשנייה הייתי נבוך בראותי שכולם חובשים כיפה, לרבות כל הגויים. באותה שנייה קרב אליי ד"ר טילמן, ראש עיריית מינסטר, והושיט לי כיפה נוספת שהוציא מכיסו. חשבתי לעצמי: אני

נמצא במדינה קתולית, בטקס יהודי, ומקבל כיפה מנוצרי קתולי, ראשה של עיר גרמנית!

בגמר הטקס הייתי מאושר שה' זימן לי את המצווה לחלוק כבוד לרבי מאיר שפירא. בשעת ארוחת הצהריים סיפר לי ד"ר טילמן סיפור מדהים: באותו לילה חלם שאני בא לטקס וחסרה לי כיפה, ולכן הוא הביא עמו כיפה נוספת.

> לסיכום אירוע זה: למדתי שאין לייחס לכל הגויים את מעשיהם של יחידים, ולא לייחס ליחידים מעשיהם של רבים, אלא להתייחס לכל אדם, גוי או יהודי, במידת הזכות הראויה, אלא אם יש עובדות המצדיקות ללא ספק יחס שונה!

הנני משוכנע שמקומו היחיד של העם היהודי לנהל את חייו העצמאיים, כלאום, כדת וכעם, הוא **בארץ ישראל**. יש להתייחס אל גויי העולם, כפרט וכאומות, ללא דעות קדומות ולזכור שאין להאשים דור אחד על חטאיו של דור אחר.

אירוע שביעי: מדינת ישראל נגד מאיר ניצן[4]

בשנת 1988 החלטתי לחדש מסורת מימים עברו ולהקים תזמורת בעיר ראשון לציון. מה שדרבן אותי להקמתה, נוסף על חידוש המסורת והיכולת התקציבית, היו העולים מברית המועצות שהחלו להגיע בהמוניהם, וחלקם, מוזיקאים מוכשרים מאוד, ניגנו בקרן רחוב וזכו לנדבות של עוברים ושבים. הדבר העציב אותי מאוד, וייעדתי את התזמורת להיות תזמורת סימפונית שתקלוט את הנגנים המוכשרים שזה עתה עלו ארצה. הטלתי את מלאכת ההקמה על דוברה המוכשר של העירייה, מר מנחם שי, והוא נרתם למשימה במרץ ובמסירות האופייניים לו. התכוונתי שהוא יניח את היסודות ושהניהול יעבור למנכ"ל שייבחר במכרז.

במכרז שפורסם השתתפו כמה מועמדים ודורגו שלושת הראשונים שהיו ראויים להתמנות למנהלי התזמורת הסימפונית. השניים הראשונים הודיעו שהם מוותרים מטעמים אישיים (אחד המשיך בשירותו בצבא קבע והשני זכה לתפקיד אחר בחו"ל). השלישית דרשה שהעירייה תשלם לה על נסיעה ברכבה

---

4 בית המשפט המחוזי תל אביב, ת"פ 161/93.

הפרטי, הלוך וחזור מדי יום ביומו, בין ירושלים, עיר מגוריה, לראשון לציון. זאת הייתה הוצאה כספית גדולה ובלתי מוצדקת ולא הסכמתי לשלמה. נושא זה הוברר רק באוקטובר 1988, שעה שקונצרט הפתיחה יועד לסוף נובמבר 1988.

במצב שנוצר הוריתי למר מנחם שי להמשיך לנהל את התזמורת, וזאת הוא עשה בכישרון רב ובמסירות רבה. שניים מחברי האופוזיציה, שלא השלימו עם הפסדם בבחירות, השמיצו אותי ופרסמו כתבות שונות על עֲברות שלא עברתי מעולם. אחד מהם שירת בעבר במשטרה בתפקיד בלש והוא אשר הביא לפתיחת חקירה נגדי. אני אומר זאת על בסיס וידוי אישי של האיש, שאחרי המשפט הצטער על מעשיו והפך לאחד מתומכיי ואף לסגני.

בעמוד 3 לפסק הדין, בעניין מינויו של מנחם שי למנהל התזמורת הסימפונית, כתב השופט ד"ר עודד מודריק: "ניצן מינה את שי למנהל התזמורת של ראשון לציון. המינוי לא נעשה במכרז. **בתחילה היה הדבר מוצדק, בהמשך, לא."** הטענה שהמשך ההתקשרות לא היה מוצדק מתעלמת משתי עובדות יסודיות שעורכי הדין שייצגו אותי במשפט לא העלו.

1. ההתקשרות עם בעל תפקיד דורשת אמון ביכולתו המקצועית ואינה מחייבת עריכת מכרז. בכל התזמורות בארץ לא נערכים מכרזים לתפקיד המנהל אלא מוקמות ועדות חיפוש. הקמת ועדת חיפוש לאחר שמנחם שי הוכיח את יכולתו וכישרונו בניהול התזמורת הייתה בזבוז מיותר של כספי ציבור.
2. במועצת העיר שכיהנה באותה קדנציה היה רוב לסיעת העבודה, שבראשה עמדתי, כך שלא היה כל ספק ביכולתי להעביר החלטה בדבר מינויו של מנחם שי למנהל התזמורת. לא עשיתי זאת מכמה טעמים: לא ידעתי שהחוק קובע שאחרי שנה שאדם ממלא תפקיד, עליו לעבור מכרז, ואיש מהיועצים המשפטיים לא הפנה את תשומת לבי לכך; לא היה כל ספק בהצלחתו של מנחם שי כמנהל התזמורת, ועל כך עמד גם השופט עצמו; קיום מכרז היה עלול להיחשב כ"מכרז תפור", כלומר **אחיזת עיניים!**

בעמוד 4 לפסק הדין התייחס השופט לכמה עובדות הנוגדות את הרשעתי, והרי דברי השופט: "לפני ששי נתמנה למנהל התזמורת נערך מכרז, אך הוא לא עלה יפה ולמעשה לא ניתן היה לבחור אדם מתאים למשרה זו. בחירתו

של שי בידי ראש העירייה הייתה פרי אילוץ אובייקטיבי. בחירת שי הוכיחה את עצמה והרבה בזכותו קמה התזמורת והייתה לשם דבר. הוסף לכך את העובדה ששי השקיע בניהול התזמורת – גם בתקופה שקדמה להסדרת ההתקשרות עמו – משאבי זמן מרובים, מחשבה ורצון עז, והתמורה שניתנה לו בסופו של דבר אינה מופרזת, והרי לך, שוב, **התנהגות פסולה יותר מצד העיקרון, מצד ההליך והדרך, ופחות בהיבט של שחיתות מידות מהותית.**"

על איזה עיקרון מדובר? פקודת העיריות קובעת שהעירייה פועלת על פי הוראות ראש העירייה. הוראותיי היו חוקיות, גלויות, ובוצעו באמצעות אישור ההוצאות הכספיות כחוק. איש מבכירי העירייה – ובעיקר היועצים המשפטיים, הגזבר או אחד מנבחרי מועצת העיר – לא העיר על פגם חוקי או ניהולי במעשיי.

כאשר ניסיתי להעמיק ולהבין את מניעיו של השופט להרשעתי, מצאתי את נימוקיו האמיתיים, והריני מצטט את דברי השופט בעמוד 2 לגזר הדין:

> "כל העת במשפט ובמיוחד בשלביו האחרונים צפה ועלתה בתודעתי האפשרות שניצן אינו יוצא דופן בין ראשי הרשויות. אכן כל אחד מהם שלא עמד לדין מוחזק כנקי כפיים, חף מכל עֲברה, ומדוע אדבר בהם סרה. ועם זה גם שופט מקרב הציבור מוצאו ובקרב בני הציבור יישב. אינני יכול, לפיכך, לדחוק מחשבה כזאת ממני כליל."

ב-20 במרץ 1994 פסק השופט כי הוא מרשיע אותי לפי סעיף 284 לחוק הפלילי בהפרת אמונים וכי גזר הדין יינתן ב-24 באפריל 1994. עולמי חרב! קשה לתאר את הכאב הנוקב שחשתי כבר למשמע המילים: **"מדינת ישראל נגד מאיר ניצן".** הקדשתי את כל חיי למדינתי, שירתי שלושים ושלוש שנה בצה"ל, השתתפתי בכל מלחמות ישראל משנת 1950, הייתי מוכן להקריב את חיי למען המדינה, וכך סתם קמה המדינה נגדי ומרשיעה אותי על לא עוול בכפי, כדי להרתיע ראשי רשויות מקומיות.

אשתי נעמי ואני החלטנו שאחרי גזר הדין אתפטר מתפקידי כראש עיריית ראשון לציון ונרד מהארץ. אם זה שכרי מהמדינה ששירתי אותה בנאמנות, איננו מוכנים לשאת את ההשפלה. התחלנו לחפש קונה לדירת מגורינו ברחוב נורדאו 48.

היחיד שידע על כוונותינו, וניסה להניא אותנו מההחלטה לרדת מהארץ, היה ידידי, חברי לנשק יעקב גרנות ז"ל, איש אצ"ל שעלה לארץ באנייה אלטלנה.

בכל מהלך המשפט, מדי יום שישי בסביבות השעה שתיים בצהריים, התקשר אליי הרב הראשי לישראל מאיר לאו. הוא לא הכירני קודם, אך שמע בתקשורת על מהלך המשפט וחש שנגרם לי עוול. דבריו עודדו את רוחי ונטעו בי תקווה, אך היא נגוזה עם הודעת השופט על הרשעתי. שניים נוספים ריגשו אותי. הראשון שבהם היה האלוף משה פלד, שקם ממיטת חוליו כדי להעיד על מעשיי בצה"ל ובמלחמת ששת הימים. הוא עשה זאת מיוזמתו, והופעתו בבית המשפט הפתיעה אותי. השני היה פרופסור אוריאל רייכמן, שגם הוא בא להעיד לטובתי מיוזמתו, ונכנס לוויכוח משפטי חריף עם השופט.

יום לפני מתן גזר הדין, בשעות הבוקר של ה-23 באפריל 1994, הודיעני ראש לשכתו של ראש הממשלה יצחק רבין שראש הממשלה מבקש שאבוא באותו יום בשעה 17:30 לשיחה אישית. הגעתי כעשר דקות לפני המועד והתיישבתי מהורהר בכורסה שבאולם הכניסה ללשכת ראש הממשלה. כעבור זמן קצר נפתחה דלת הלשכה ובפתחה עמדו נציגי חברת ג'נרל מוטורס, שביקרו בלשכתי ימים ספורים קודם לכן. לאחר שיחה עמי הם החליטו להקים את משרדיהם בראשון לציון. התברר שהם הגיעו לראש הממשלה כדי להודיע לו על החלטתם. בעקבותיהם יצא יצחק רבין ופנה אליי בחיוכו האופייני: "ניצן, גם הם דיברו טובות עליך, בוא היכנס."

בלשכתו נותרנו שנינו לבד. יצחק הורה לי לשבת ליד השולחן הסלוני, והוא התיישב לצדי. ישיבה זו, שלא ליד השולחן הגדול שבחדרו, נטעה בי תחושה של קרבה וחמימות. יצחק התבונן בי בעיניו הכחולות היפות ופתח בדיבורו השקט שהשרה ביטחון, משום שכל מילה נשקלה בכובד ראש. מילותיו מהדהדות בלבי גם היום.

"מאיר, אני זוכר אותך לפני ארבעים שנה, בשנת 1955, בזמן שיצאתם לסיור בסיני. אבל בשתים-עשרה השנים האחרונות הספקתי להכיר אותך טוב יותר בתפקידך כראש עיריית ראשון לציון. לכן אני אומר

לך: אסור לך לעשות מה שאתה חושב לעשות, אסור שאיש כמוך ירד מהארץ!"

נדהמתי. מהיכן נודע לו מה נעמי ואני מתכננים?! לא הספקתי להשיב, ויצחק המשיך:

"ראה, ניצן, אינני יודע מה יהיה גזר הדין, אך אם לא יוטל עליך קלון, אל תערער. אני מכיר את היושבים בבית המשפט הגבוה לצדק, הם עוסקים בחוק ולא בצדק. גם אני סבלתי די. ראה כמה זמן נדרש לי עד ששבתי לראשות הממשלה. המשפט שלך בעיניי הוא פארסה שאיש לא יכול לשים לה קץ במבנה המשפטי הקיים היום אצלנו. אולי יבוא יום והדבר ישונה, אך זאת בתנאי שאנשים כמוך לא יברחו מהמערכת. אני מבקש אותך לא להתפטר ואל תעזוב את הארץ. אני מבטיח לך שאתה יקר לי ואתה חשוב למדינת ישראל. מתוך הערכתי האישית לך אזמין אותך לכל אירוע ממלכתי רשמי. אתגאה בנוכחותך לצדי. אני מאמין ביושרך ובמסירותך ובעיניי אתה זכאי."

התרגשתי עד דמעות ופרצתי בבכי. לא ציפיתי שיצחק רבין יתייצב לצדי בהחלטיות שכזו, שעה שאני משתייך למחנהו של שמעון פרס. בראשי חלפה השאלה: מהיכן יודע ראש הממשלה על תוכניותיי הסמויות?! שאלתי אותו כיצד נודע לו על כך והוא השיב בחיוך: "יש לנו מקורות מהימנים!"

הודיתי לו על השיחה, והבטחתי לעדכן אותו על מעשיי לאחר גזר הדין. בדרכי לראשון לציון מצאתי את המקור שהודיע ליצחק רבין על כוונתי: יענק'לה גרנות, ששירת מטעם צה"ל בשגרירות בוושינגטון בעת שיצחק רבין היה שגריר ישראל.

ב-24 באפריל 1994 ניתן גזר דיני והוא נפתח במילים האלה: "משהכרעתי את דינו של ניצן ומצאתיו אשם עליי לגזור את דינו. שלב דיוני זה כמעט לעולם מושפע מתיאור העבֵרה ומנסיבותיה. **בענייננו נוסף מרכיב חשוב: קביעתי כי העבֵרה נעדרת קלון. בקביעה זו יש סיכום מסוים של נסיבות העבֵרה.**

"לבד מן הנסיבות – שאינני רואה צורך לחזור ולפרט אותן מאחר שהן הוצגו בהרחבה בהכרעת הדין ובהחלטה דלעיל – מן הראוי להזכיר את נסיבותיו של הנאשם. **אכן, ניצן הוא איש רב-פעלים ולזכותו עבר מפואר, בצבא, בחיי המעשה**

לאחר השירות בצה"ל ובפעילותו כראש עירייה. שורה של עדים מכובדים עמדו לפניי לתאר מקצת זכויותיו בתחומים אלה ואינני מקל ראש בכך."

באותו עמוד מודה השופט ששקל את עונשי כהרתעה לראשי ערים אחרים, והרי דבריו: "לא מן הנמנע שמשפט זה הוא הראשון מסוגו במדינת ישראל. אפשר שזו פעם ראשונה שראש רשות מקומית, המכהן בתפקידו, נותן את הדין בעבֵרה לפי סעיף 284 לחוק העונשין ועומד בפני סכנת העברה מתפקידו. אכן, קלון לא מצאתי במעשיו אך אגב בחינת אחריותו לעבֵרה ומשמעותה לעניין הקלון, עמדתי על חומרתה היחסית ועל הסכנה הפוטנציאלית שיש במעשים ממין מעשי ניצן ב'הכשרת הקרקע' להשחתת מידותיו של השירות המוניציפלי..."

השופט מציין בעמוד 2 לגזר הדין שדיני נחרץ כדי להרתיע אחרים ואלה הם דבריו: "האם ראוי שניצן יישא בעונש כאות ודוגמה לאחרים? האם לא די בנפילתו מאיגרא רמה, של ראש עירייה מושל ושליט תקיף ומנהיג, לבירא עמיקתא של אדם הנושא עמו הרשעה פלילית? תשובתי היא שזו דרכה של הענישה במשפטנו. יש בה ממד פרטי המתחשב בנאשם ובנסיבותיו ויש לה ממד כללי שעניינו בהרתעת הרבים."

נגזר עליי עונש של חודשיים מאסר על תנאי שבמרוצת שנתיים לא אעבור עבֵרה דומה וקנס בסך עשרת אלפים שקל. לאחר מתן גזר הדין חככתי בדעתי אם לערער על פסק הדין וגזר הדין. פניתי אל הרב לאו מבחינת "שאלת רב". תשובתו הייתה חד-משמעית: **"אל תערער! המשך בדרכך, עשה מלאכתך ביושר ובאמונה, כפי שעשית עד כה, וה' יהיה בעזרך. המשך והצלח!"** נהגתי כפסיקתו, אך הפגיעה בי והרשעתי על לא עוול הן כפצע מדמם יום-יום ולילה-לילה. גם היום, בחלוף עשרים ושתיים שנה מגזר הדין, אני חש שנגרם לי עוול והורשעתי כדי למנוע מאחרים לעבור עבֵרה של "הפרת אמונים", עבֵרה שהיא, כמדומני, ייחודית בחוק הישראלי. אני הייתי הראשון, לטענת שופטי, שהואשם בסעיף הפרת אמונים, והוא החמיר בעונשי כדי להרתיע ראשי רשויות ואנשי ציבור.

ההרתעה שהשופט כיוון אליה לא הושגה. רבים במגזר הציבורי, בכל הדרגים, עברו ועוברים עבירות חמורות ממני, ובהן שוחד ומעשי שחיתות חמורים נוספים. אין רובד חברתי אחד שאינו נגוע בשחיתות במדינת ישראל: נשיא המדינה,

שרים, חברי הכנסת, ראש הממשלה, ראשי רשויות מקומיות, רבנים ראשיים, ראשי ישיבות, רמטכ"ל וקציני צבא בכירים, ניצבים במשטרה וראשי מוסדות כלכליים ופיננסיים. תופעה חמורה זו מעוררת בלבי את המחשבה שאין "עונש מרתיע" והשימוש בו לא רק שאינו מועיל, אלא הוא גורם עוול לאדם אחד בלי למנוע מאחרים לעבור עבירות חמורות יותר.

פסק דין כזה משחרר את המחוקקים מלתת את דעתם לגורם האמיתי לביצוע העבירות, והוא היעדר בקרה יעילה על הרשות המבצעת, תוך התעלמות מדברי חז"ל: **"לאו עכברא גנב אלא חורא גנב"** (בבלי, גיטין מה ע"א).

האמונה בדרכי, כי הנה היא ישרה והגונה, הניעה אותי להתמודד שוב ושוב על ראשות העיר, למרות המשפט שנוהל נגדי והרשעתי שלא בצדק. לא נגזר עליי מאסר בפועל ולא הוטל עליי קלון, וזה השוני ביני לבין חברי הכנסת והשרים שאינם מתביישים לחזור לכנסת ולשולחן הממשלה, למרות הרשעתם בעונשי מאסר וקלון.

הנוהג להאשים אזרחים בבתי משפט ישראליים תוך שימוש במונח "מדינת ישראל נגד..." אינו צודק בעיניי. מדוע הפרקליטות צריכה להתחבא מאחורי שם המדינה במקום לומר מפורשות: "פרקליטות המדינה נגד..." לדעתי, המקרים היחידים שבהם צריכה להופיע המדינה כמאשימה הם מקרי פשע נגד האנושות, בגידה וטרור. אני, ששירתי את מדינתי במסירות ובנאמנות עשרות שנים תוך נכונות להקריב את חיי למענה, נפגעתי עד עמקי נפשי בשומעי שהמדינה קמה נגדי. אני מקווה שאחד מחברי הכנסת או משרי המשפטים יבין את דבריי ויפעל לשנות נוהג זה, שהוא פסול בעיניי.

המשכתי להיבחר לשלוש קדנציות רצופות ממועד תחילת המשפט, ונבחרתי תמיד ברוב קולות בסיבוב הראשון. זכיתי להערכת תושבי העיר, והערכתם היא התשובה המוחצת למשפט המיותר שנוהל נגדי. אסיים תיאור אירוע זה בשני סיפורים קצרים.

יצחק רבין קיים את הבטחתו וזימן אותי לאירועים ממלכתיים, כגון ביקור נשיאי ארצות הברית וצרפת. גם לאחר רציחתו של יצחק רבין ובחירתו של בנימין נתניהו לראשות הממשלה המשיכו להזמין אותי לביקורים ממלכתיים, היות

ששמי הופיע ברשימת המוזמנים של לשכת ראש הממשלה. הדבר נפסק לאחר שכמה חברי ליכוד שאלו: "מה עושה המערכניק הזה בינינו?!"

ב-17 במרץ 2015 התקיימו בחירות לכנסת. שבועיים קודם עברתי ניתוח של החלפת ברך והתקשיתי ללכת, אך לא ויתרתי על זכותי להצביע. נעמי נהגה ברכב, ואסרתי עליה לבקש שיאפשרו לי להיכנס עם הרכב לחצר הקלפי. בהגיענו החנתה נעמי את הרכב בצד וניגשה לפתוח לי את הדלת ולעזור לי לרדת מהרכב. באותו רגע הבחינו בנו פעילי הרשימות השונות, שהיו ממוקמים בסביבה, ונהרו לעברנו במילות ברכה ושמחה. כשראו שאני מתקשה לרדת מהרכב, הם הציעו לפתוח את השער כדי לקרב אותי כמה שאפשר אל הקלפי. התרגשתי לקבל את היחס האוהד מצד פעילי כל הרשימות, וכך אני מתקבל בברכה ובשמחה בציבור במקומות השונים. הערכת האנשים הפשוטים, תושבי העיר, המכירים בתרומתי להם ולעיר, יקרה לי והיא התמורה האמיתית על מעשיי ועל תרומתי לציבור ולעיר.

פרק ב

על תחושותיי ומכאוביי

במרוצת שמונים וארבע שנות חיי התנסיתי רבות. נולדתי ברומניה וחוויתי אנטישמיות ופוגרום. שהיתי במעצר במחנה בריטי בקפריסין וחוויתי שם איבה ופלגנות בין יהודים כתוצאה מעמדות אידיאולוגיות ודתיות שונות. בשלושים ושלוש שנות שירותי בצה"ל למדתי להכיר מפקדים בעלי שאר רוח וגם כאלה שנתנו את דעתם ליחידתם בלבד ולא לצורכי צה"ל והמדינה. השתתפתי בכל המערכות הצבאיות שנכפו עלינו בשנים 1983-1951.

כיהנתי כראש עיריית ראשון לציון במשך עשרים וחמש שנה. כיהנתי שלוש שנים כראש עיר ממונה בעיריית לוד. עמדתי על השחיתות שפשתה ברשויות המקומיות כתוצאה מליקוי בחקיקת חוק העיריות והרשויות המקומיות. משנת 1983 ועד נובמבר 2005 הייתי חבר בלשכת מפלגת העבודה. מתחילת 2006 עד 2009 הייתי יושב ראש המועצה של מפלגת קדימה. לאורך חמישים ותשע שנות פעילותי גיבשתי את עמדתי ביחס לשלום בינינו ובין הפלסטינים והעולם המוסלמי וביחס לארגונו של ממשל יהודי, ציוני, ממלכתי ודמוקרטי במדינת ישראל.

אני כואב את העוני השורר במדינת ישראל, ש-21 אחוזים מאוכלוסייתה עניים, ובהם יותר מ-900 אלף ילדים.[5] אני בוש בשחיתות ובשוחד שפשו במדינתנו! אם התנהגות זו תימשך, היא עלולה להביא לא רק להתמוטטותה המוסרית של מדינת ישראל אלא גם לשקיעתה בתהום הנשייה.

---

5 דוח המועצה לשלום הילד מ-18 בדצמבר 2012.

פרט נוסף המדיר שינה מעיניי הוא דאגה לעתידה של מדינת ישראל כתוצאה מיחסינו לתושביה הערבים של ארץ ישראל. שבנו למכורתנו, שלא הייתה ריקה מאדם. רבים מתושביה הערבים של ארצנו, החיים בה כמה דורות, אינם מכירים בזכותנו הדתית, הלאומית וההיסטורית לשוב לחיות בארץ ישראל כמדינתו של העם היהודי. אינני מסכים עמם, אך זו זכותם כבני אדם וכתושביה של הארץ הזאת לרצות לחיות חיים עצמאיים כפלסטינים. **כעם שחי כמיעוט בין גויים שבעים דורות, חובתנו למצוא פשרה שעמה יוכלו לחיות שני העמים בארץ הזאת!**

עלינו להתמודד עמם מתוך אמונה שלמה בצדקתנו לא על ידי קיפוחם אלא תוך הכרה בזכויותיהם כמיעוט דתי ולאומי. יחסינו אליהם צריך להיות כפי שאנו דרשנו שיתייחסו אלינו הגויים שבקרבם ישבנו. אנו סבלנו רבות מיחסם העוין של העמים והשלטונות שבארצם מצאנו מקלט. חובתנו להוכיח שיחסינו למיעוטים שבארצנו יהא שונה מהיחס העוין שאנו זכינו לו בארצות הפזורה.

היום, כבעבר, מרימה האנטישמיות ראש בעולם כולו, ואנו נזעקים כל אימת שיהודים נפגעים בארצותיהם. יותר משבעה מיליון יהודים חיים בפזורה. עלינו לשמש דוגמה לעמי העולם ביחסינו למיעוטים שחיים במדינתנו, כדי שנוכל לדרוש יחס דומה לאחינו שבפזורה.

אני רוצה לתרום ככל יכולתי לשלום בארצנו ובאזורנו ולהפוך את מדינת ישראל למדינה שתושביה יתגאו בה, ביושרה, בניהולה ובתרבותה. אני מאמין שעוד לא מאוחר, כפי שאמר חוזה המדינה, בנימין זאב הרצל, בספרו "אלטנוילנד":

"אם תרצו אין זו אגדה, ואם לא תרצו זו תישאר אגדה."[6]

אני מקווה שבין קוראי מנשר זה יימצאו אנשים בעלי שאר רוח – יהודים, נוצרים ומוסלמים, אזרחי מדינת ישראל – שיפעלו להגשמת הרעיונות המועלים בו. צר לי שגילי המתקדם אינו מאפשר לי לפעול להגשמת רעיונותיי. אנצל כל יום ביתרת חיי לכתיבה ולהפצה של הרעיונות שנועדו לאפשר חיי אושר ושלום לאנושות כולה, ובמיוחד לבני עמי, שסבלו מראשית עלייתם על במת ההיסטוריה מהפליה ומרדיפה.

---

6 תאודור הרצל, "אלטנוילנד", תרגם: שמואל שניצר, חברה להוצאת ספרים, חיפה, 1961.

כמו כן, אני דורש בטובתן של ארצות ערב, שחלקן נעשקו במרוצת הדורות על ידי שלטונות אימפריאליסטיים. עד יומי האחרון אמשיך לאהוב כל אדם באשר הוא אדם, ואפעל למען זכותו של כל אדם לחיות במכורתו חיים של שלום בין כל תושבי הארץ ולצד העמים השכנים הסובבים אותו.

האירועים שתיארתי בפרק הקודם חרשו תלמים באישיותי, בדרך הגותי ובהתייחסותי לאנשים שאתי ולאירועים המתרחשים בסביבתי. תלמים אלה הם מאפיין עקבי בהתנהגותי.

המאה העשרים הייתה לעם היהודי כבשן וכור היתוך, שואה ותקומה, מלחמות וניצחונות ותקוות שהתממשותן לא הביאו לסיום סכסוך הדמים בארץ אבותינו. המאה העשרים הייתה עבור העם היהודי הכבשן שבו נספו שישה מיליון יהודים וכור ההיתוך שבו אוחדו לעם אחד – בארץ ישראל, במדינתם העצמאית – יהודים עולים שבאו משמונים ושתיים ארצות.

מדינת ישראל קיימת יותר משישים ושבע שנה ועדיין נלחמת על זכות קיומה. מאמציה להשיג שלום עם הפלסטינים ועם ארצות ערב לא נשאו פרי. הסכמי השלום שהושגו עם מצרים, מנהיגת העולם הערבי, ועם הממלכה האשמית הירדנית, שעמה יש לנו הגבול הארוך ביותר, הם שלום קר שאינו מלווה בקשרים כלכליים, תרבותיים ומדיניים.

גם במאה העשרים ואחת לא חלפה סכנת השואה מן העם היהודי. זכות קיומה של המדינה אינו מובטח, ומלאכת ההיתוך לאיחוד האומה העברית בארץ אבותינו טרם הושלמה. יש מפלגות שחרתו על דגלן הנצחת הפילוג העדתי מטעמים של כדאיות פוליטית פלגנית קצרת ראות.

העם היהודי, שחווה דיכוי ורדיפות כמיעוט בארצות גלותו, לא למד מסבלו הוא, ויחסו למיעוטים בתוך מדינתנו אינו בא לידי ביטוי בשוויון זכויות וחובות מלא לכל אזרחיה. **אני בוש בכך!**

חוששני שה"הדור פוחת". העם היהודי חסר בעשור האחרון רועה ראוי, ומנהיגיו חסרי חזון. כידוע: **"באין חזון ייפרע עם..."** (משלי כט יח). הדור הקודם של המנהיגים חלמו, חזו והגשימו למען העם והקמת המדינה. הם לא דאגו לעצמם או לרכושם. לראשי הממשלה בעבר – לוי אשכול, גולדה מאיר, מנחם בגין – לא

היה הון או רכוש. הם חיו בצניעות בדירות צנועות, לרוב שכורות, וניהלו חייהם בענווה, וזאת בניגוד למנהיגים של היום, שרבים מהם צוברים הון בדרך לא ראויה ומושחתת.

אלה העומדים בראשנו היום דואגים לקריירה שלהם, לרכושם ולהונם, ואינם רואים את מצבם העגום של העם והמדינה וגם לא את מאות אלפי הילדים החיים בעוני. הם מתעלמים מהעובדה שלצדם משתוללות עבריינות חסרת רסן ושחיתות הפושה בכל רובדי החברה הישראלית. מנהיגי הדור האחרון התרחקו לחלוטין מן האידיאולוגיה הציונית, שהניעה את ותיקי מנהיגינו, שראו בכל אזרחיה, תהא דתם ולאומיותם אשר תהא, אזרחים שווי חובות וזכויות.

מנהיגי העבר יצרו בתבונתם את התנאים להקמת המדינה. בכושר ביצועם הניחו יסודות מוצקים למדינה שבדרך, ובמנהיגותם ובצנעת דרכם היו למורי דרך לעם שעמד על ספ הכחדה. **הם הבינו שקיומה של מדינת ישראל מותנה בצדקתה, ביושרה ובדרך התנהלותה להשגת שלום עם העולם המוסלמי לצד בניית כוח מגן עברי.**

אני מאמין שיש ביכולתנו להשיג שלום, שיתוף פעולה ושגשוג למען המזרח התיכון כולו, **בתנאי שנדע להשתחרר מהיהירות ומשיכרון הכוח**, שתי תופעות הרווחות, לצערי, בחלק ניכר מהציבור היהודי. אני מזדהה עם דבריו של המדען היהודי אלברט איינשטיין במכתב שכתב לפרופסור חיים ויצמן ב-25 בנובמבר 1929. דבריו תקפים גם היום. הרי קטע מהם:

> "אם לא נהיה מסוגלים למצוא דרך לשיתוף פעולה הוגן עם הערבים, פירושו שלא למדנו דבר מסבלנו אנו במרוצת אלפיים שנה, ונהיה ראויים לכל סבל שייגרם לנו."

אני מודע לאיבה ולשנאה לישראל וליהודים, המוחדרות לנפשותיהם של ילדים פלסטינים על ידי מערכת החינוך הפלסטינית. אני בטוח ששיתוף פעולה עם ארצות מוסלמיות והקמתה של מדינה פלסטינית יביאו לשינוי הולם במערכת החינוך הפלסטינית, והחינוך לשלום ואהבת אדם, באשר הוא אדם, יחדור גם ללבם.

שלוש סכנות קיומיות מאיימות על מדינת ישראל ועל העם היהודי:

1. אויביהם ושונאיהם – אירן, חזבאללה, ארגוני טרור פלסטיניים ואסלאמיים וארגונים אנטישמיים בכל רחבי העולם – דורשים להשמיד את מדינת ישראל ואת העם היהודי.
2. היעדר נכונות ההנהגה הישראלית להתפשר ולהקריב למען השלום עם העולם המוסלמי והערבי לשם שמירה על אופייה היהודי של מדינת ישראל, ברוח דברי נביאי ישראל.
3. קיומה של מערכת פוליטית קלוקלת המטפחת מנהיגות אגוצנטרית, חסרת חזון, חסרת מוסר ודרך ארץ, מושחתת ורודפת בצע ופרסום.

אני מעז להתייחס בכנות ובאומץ לשלושת הנושאים האלה, המסכנים את המשך קיומנו כמדינה עצמאית וכאומה בין האומות. אני מודע לכך שהפתרונות המוצעים על ידי אינם מקובלים על הפוליטיקאים השולטים במדינת ישראל בדור האחרון, היות שרובם קרייריסטים וחסרי אידיאולוגיה ציונית, דמוקרטית וממלכתית. דבריי מיועדים בעיקר לבני הדור הצעיר, המתקשה לחיות ולהתקיים במדינת ישראל. אצטט מדברי חוזה המדינה, בנימין זאב הרצל, בסוף המבוא לספרו "מדינת היהודים":

> "בדברי עתה אל התבונה, יודע אני עם זאת היטב, כי לא די בתבונה לבדה. אסירים ותיקים אינם עוזבים ברצון את בית כלאם. נראה, אם כבר גדל לנו הנוער, שאנו זקוקים לו: הנוער, הסוחף עמו את הזקנים, נושאם החוצה בזרועותיו האיתנות והופך את נימוקי-התבונה להתלהבות."[7]

אני סבור שלא אזכה לראות במימוש השינויים שאני מטיף להם, שכן בגילי, שמונים וארבע שנה, עברתי את תוחלת החיים הממוצעת במדינת ישראל, אך בטוחני שיימצאו הצעירים הנבונים, הישרים והנלהבים שיממשו את רעיונותיי לטובת הדורות הבאים של יהודים וערבים כאחת.

---

7 "מדינת היהודים", הוצאת ידיעות אחרונות לשנת השלושים להכרזת עצמאות ישראל.

פרק ג

לשני העמים זכות לחיים עצמאיים בארץ ישראל

אני כותב פרק זה לנוכח טענותיהם של קיצונים, יהודים ופלסטינים כאחת, המכריזים: **"כולה שלי!"** האמת היא שאדם שקול ובעל ערכים הומניים מודע לזכויות המגיעות לשני העמים: ליהודים זכות היסטורית, דתית ולאומית, ולפלסטינים זכות תושב וזכות דתית.

מציאת נוסחה שתאפשר לשני העמים לחיות בשלום זה לצד זה מחייבת את שני העמים להכיר איש בזכויות רעהו. הנוסחה הסבירה ביותר היא **חלוקת הארץ בין שני העמים וקיום הסכמים לשיתוף פעולה ביטחוני, דתי, כלכלי, רפואי ותרבותי.** לדאבון לבי, אף אחד מהעמים לא אימץ נוסחה זו במלואה, והקיצונים שבשני העמים הם השולטים בכיפה, ולכן הסבל ושפיכות הדמים נמשכים עשרות שנים.

העיתונאי ארי שביט מתאר את המצב בארץ ישראל בספרו "חלוקת הארץ":

> "הסכסוך הישראלי-פלסטיני הוא סכסוך בין עם כבוש לעם מאוים. שני יסודות הופכים את הסכסוך לייחודי: הכיבוש והאיום. שום עם בעולם אינו נתון במצב מתמשך של כיבוש כמו העם הערבי-פלסטיני. שום עם בעולם אינו נתון תחת איום קיומי כמו העם היהודי-ישראלי. על כן, ללא טיפול במקביל הן בכיבוש והן באיום, לא יימצא פתרון לסכסוך הקשה בין ישראלים לפלסטינים."[8]

---

8 ארי שביט, "חלוקת הארץ", הוצאת כתר, 2005, עמ' 217.

ארץ ישראל היא ארץ מפולגת מכל הבחינות: בשטחה הקטן קיימים ארבעה
אזורי אקלים; על קדושתה ומרכזיותה בחיים הרוחניים טוענות שלוש דתות
מונותאיסטיות, ועל הזכות למלוא שטחה נאבקים יותר ממאה שנה שני עמים.

למרות המצב המסובך השורר זה יותר ממאה שנה, אני מעז להאמין שקיים
פתרון, ואותו אני מציע במנשר זה. הפתרון המוצע אינו מעין "מקל קסמים",
אלא דורש מאמץ, תבונה, פשרה ואהבת כל אדם באשר הוא אדם. דרושים
שלבים בוני אמון של שני הצדדים, מעורבות של מנהיגי העולם המוסלמי וגיבוי
של מנהיגי העולם הנאור להסכם שיושג, כלומר **הסכם אזורי וגיבוי בינלאומי
ולא רק הסכם בין ישראל לפלסטין.**

זכותו של העם היהודי לחיות בארץ ישראל

בתורת ישראל, המקובלת על מאמיני הדת המוסלמית והנוצרית, קורא ה' למשה
לעלות להר נבו, שבצד המזרחי של נהר הירדן, ומראה לו את הארץ המיועדת
לעם היהודי, שהוציא מעבדות מצרים.

"ויעל משה מערבות מואב אל הר נבו ראש הפסגה אשר על פני
יריחו ויראהו ה' את כל הארץ את הגלעד עד דן. ואת כל נפתלי ואת
ארץ אפרים ומנשה ואת כל ארץ יהודה עד הים האחרון. ואת הנגב
ואת הכיכר בקעת יריחו עיר התמרים עד צוער. ויאמר ה' אליו זאת
הארץ אשר נשבעתי לאברהם ליצחק וליעקב לאמור לזרעך אתננה;
הראיתיך בעיניך ושמה לא תעבור" (דברים לד א-ד).

הבאתי ציטוט זה כדי לסתור את טענות הקיצונים הערבים, הטוענים שלעם
ישראל יש שאיפות כיבוש של כל המזרח התיכון, מנהר הפרת ועד היאור
(הנילוס). בשקריהם הם גם טוענים ששני הפסים הכחולים המקבילים לאורכו
של דגל הלאום של מדינת ישראל מסמלים את שני הנהרות. שקר וכזב.

לפני שבעים דורות גלינו מארצנו. במרוצת שבעים דורות הייתה ארץ ישראל
שוממה ושלטו בה ממלכות זרות שהתחלפו זו אחר זו. מאז גלה העם היהודי
מארצו לא קמה בה מדינה עצמאית ערבית-מקומית **ובוודאי לא מדינה**

פלסטינית! השם "פלסטינה" ניתן לארץ במאה השנייה לספירת הנוצרים על ידי הקיסר אדריאנוס לאחר מרד בר כוכבא, שהתחולל בשנים 138-135 לספירה. הוא רצה למחוק את השמות "יהודה" ו"ישראל", ולכן חילק את הארץ לשתי פרובינציות: את צפון הארץ הצמיד לסוריה, וליהודה קרא "פלסטינה" על שם העם הפלישתי, שנעלם מאות שנים קודם.

ההיסטוריה מוכיחה: שום אדמיניסטרציה אינה יכולה לעקור את רגש שייכותו של עם לארצו. אבקש להדגיש: כאז כן עתה! כפי שלא הצליח אדריאנוס לעקור את אהבת ארץ ישראל מלב העם היהודי בשינוי השם מ"יהודה" ל"פלסטין", **לא נצליח אנו לעקור את אהבת התושבים הפלסטינים לארץ מושבם!**

במשך אלפיים שנה שמר העם היהודי על קשר נפשי לארץ ישראל, שקיבל ביטוי בתפילה שלוש פעמים ביום: "...ולירושלים עירך ברחמים תשוב."[9] קשר זה ידוע ומוכר לכל העולם הנוצרי והעולם המוסלמי.

דמות העם היהודי כ"עם נודד" הוטמעה בקרב העמים הנוצריים באמצעות אגדה מהמאה הארבע-עשרה. האגדה מספרת שישו הנוצרי הובל אל צליבתו על ידי הרומאים כשעל כתפו הצלב הכבד, וכאשר ביקש לפוש קמעה מעמל הדרך בביתו של יהודי, היהודי גירש אותו והאיץ בו ללכת אל צליבתו. ישו התבונן ביהודי ואמר לו: **"אני אלך, אולם אתה היהודי תהיה נע ונד בארץ עד שובי."**

קיימת היום כת נוצרית המאמינה שאם ישוב העם היהודי לארץ ישראל ויקיים בה את מדינתו, יחזור ישו אל עולמנו. צעיר אוסטרלי שהשתייך לכת זו ניסה להצית את מסגד אל-אקצה שבהר הבית בשנת 1969, אך על כך אספר בפרק אחר.

גם לעולם המוסלמי היה ידוע שיבוא יום ועם ישראל ישוב לארץ אבותיו. על כך אפרט בהמשך ואביא הסכם שנחתם בין האמיר פייסל לד"ר חיים ויצמן. כמו כן, אצטט ממכתבו של האמיר פייסל לשופט פליקס פרנקפורטר בארצות הברית.

שורה ארוכה של נוצרים, לרבות אנטישמים, הכירו בקשר ההיסטורי של העם היהודי לארץ ישראל. אסתפק בהבאת דבריו של המצביא הצרפתי הדגול, נפוליאון בונפרטה, בזכותו של העם היהודי לשוב לארץ אבותיו. בשנת 1799

9 מתוך תפילת שמונה-עשרה הנאמרת בתפילות שחרית, מנחה ומעריב.

כבש נפוליאון חלק ניכר מארץ ישראל **והכיר בזכות העם היהודי לחזור לארץ ישראל.** הדבר קיבל ביטוי במנשר שפרסם ב-20 באפריל 1799, בעת שהותו במפקדתו בירושלים.[10]

דבר נפוליאון בונפרטה

המצביא העליון של צבאות הרפובליקה הצרפתית באפריקה ובאסיה

הראשון בפלוריאל, 20 באפריל 1799

שנת 7 לרפובליקה הצרפתית

אל יורשיה החוקיים של ארץ ישראל

עם ישראל הוא עם סגולה. העריצים הכובשים גזלו מכם את נחלת אבותיכם, אבל לא עלה בידם למחוק את זכרכם ואת קיומכם הלאומי.

אתם, הגולים, התעוררו-נא בשמחה. מלחמה שלא הייתה כמוה בדברי ימי-עולם, מלחמת מגן לאומה, שאויביה זממו לקבל אדמות מורשת כשלל לחלוקה בשרירות לב ובזדון על-ידי משיכת קולמוס של קבינטים, כעת נוקמת את חרפתה היא ואת חרפת העמים הנידחים שנעזבו מכבר בעול השעבוד, וגם את נקמת קלונכם בן אלפי שנים שהוטל עליכם.

עתה כאשר נדמה שנסיבות הזמן אינן נוחות להשיב את זכויותיכם, דווקא בזמן הזה מציעים לכם את ארץ האבות, אתם יורשיה החוקיים של הארץ.

זו האומה הגדולה שלא תעשה מסחר וקניין באנשים ובארצות כמו שעשו אלה שמכרו את אבותיכם (יואל ד, ו), קוראת אליכם: לא כבוש תכבושו נחלת אבות, כי אם תקבלו את הארץ שנכבשה על ידה.

---

10 המנשר פורסם בעיתון צרפתי בפריז בשם "מוניטור" ב-20 באפריל 1799, והופץ ככרוז בערי ארץ ישראל.

הנה כערובה אומה זו ובתמיכתה תשבו בה אדונים ותחזיקו בארץ כנגד כל העולם.

עורו! עורו! הוכיחו כי כוח מדכאיכם אינו מכריע את אומץ לבם של צאצאי גיבורים אשר כריתת ברית אחים עמם נתנה כבוד לאספרטא ולרומא (מכבים א יב, טו) ואף היחס אליכם משנות אלפיים כאל עבדים לא הצליח להחניקו.

חושו! הנה בא הרגע אשר מי יודע אם ישוב וישנה עוד אלפיים שנה, לתבוע את השבת הזכויות האזרחיות שנמנעו מכם בחרפה, את זכות קיומכם המדיני כאומה בין אומות ואת הזכות הטבעית הבלתי מוגבלת לעבוד את עבודת האלוהים לפי מצוות תורתכם לעיני כל העולם ובאמת לעולמי עד (יואל ד, כ).

נפוליאון בונפרטה
המטה העליון בירושלים

אינני רוצה לעייף את הקורא בעדויות רבות נוספות על מודעות העולם הנאור לזכותו של העם היהודי לשוב לארץ אבותיו, לעובדה בזיעת אפו, לפתחה כמיטב כישרונו ולנהל חיים לאומיים עצמאיים ככל עמי העולם. צר לי שקריאתו של נפוליאון בונפרטה נפלה, בשעתה, על אוזניים יהודיות אטומות.

כל אימת שהיה אפשר, עלו יהודים לארץ האבות מטעמים דתיים, לא לאומיים. הם התיישבו, לרוב, בערים ירושלים, טבריה, צפת ויפו. בסוף המאה התשע-עשרה, לאחר פרעות ביהודי רוסיה ואנטישמיות שפשטה בארצות אירופה, **החלו יהודים לעלות לארץ ישראל מטעמים לאומיים.** הדבר קיבל ביטוי ברכישת קרקע ובעיבודה החקלאי.

לא אחזור כאן על הצהרת שר החוץ הבריטי, הלורד ארתור ג'יימס בלפור, ב-2 בנובמבר 1917 על זכותו של העם היהודי להקים את ביתו הלאומי בפלסטינה ולא על החלטת האומות המאוחדות ב-29 בנובמבר 1947 על חלוקת הארץ שממערב לירדן והקמתן של מדינה יהודית ומדינה ערבית בארץ ישראל. **לא בחסד האומות הקמנו את מדינתנו אלא בזכות עבודתנו להפרחתה ודם בנינו**

שחירפו נפשם להגן עליה מפני המדינות הערביות הפולשות. ובסור חסדם, היא לא תילקח מאתנו!

על הפלסטינים ועמי ערב להפנים שחזרנו לארצנו בזכות, וזאת ארצו של העם היהודי מימי קדם ועדי עד. זאת מדינתו היחידה של העם היהודי, ואיננו זקוקים לאישורו של שום עם על זכותנו זו. ראש הממשלה מנחם בגין נתן ביטוי הולם לזכות זאת בנאום הבכורה שנשא בכנסת ישראל ב-20 ביוני 1977, לאחר שהושבע לראשונה כראש ממשלת ישראל.

> "...ואף זאת נזכור: לאחר העלותו את החזון הכלל-אנושי אומר מיכה המורשתי, 'כי כל העמים ילכו איש בשם אלוהיו, ואנחנו נלך בשם ה' אלוהינו לעולם ועד' (מיכה ד, ה). בזכות מורשת אבות זו של אלפי שנים, הנני להודיע כי ממשלת ישראל לא תבקש משום אומה, קרובה או רחוקה, גדולה או קטנה, להכיר בזכותנו להתקיים. הזכות להתקיים, אדוני היושב ראש? לא יעלה על דעתו של שום בריטי או צרפתי או בלגי או הולנדי, הונגרי או בולגרי, רוסי או אמריקאי לבקש בשביל עמו זכות להתקיים. קיומם הוא זכותם והוא הדין בישראל. אנו קיבלנו את זכותנו להתקיים מאלוהי אבותינו בעלות שחר תרבות האדם לפני קרוב לארבעת אלפים שנה, ובעד הזכות הזאת, אשר קודשה בדם יהודים מדור לדור, שילמנו מחיר כמותו לא נודע בתולדות העמים. עובדה זו בוודאי אינה מקטינה או מחלישה את זכותנו: נהפוך הוא. לכן הנני שב ומדגיש: איננו מצפים שיבקשו בשבילנו כי תוכר זכותנו להתקיים בארץ אבותינו. דרושה הכרה אחרת בינינו ובין שכנינו, הכרה בריבונות ובצורך ההדדי בחיי שלום והבנה. להכרה ההדדית הזו אנו צופים. למענה נעשה כל מאמץ אפשרי..."[11]

הבאתי את דברי מנחם בגין כדי לבסס את עמדתי שאיננו צריכים לדרוש מהפלסטינים, או מכל עם אחר, להכיר במדינת ישראל כמדינה יהודית. דרישה זו באה לתקוע מקל בגלגלי המשא ומתן להסדר בינינו ובין הפלסטינים ואין בה כלל צורך. **איננו דורשים אשרור, לא מהפלסטינים ולא משום אומה אחרת,**

---

11 ארכיון הכנסת.

להיותה של מדינת ישראל מדינת העם היהודי, וזאת מסיבה ברורה: זאת זכותנו ההיסטורית לחיות בארצנו. זאת מדינתו של העם היהודי בזכות אבותינו וה' אלוהינו, ולא בחסד האומות!

זכותו של העם הפלסטיני לחיות בארץ ישראל

אבקש להבהיר בתחילת דבריי שזכותם של הפלסטינים לחיים כעם עצמאי בארצו נובעת מזכותם כתושביה של הארץ הזאת ומאמונתם הדתית. הם היו רוב באוכלוסייה עד הקמתה של מדינת ישראל. לרוב, וגם למיעוט, קיימת זכות דמוקרטית לחיות על פי דתו, לשונו ותרבותו.

הקיצונים בציבור היהודי ובציבור הפלסטיני מתעלמים מזכותו של העם האחר לחיות במדינתו העצמאית. הקיצונים היהודים נאחזים בעובדות היסטוריות שעיקרן: מעולם לא היו עם פלסטיני או מדינה פלסטינית, וחלק ניכר מהאוכלוסייה הערבית הגיע מארצות ערביות שכנות. הקיצונים הערבים טוענים שהפלסטינים המה תושבי ארץ כנען הקדומים שנעלמו לפני שלושת אלפים שנה.

זכותו של העם היהודי לחיות בארץ ישראל כעם עצמאי בארצו היא זכות היסטורית ודתית, וזכותם של הפלסטינים לחיות במדינתם העצמאית מבוססת על היותם תושביה וקשרם הדתי למקומות הקדושים לאסלאם. על כל צד להכיר בזכות הצד האחר ולמצוא פשרה לחיים בשלום זה בצד זה ולא זה בתוך זה!

לערבים יש אמנם זכות תושב, אך טענתם כי הם אומה היושבת על אדמתה אלפי שנים היא טענה שקרית לצורכי תעמולה. אצטט את ג'ואן פיטרס בספרה "מאז ומקדם":

> "במשך דורות הוו העמים הלא-יהודים, שאכן ישבו בארץ ישראל, ובמיוחד המוסלמים, בחלקם הגדול אוכלוסייה מתחלפת ממקורות אתניים שונים, שלא הייתה יכולה להיחשב בשום-פנים לאוכלוסייה 'פלשתינאית' ילידה של ממש, קל וחומר לא אומה היושבת על אדמתה 'אלף' או 'אלפיים' שנה... ב-1878 היה המצב קשה בארץ. לארץ ישראל נכנסו קבוצות של צ'רקסים, אלג'ירים, מצרים, דרוזים, תורכים, כורדים,

בוסניאקים ואחרים. היסטוריון אחד הגיע לכלל מסקנה שמתוך 141,000 מוסלמים יושבי קבע שהתגוררו בארץ ישראל כולה (בכל השטחים) ב-1882, לפחות 25 אחוז... היו חדשים בארץ או יוצאי חלציהם של אלה שהגיעו אחרי (הכיבוש המצרי של) 1831..."[12]

האירוע היחיד שניתן להגדירו כאירוע מעצב של התושבים הפלסטינים התרחש בשנת 1834, כאשר התקוממו נגד מוחמד עלי המצרי. מוחמד עלי שלט בארץ ישראל בשנים 1840-1831. הוא שלח את בנו המאומץ איברהים פחה בראש 40 אלף חיילים מצרים וכבש אותה. המצרים הטילו מִסים כבדים על הפיאודלים ועל הפלאחים ודרשו לגייס את נעריהם לצבא המצרי.[13]

אף על פי שהמרד נקרא "מרד הפלאחים", עוררו אותו הפיאודלים, שבדרך כלל היו עוינים זה לזה. **האויב המשותף, מוחמד עלי, איחד אותם** (זה מזכיר לנו את המתרחש בימינו). הבדווים בצפון, המכונים "קייסים", היו מסוכסכים עם הבדווים בדרום, המכונים "ימנים", כשבע מאות שנה מסיבות לא ברורות. הם התאחדו במלחמתם נגד האויב המשותף: המצרים. משפחות בערים ובכפרים, שהיו עוינות זו לזו מזה דורות, שיתפו פעולה ביניהן. משפחות אבו גוש ואבו חמדן ניהלו את המרד בירושלים; משפחת עאמר עמדה בראש המרד בהר חברון; משפחת קאסים אל-אחמד מג'מעין בהרי שומרון; והאגא של חווארה ניהל את המרד בגליל. הם לחמו בו זמנית במצרים, אך לא יצרו מטה משותף לניהול המרד, ובכך נועד המרד להיכשל.

בתחילה נחלו המורדים הצלחות וכבשו ערים מספר ובהן: שכם, ירושלים וחברון. המרד התחיל ב-19 במאי 1834 ודוכא ב-4 באוגוסט 1834. הפיקוד המפוצל על המרד הביא לחוסר תיאום בין המנהיגים ואפשר למוחמד עלי, שבא בראש 15 אלף חיילים מצרים, להביא לדיכויו. מנהיגי המרד הוצאו להורג, ביניהם קאסים אל אחמד ושני בניו.

---

12 ג'ואן פיטרס, "מאז ומקדם", תרגם: אהרן אמיר, הוצאת הקיבוץ המאוחד, מהדורה רביעית, עמ' 197-196.

13 נתן שור, "תולדות ארץ ישראל", הוצאת דביר, 1998, עמ' 236-232.

באותן שנים הגיעו הבריטים למסקנה שרצוי לשקם את האימפריה התורכית כדי שתהווה חיץ בין שאיפות ההתפשטות הרוסיות למזרח התיכון. הצי הבריטי, בסיוע הצי האוסטרי וכמה אניות תורכיות, כבשו את עכו. הצבא המצרי נסוג מארץ ישראל בשנת 1840, והתורכים חזרו לשלוט בה.

עם כניסתם המחודשת לארץ ישראל החלו התורכים בהתארגנות למודרניזציה (תקופת התנט'ימאת בלשונם) של המזרח התיכון. הם עודדו עיבוד קרקעות שוממות באמצעות חוק מקרקעין, שעל פי עקרונותיו מתנהלת מדינת ישראל עד היום. כמו כן, הם עודדו את גידול האוכלוסייה והתירו את כניסתם של מוסלמים רבים ארצה. מאלג'יריה הביאו שתי חטיבות שמרדו בצרפתים, מבוסניה הביאו מוסלמים שנלחצו על ידי הסרבים, מצ'רקסיה כאלה שנלחצו על ידי הרוסים, ממצרים הביאו כששת אלפים איש שברחו מחוק הגיוס של מוחמד עלי. נוסף על כך, עלו לארץ 35 אלף יהודים, ואלה הקימו ארבעים וארבעה יישובים חקלאיים עד פרוץ מלחמת העולם הראשונה. עשרים ואחד מהיישובים האלה הוקמו לפני הקונגרס הציוני הראשון שכינס תאודור הרצל בשנת 1897 בבזל. כמו כן, הוחל בהקמת העיר היהודית הראשונה: תל אביב.

כדי לתאר את מצב האוכלוסייה הערבית שהתגוררה בסוף המאה התשע-עשרה בארץ ישראל, אביא את סיפורם של העולים שבאו לארץ ישראל במטרה לעבד את אדמתה ולהפריח את שממונה. בין ראשוני השבים למולדת היו מייסדיה של המושבה ראשון לציון. בעת עלייתם על הקרקע, ב-31 ביולי 1882, אוכלוסיית ארץ ישראל הייתה ברובה נכשלת ועניייה. הייתה זאת ארץ מוכת קדחת ושוממה. מאז גלינו מארצנו הייתה לפינה נידחת תחת ממלכות כובשות שונות.

שבע-עשרה משפחות ראשונות של עולים ממזרח אירופה עלו להתיישב בחולות ראשון לציון על קרקע שקנו בסכום של 45,925 פרנק זהב במזומן. היה זה סכום גבוה מאוד עבור שטח של 3,340 דונם שכולו היה חולות נודדים. הקרקע נקנתה מהאחים מוסטפה ומוסה אל-דג'ני, שהתגוררו בסמיכות – בבית דג'ן, היום בית דגן.

את המצב ששרר אז בארץ מתאר איתן בלקינד בספרו "ראשון לציון – המדינה בדרך למדינה":

"ביסודה של ראשון לציון, היא מצאה עצמה מוקפת בשני מיני שכנים:

- הפלאחים – הם תושבי הכפרים. כשנשאלו: מי אתם? מעולם לא אמרו ערבים. תשובתם הייתה בשפה הערבית – 'אנא פלאח מוסלם' היינו: 'אני עובד אדמה מוסלמי'... הפלאחים קיבלו את המתיישבים היהודים ללא התנגדות, כי לפי אגדות שהתהלכו ביניהם ישובו באחרית הימים היהודים אשר הוגלו מכאן, לכונן מחדש את מדינת היהודים.
- הבדואים – או כפי שנקראו בפי תושבי המקום 'אל ערב' (הערבים) היו רועי צאן, נוודים, אולם עיקר מחייתם היה משוד דרכים... הם בזזו ללא הבדל יהודים או לא יהודים."[14]

בימי הקמתה של ראשון לציון מנתה אוכלוסיית ארץ ישראל בין 465 אלף ל-480 אלף תושבים. בעיר הגדולה ביותר, ירושלים, התגוררו 31 אלף תושבים. 17 אלף מהם יהודים, שמונת אלפים מוסלמים וששת אלפים נוצרים. **היה רוב יהודי בירושלים!** העיר השנייה במניין תושביה הייתה עזה, שבה חיו 19 אלף תושבים. השלישית הייתה נבלוס (שכם), שבה חיו 12 אלף תושבים. אחריהן באו יפו וחברון, ובכל אחת מהן חיו עשרת אלפים תושבים. רמלה, שהייתה העיר הקרובה ביותר לראשון לציון, מנתה 3,500 תושבים.

הראשון שחזה את ההתנגדות הערבית לעליית היהודים מטעמים לאומיים, שהביאם לעבד את אדמתה, היה ההוגה והסופר היהודי אשר צבי גינצברג, ששמו הספרותי "אחד העם". הוא ביקר בארץ ישראל בין 26 בפברואר ל-17 במאי 1891. היה זה מסעו הראשון לארץ ישראל, והוא התרשם לרעה מהיחסים הנרקמים בין יהודים לערבים. במאמר "אמת מארץ ישראל" הוא כתב בין היתר:

> "הטעות הגסה שנשתרשה בתוכנו על הערבים תושבי ארץ ישראל: בחשבנו אותם לפראי מדבר שאינם רואים ואינם מבינים את הנעשה מסביב להם, בעוד שבאמת רואים ומבינים הערבים, ובייחוד יושבי

---

14 איתן בלקינד, "ראשון לציון – המדינה בדרך למדינה", הוצאת עיריית ראשון לציון, 1972, עמ' 48.

הערים, את מעשינו וחפצנו בארץ, אבל הם מחשים ועושים עצמם כלא
יודעים, לפי שאינם רואים במעשינו עתה שום סכנה לעתידותיהם...
ואולם אם תבוא עת אשר חיי עמנו בארץ ישראל יתפתחו כל כך עד
שידחקו מעט או הרבה רגלי עם הארץ, אז לא על נקלה יניח זה את
מקומו."[15]

כעשר שנים אחר תחילתה של העלייה הראשונה החלה פעולה ערבית נגד
עליית יהודים, וכחודש לאחר מאמרו של אחד העם, ב-24 ביוני 1891, שיגרו
נכבדים ערבים מירושלים מנשר לראש ממשלת תורכיה באיסטנבול, ובו הביעו
התנגדות נמרצת להמשך העלייה היהודית לארץ ישראל. במנשרם כתבו בין היתר:

"היהודים מוציאים את כל הקרקעות מידי המוסלמים, לוקחים את כל
המסחר לידיהם ומביאים נשק לארץ."[16]

הערבים שאפו להשתחרר מעול השלטון התורכי, ורצו להקים את מדינתם
העצמאית בכל הסהר הפורה, כפי שהייתה במאה השמינית בימי בית אומיה
ובית עבאס. שאיפה לגיטימית זו לא יכלה לקבל ביטוי בגלל נחת זרועו של
השלטון התורכי, ולכן היה קל יותר לקום נגד היהודים חסרי המגן. המופתי
הירושלמי טהר אל-חוסייני הטיף בשנת 1899:

"יש להציק ליהודים כדי לגרום להם לעזוב את הארץ או לגרשם."

בשנת 1905 פרסם בפריז נג'יב עאזורי את ספרו "התעוררות העם הערבי",
ספר שהיה מקור לרעיונות ההתקוממות כנגד האימפריה העות'מאנית, אך בה
בעת חזה את המאבק הישראלי-פלסטיני. הוא כתב, בין היתר, בספרו:

---

15   נכתב באנייה מיפו לאודסה בכ"א באייר תרנ"א ופורסם ב"המליץ", גיליון מס' 13, ב-30
      ביוני 1891, מתוך "אחד העם: מכתבים בענייני ארץ-ישראל 1926-1891" מאת שולמית
      לסקוב, 2000, הוצאת יד בן צבי.

16   מרדכי אליאב, "ארץ-ישראל ויישובה במאה הי"ט 1917-1777", הוצאת כתר ירושלים, 1978.

> ״שתי תופעות חשובות, בעלות מהות משותפת אף שמנוגדות במטרותיהן, עולות ברגע זה בתורכיה האסיאתית. מדובר בהתעוררות האומה הערבית, ובמאמצים החשאיים של היהודים לשוב ולכונן בקנה מידה גדול את מלכות ישראל העתיקה. שתי תנועות אלה נועדו להתעמת זו בזו ללא הרף עד שידה של אחת תהיה על העליונה. התוצאה הסופית של מאבק זה, בין שני עמים המייצגים שני עקרונות (תרבותיים ופוליטיים) סותרים, עלולה לעצב את גורל העולם כולו.״[17]

משכילים ערבים החלו לפרסם עיתונים והטיפו בהם נגד היהודים. בשנת 1908 יצא לאור בחיפה העיתון ״הכרמל״, ובשנת 1911 יצא לאור ביפו העיתון ״פלסטין״. ההסתה שלהם נשאה פרי: במשך עשרים שנה, בין שנת 1888 ל-1908, נרצחו על ידי ערבים שלושה-עשר יהודים, רק ארבעה מהם על רקע לאומני. במשך חמש שנים, בין שנת 1908 ל-1913, נרצחו על ידי ערבים שנים-עשר יהודים, כולם על רקע לאומני!

מלחמת העולם הראשונה הביאה לכיבושה של ארץ ישראל בידי הבריטים ולחלוקת המזרח התיכון, שהיה חלק מהאימפריה העות׳מאנית, לכמה ארצות: סוריה, לבנון, עירק, סעודיה, ומנדט שניתן לבריטים לשם הקמתו של בית לעם היהודי והכשרת האוכלוסייה לשלטון עצמי. על כך אפרט בפרק הבא.

סיכום הפרק

זכותו של העם היהודי על ארץ ישראל היא זכות אבות, זכות היסטורית, דתית ולאומית. לאחר שגלה עם ישראל מארצו לא קמה בארץ ישראל מדינה עצמאית, ותושביה מעולם לא שלטו בה. עם זאת, זכותם של תושביה הערבים של ארץ ישראל היא זכות תושב הזכאי להגדרה עצמית על פי העיקרון הדמוקרטי וזכות דתית הקשורה במקומות הקדושים לאסלאם בארץ. לכל אחד מהעמים

---

17 ״פלסטינים: עם בהיווצרותו״, ברוך קימרלינג ויואל שמואל מגדל, הוצאת כתר, 1999, עמ׳ 75.

יש לאום, דת, לשון ותרבות, וכל אחד מהם רשאי לנהל את חייו העצמאיים על
פי העיקרון הדמוקרטי.

במצב שנוצר אין מנוס מחלוקת הארץ בין שני העמים, ועל כך החליטה מועצת
האומות המאוחדות ב-29 בנובמבר 1947.

על הערבים להפנים שהם סירבו להסכים להחלטת החלוקה, ולזכור כי
צבאות מצרים, עבר הירדן, סוריה, לבנון ועירק פלשו למדינת ישראל
ביום הראשון להקמתה. רוב ערביי ארץ ישראל גלו מרצונם ולא הוגלו.

מדינות ערב ניצלו את הפליטים כנשק פוליטי בתקווה שיביאו לחורבן מדינת
ישראל והתעלמו מסבלם של הפליטים.

ב-4 ביוני 2003 התקיימה בעקבה ועידת פסגה בין ראש ממשלת ישראל, אריאל
שרון, לבין יושב ראש הרשות הפלסטינית, מחמוד עבאס (אבו מאזן), ביוזמתו
ונוכחותו של נשיא ארצות הברית, ג'ורג' בוש.

אריאל שרון, שהיה בין לוחמיה האמיצים של מדינת ישראל ושעודד הקמת
התנחלויות, הגיע למסקנה הקשה שעל ישראל לפנות התנחלויות מעזה
והתנחלויות מבודדות ביהודה ובשומרון תוך הסכמה להקמתה של מדינה
פלסטינית. אביא את דבריו בוועידה:

"כראש ממשלת ישראל – הארץ שהיא ערש לידתו של העם היהודי –
אחריותי הראשונה במעלה היא לביטחון עם ישראל ומדינת ישראל.
לא תהיה כל פשרה עם הטרור, וישראל, יחד עם כל העולם החופשי,
תמשיך להילחם בטרור עד לתבוסתו המוחלטת. ביטחון קבע מחייב
שלום ושלום קבע לא יושג אלא דרך ביטחון. ישנה כעת תקווה
להזדמנות חדשה לשלום בין ישראל לפלסטינים. ישראל, כמו אחרים,
הביעה את תמיכתה האיתנה בחזון הנשיא בוש, כפי שבא לידי ביטוי
בנאומו מה-24 ביוני 2002, בנוגע לשתי מדינות – ישראל ומדינה
פלסטינית – החיות זו לצד זו בשלום ובביטחון...

"אין לישראל עניין לשלוט בפלסטינים, צריך שהפלסטינים ישלטו על
עצמם במדינה שלהם. מדינה פלסטינית, דמוקרטית החיה בשלום

מלא עם ישראל תקדם לטווח הארוך את ביטחונה ושלמותה של ישראל כמדינה יהודית...

"אנו רוצים להבהיר לעמיתינו הפלסטינים שאנו מבינים את החשיבות של רציפות טריטוריאלית ביהודה ובשומרון למדינה פלסטינית בת-קיימא, ומדיניות ישראל בשטחים הנתונים למשא ומתן ישיר עם הפלסטינים תשקף עובדה זו. אנו מקבלים את העיקרון ששום פעולה חד-צדדית מצד כלשהו לא תחרוץ מראש את תוצאות המו"מ בינינו...

"ישראל שואפת לשלום עם כל שכנותיה הערביות, ותהיה מוכנה לנהל משא ומתן, בתום לב, בכל מקום שבו תמצא לכך שותפים. כאשר ייכונו יחסי נורמליזציה, אני משוכנע כי מדינות אלה ימצאו בישראל עם ושכן המחויב לשלום כולל ולשגשוג עבור כל עמי האזור."[18]

---

18   "ארץ מולדת", עמ' 238.

פרק ד

המנדט הבריטי – זרע הפורענות

השריף חוסיין, אבי המשפחה ההאשמית שבסעודיה, מאס בשלטון התורכי ונענה לפניית בריטניה למרוד בתורכים בעת מלחמת העולם הראשונה. הוא שאף לאחד את ערביי המזרח התיכון **במדינה ערבית אחת תחת שלטונו**, ובניו ישלטו כמשנה למלך באזורים שונים: עלי בנו בכורו בחצי האי ערב (ערב הסעודית); עבדאללה, בנו השני, בעירק; פייסל, בנו השלישי, בסוריה רבתי.

סוריה כללה, לדעתו, גם את לבנון וארץ ישראל. רוב ערביי ארץ ישראל ראו עצמם חלק מהממלכה הערבית העתידית, ושאיפותיהם הלאומיות התעוררו רק עם הגעת העולים בעלייה הראשונה. בריטניה הסתייגה מכמה פרטים בתוכניתו של השריף חוסיין: היא הוציאה את לבנון מתחום המדינה הערבית וערפלה את המצב ביחס לארץ ישראל. ההסתייגויות כלולות במסמך בריטי הנושא את השם "איגרות מקמהון".

האמיר פייסל ייצג את המדינה הערבית המאוחדת בשיחות השלום שהתקיימו בתום מלחמת העולם הראשונה. ד"ר חיים ויצמן – מנהיג התנועה הציונית, שהיה אזרח בריטי – קיים כמה פגישות עם האמיר פייסל. החשובה שביניהן התקיימה ב-3 בינואר 1919, והסתיימה בהסכם שבו נאמר בין היתר:

> "הוד מעלתו המלכותי האמיר פייסל נציג ובא-כוח הממלכה הערבית של חיג'אז, וד"ר חיים ויצמן נציג ובא-כוח ההסתדרות הציונית, ביודעם על קירבת הגזע והקשרים העתיקים השוררים בין הערבים ובין

העם היהודי, ובהכירם כי הדרך הבטוחה ביותר להגשמה שלמה של
שאיפותיהם הלאומיות היא דרך שיתוף-הפעולה ההדוק ככל האפשר
בפיתוחן של המדינה הערבית ושל פלסטינה, ובשאיפתם להוסיף ולחזק
את ההבנה הטובה השוררת ביניהם, הסכימו על הסעיפים הבאים...״[19]

״בקביעת החוקה והמינהל של פלסטינה יינקטו כל האמצעים שיש בהם
משום ערובה שלמה להגשמת הצהרתה של ממשלת בריטניה מה-2
בנובמבר 1917. יינקטו כל האמצעים הדרושים כדי לעודד ולהגביר
את עליית היהודים לארץ ישראל בקנה מידה רחב וליישב במהירות
את העולים היהודים על קרקע בהתיישבות צפופה ומתוך עיבוד
אינטנסיבי של האדמה. עם זאת יגנו על הפלאח הערבי ועל האריסים,
ישמרו על זכויותיהם ויסייעו בידם לשם התפתחותם הכלכלית...״[20]

המסמך חתום על ידי האמיר פייסל וד״ר חיים ויצמן. האמיר פייסל הוסיף בכתב
ידו בלשון הערבית את הדברים הבאים:

״בתנאי שהערבים יזכו בעצמאותם, שאם לא כן לא אראה עצמי קשור
לאף מילה בהסכם זה.״

עדות נוספת על כוונותיו הרציניות של האמיר פייסל ביחס לעליית היהודים
לארץ ישראל מתוארת בדבריו של חבר המשלחת הבריטית לוועידת השלום,
פיליפ נואל בייקר, והרי עיקרי דבריו:

״...וכשהגעתי לארוחה, מי היו אורחיו האחרים, אם לא לורנס איש-ערב
והאמיר פייסל. ושני אנשים אלה הפכו אותי לציוני. פייסל דיבר, ולורנס
תירגם מערבית. פייסל אמר לי: 'ודאי שאנו רוצים שהיהודים יבואו
לפלסטינה. הם יביאו הון עתק מארצות הברית ומשאר ארצות, הם
יביאו את טובי המדענים בעולם. כל המדענים הדגולים הם יהודים.
ואדמת פלסטינה, שהיום רובה מדבר, תהיה לגן מוריק, שיפרח כשושנה.

---

19 ״עמוד האש״, יגאל לוסין, הוצאת כתר, עמ' 74.

20 ויקיפדיה, ״הסכם פייסל-ויצמן, לונדון, 3 בינואר 1919.

> אנו נשאל מי המומחים, נעבוד יחדיו, וכך נעשה בכל הארצות שאנו הערבים הפכנו למדבריות. הן יפרחו שוב, כפי שהיו בעבר׳.״[21]

האמיר פייסל נכנס לדמשק ב-1 באוקטובר 1918, ארבעים ואחד יום לפני סיום מלחמת העולם הראשונה. הוא התקבל בהתלהבות על ידי האוכלוסייה המקומית, שראתה בו המשחרר מעול התורכים. ב-1 במרץ 1919 כתב האמיר פייסל מכתב לשופט היהודי-אמריקאי פליקס פרנקפורטר, שהיה ציוני נלהב, ובו הדברים הבאים:

> ״על פי תחושתנו, הערבים והיהודים הם בני דודנים – בני אותו גזע. וסבלו מדיכוי דומה בידי כוחות חזקים מהם, והודות לצירוף מקרים מוצלח התאפשר להם לעשות צעד ראשון בכיוון השגת האידיאלים הלאומיים שלהם בצוותא.
>
> ״אנו הערבים, בפרט המשכילים שבנו, רואים את התנועה הציונית בעין יפה ביותר. נציגותנו כאן בפריס מכירה על בוריין את ההצעות שהגישה אתמול ההסתדרות הציונית לוועידת השלום, והן נראות לנו מתונות והולמות... נקדם את היהודים בברכת ברוך הבא לבבית ביותר עם שובם הביתה... התנועה היהודית היא תנועה לאומית ולא תנועה אימפריאליסטית. תנועתנו שלנו היא תנועה לאומית ולא תנועה אימפריאליסטית, ויש מקום בסוריה לשתיהן גם יחד. אני אכן סבור כי אף אחת מהן אינה יכולה לנחול הצלחה אמיתית ללא האחרת.״[22]

תקוות הערבים והיהודים **התרסקו על סלעי האיבה והשנאה שזרו הבריטים בין העמים ששלטו בהם:** כך סכסכו בין הינדים למוסלמים בהודו, בין מוסלמים לנוצרים בקפריסין ובין ערבים ליהודים בארץ ישראל.

---

21 ״עמוד האש״, עמ׳ 75.

22 פרופ׳ אלן דרשוביץ, ״ישראל: כתב הגנה״, תרגם: ירון בן-עמי, הוצאת מטר, 2003, עמ׳ 50.

כיבוש ארץ ישראל על ידי הבריטים

הבריטים כבשו את ארץ ישראל והקימו בה משטר צבאי שפעל מה-9 בדצמבר 1917 עד ה-1 ביולי 1920. בתקופה זו כיהנו ארבעה גנרלים כמושלים צבאיים, ולכולם היה מכנה משותף: הם התעלמו לחלוטין מהצהרת בלפור והיו עוינים לציונות.

נוסף על ארגון ניל"י, שסייע לבריטים במידע מודיעיני על תנועות הצבא התורכי, נעזרו הבריטים בשלושה גדודים עבריים שהשתתפו במערכה על ארץ ישראל לצד האנגלים. הגנרלים הבריטים ניצלו את היהודים בעת מלחמתם נגד התורכים, ולאחר ניצחונם, היהודים היו לכלי משחק בידיהם. הגנרלים הבריטים התעלמו גם ממדיניות ממשלתם, ונהגו בארץ ישראל כפי שנהגו ביתר הקולוניות שלהם: זרו איבה בין תושבים בעלי לאום שונה או דת שונה כמצוות רומי העתיקה: **הפרד ומשול!**

הגנרלים הבריטים הזדרזו ויזמו כינוס קונגרס סורי, שהכריז ב-7 במרץ 1920 על האמיר פייסל **כמלך סוריה ופלסטין.** הם עשו זאת שישה שבועות לפני כינוסה הראשון של ועידת סן רמו בתקווה שבכך ייסתם הגולל על הקמתו של בית יהודי בארץ ישראל. יוזמתם זו נגדה את מדיניות ממשלת בריטניה. בראש הגנרלים הבריטים היוזמים עמד ראש המטה של הממשל הצבאי בארץ ישראל, שזכה בתמיכתו של גנרל לואי ג'ין בולס, שהיה המושל הצבאי בארץ ישראל, ובתמיכתו של גנרל אדמונד אלנבי, שהיה הכובש של ארץ ישראל. פנייתם מה-8 במרץ 1920, פנייה בכתב החתומה על ידי גנרל בולס וגנרל אלנבי, להכרה בפייסל כמלך סוריה הגדולה, כולל ארץ ישראל, **נדחתה על ידי לויד ג'ורג', ראש ממשלת בריטניה.**

כאשר ראה גנרל בולס שפנייתו לא נענתה, עבר לעידוד מעשי האיבה בין ערבים ליהודים על ידי התרת כניסתו של חאג' אמין אל-חוסייני, שהיה ידוע בשנאתו ליהודים ובאיבתו לציונות, לארץ. הוא נכנס לארץ ב-1 באפריל 1920 וניגש ישר לעידוד פוגרום ביהודים בנאום שנשא בחג נבי מוסא. בין 4 ל-6 באפריל 1920 תקפו ערבים שכונות יהודיות בירושלים. חמישה יהודים נהרגו

ו-211 נפצעו. פרעות אלה התרחשו כתוצאה מדברי הקולונל הבריטי ווטרס-טיילור לאל-חוסייני:

> "בחג הפסח יש הזדמנות גדולה לעולם שערביי ארץ ישראל לא יסבלו את שליטת היהודים בארץ ישראל: שהציונות אינה מקובלת לא רק על הממשל הארץ ישראלי אלא גם בווייטהול: ואם תתרחשנה בירושלים בחג הפסחא מהומות אלימות במידה מספקת הרי ימליצו גם ג'נרל בולס וגם ג'נרל אלנבי לנטוש את הבית היהודי."[23]

תחת שלטון העות'מאנים, שנמשך ארבע מאות שנה, לא התחולל שום פוגרום ביהודים. לבריטים הספיקו שנתיים כדי לעודד פוגרום ביהודים ולהצית איבה בין ערבים ליהודים, איבה הנמשכת זה מאה שנה, ולא רואים את סופה!

זאב ז'בוטינסקי, שארגן את ההגנה נגד הפורעים הערבים בירושלים, הורשע ב-19 באפריל 1920 על ידי השלטון הצבאי הבריטי, נידון לחמש-עשרה שנות מאסר עם עבודת פרך, והחל לרצות את עונשו בכלא עכו. לעומת העונשים הכבדים שהוטלו על היהודים, עונשיהם של הערבים היו קלים. חאג' אמין אל-חוסייני נידון לעשר שנות מאסר, אך אפשרו לו לברוח לעבר הירדן ולהסתתר בשבט בדווי. בין ה-17 ל-26 באפריל 1920 נערכו התקפות ערביות נוספות על יהודים: באיילת השחר, בדגניה ב' ובמנחמיה.

באותם הימים ממש, ב-14 באפריל 1920, נערכה ועידת בנות הברית בעיירה סן רמו שבצפון איטליה. ועידה זו העניקה לבריטניה מנדט על פלסטינה ולצרפת מנדט על סוריה ועל לבנון. להלן קטעים מהמנדט שקיבלו הבריטים על פלסטינה:

> "בעל המנדט יהיה אחראי לכך שהארץ תושם בתנאים מדיניים, מנהליים וכלכליים כאלה שיבטיחו את הקמת הבית הלאומי היהודי לפי ההנחות בהקדמה, וכן התפתחות המוסדות של שלטון עצמי, וכן שמירת הזכויות האזרחיות והדתיות של כל תושבי פלשתינה, בלי הפליה בין גזע לגזע ובין דת לדת... הממשלה המנדטורית תהיה אחראית לכך שלא יינתן בצמיתות, או בחכירה, חלק משטח פלשתינה

---

23 "מאז ומקדם", עמ' 266-267.

לממשלת ארץ זרה איזו שתהיה, ולא תושם באיזה אופן שהוא תחת השגחתה של ממשלה זרה שכזו."[24]

ב-1 ביולי 1920 הוחלף אחרון המושלים הצבאיים הבריטים בארץ ישראל, לואי ג'ין בולס, בנציב עליון בריטי שיעמוד בראש מנהלת המנדט: לורד הרברט סמואל, יהודי שנחשב לבעל השקפה ציונית וחבר המפלגה הליברלית הבריטית. הוא היה הנציב העליון של כל ארץ ישראל **(על שתי גדות הירדן, כפי שנקבע בוועידת סן רמו)**. בעת קבלת התפקיד, ב-30 ביוני 1920, מסר הרברט סמואל פתק בכתב ידו לגנרל בולס:

"Received from Major General Sir Louis Bols, one Palestine, complete."

כעבור פחות משנה, באביב 1921, קבע שר המושבות הבריטי, סיר וינסטון צ'רצ'יל, שממזרח לירדן תוקם אמירות עבר ירדנית ובראשה הועמד האמיר עבדאללה מחיג'אז. קביעה זו עמדה בשעתה **בניגוד לכתב המנדט**, אך כעבור שנה השיגה בריטניה את הסכמת הוועידה. **זה היה אינטרס של המדינות הקולוניאליסטיות בריטניה וצרפת, ועמי האזור היו רק לכלי משחק בידיהן.**

חלום סוריה רבתי נגוז עד מהרה. בקיץ 1920 סילקו הצרפתים את המלך פייסל מדמשק, וזאת בהתאם להחלטות ועידת סן רמו. סוריה הפכה לטריטוריה צרפתית ופלסטינה לטריטוריה בריטית. ערביי ארץ ישראל הבינו בפעם הראשונה שעליהם לדאוג לעצמם.

מי שעזר להם בכך היה הנציב העליון היהודי, הרברט סמואל. סובבה אותו פקידות בריטית אנטי-ציונית שהשפיעה על החלטותיו. אחד הפקידים הבכירים היה ארנסט ריצ'מונד, שעודד את בחירתו של חאג' אמין אל-חוסייני לתפקיד רם בהנהגה הפלסטינית.

---

24 "כתב המנדט הבריטי על פלשתינה ארץ ישראל" – פורסם בעברית ב"ויקיטקסט".

חאג' אמין אל-חוסייני

כל הנתונים היו לרעת בחירתו של אל-חוסייני למופתי של ירושלים: הוא היה קצין בצבא התורכי ולחם נגד הבריטים; התנגד למתן מנדט לבריטניה על ארץ ישראל; הצטרף לאמיר פייסל ודגל בצירוף פלסטינה לסוריה; נדון לעשר שנות מאסר על ידי השלטון הצבאי הבריטי על חלקו בפוגרום ביהודי ירושלים; הוא לא היה בארץ והסתתר אצל שבטי הבדווים בעבר הירדן. כל אלה לא הרתיעו את ארנסט ריצ'מונד. לאל-חוסייני היו שלושה מאפיינים חשובים: הוא היה אנטי-יהודי, אנטי-ציוני ואכזר המעודד מעשי רצח.

ריצ'מונד פעל בעורמה ושכנע את הרברט סמואל להעניק חנינה לכל הנדונים למאסר בפוגרום של אפריל 1920, ליהודים ולערבים כאחת. בכך הוא אפשר את חזרתו של אל-חוסייני לארץ וגם את שחרור זאב ז'בוטינסקי מכלא עכו. ריצ'מונד שיער, במידה רבה של צדק, שהימצאותו של אל-חוסייני בארץ, חופשי, תביא להמשך המהומות. הוא רצה במהומות כדי להפעיל את המדיניות "הפרד ומשול".

מכשול נוסף עמד בדרכו של ריצ'מונד למינויו של אל-חוסייני למופתי. הנציב העליון היה צריך, לפי הנוהל, לקבל רשימה של נכבדי העדה הערבית ולבחור באחד המועמדים המופיעים בשלושת המקומות הראשונים. כאן קרתה תקלה: אל-חוסייני הופיע במקום הרביעי, היות שהיה הצעיר שביניהם ולא סיים עדיין את לימודיו הדתיים באוניברסיטת אל-אזהר בקהיר. ריצ'מונד התגבר גם על מכשול זה בכך ששכנע את האיש שהופיע במקום השלישי להתפטר. ואכן חסאם ג'אראללה, השלישי ברשימת המומלצים, ויתר וסלל את הדרך למינויו של חאג' אמין אל-חוסייני למופתי של ירושלים.

אל-חוסייני לא אכזב את הבריטים. הוא פעל במרץ ועורר פרעות ביהודים. הוא הבין כי קשה לבנות זהות פלסטינית (זה עתה צידד בסוריה הגדולה), ולכן יש להפוך את הסכסוך למאבק בין דת משה וישראל לדת האסלאם. הנושא שבחר להיאבק עליו: **מסגד אל-אקצה והר הבית** (אל-חרם א-שריף). הטענה: היהודים רוצים להרוס את מסגד אל-אקצה ואת כיפת הסלע כדי להקים את בית המקדש השלישי. אזכיר רק שלושה מאורעות עיקריים שחולל אל-חוסייני:

1. מאורעות תרפ"א (1921) – נרצחו 47 יהודים ונהרגו 48 ערבים, ונפצעו
173 יהודים ו-73 ערבים.

2. מאורעות תרפ"ט (1929) – נרצחו 123 יהודים ונפצעו 399 יהודים. בעיר
חברון חיה קהילה יהודית במרוצת 600 שנה – נטבחו בה 66 יהודים
באכזריות רבה, והיתר פונו.

3. מאורעות תרצ"ו-תרצ"ט (1939-1936) – נרצחו 495 יהודים ונפצעו 396
יהודים. נוסף על כך, בין 4,000 ל-5,000 ערבים נרצחו כתוצאה מאיבה
בין משפחות (בעיקר החוסיינים נגד הנאששיבים).

בריטניה בגדה בכל העמים ששמו מבטחם בה: אתיופים, צ'כים, ערבים ויהודים.
בשנת 1938, עת התחוללו עדיין מאורעות הדמים בארץ, נפגשו חיים ויצמן
ודוד בן-גוריון עם שר המושבות הבריטי מלקולם מקדונלד. מהשיחה הבינו
שבריטניה עומדת לסגת מהבטחת הלורד בלפור להקמת בית לאומי יהודי
בארץ ישראל. באותם הימים דרשו הבריטים מצ'כיה להיכנע לדרישותיו של
היטלר והיא איבדה את עצמאותה. את המצב העגום ששרר אז תיארה אניטה
שפירא בספרה "בן-גוריון – דמותו של מנהיג":

"האנלוגיה בין גורל הצ'כים לגורל היהודים באה לידי ביטוי בדימוי
העצוב של יאן מסריק, שר החוץ של הרפובליקה הצ'כית הגוועת, שהציע
לוויצמן בסרקזם מר לקנות בית של שלוש קומות בלונדון: בראשונה
יגור היילה-סילאסי, קיסר חבש שגורש מארצו בידי האיטלקים: בקומה
השנייה ישב מסריק, נציג הצ'כים: והקומה השלישית תהיה שמורה
לו, לוויצמן – כולם קורבנות הבגידה של הבריטים."[25]

על סף מלחמת העולם השנייה ברח חאג' אמין אל-חוסייני לגרמניה הנאצית,
התיידד עם היטלר והימלר ופעל בשלושה תחומים: גיוס מוסלמים בוסנים
וטטרים לוורמכט ולאס-אס; מניעת הצלה של יהודים ממחנות ההשמדה – הוא

25 אניטה שפירא, "בן-גוריון – דמותו של מנהיג", עם עובד, 2015, עמ' 99.

נשא באחריות ישירה לרציחתם של חמשת-אלפים ילדים יהודים מרומניה
והונגריה שהיו על סף הצלה, אך התערבותו אצל הימלר הביאה לשליחתם
לתאי הגזים; הבאת תעמולה נאצית לעולם המוסלמי. אביא חלק משידורו
ברדיו ברלין ב-1 במרץ 1944:

> "הרגו את היהודים בכל אשר תמצאו אותם, בכך תעשו את רצון האל,
> רצון ההיסטוריה ורצון הדת. תצילו את כבודכם. אלוהים אתכם."[26]

הבריטים הכירו את אשר חולל לעם היהודי ושמרו לו תודה על כך: בתום מלחמת
העולם הם חיפו עליו ודאגו שלא יועמד לדין כפושע מלחמה. הם גם הגדילו
לעשות: עשקו את העם היהודי ואת ניצולי השואה, ולא הרשו להם לעלות לארץ
אבותיהם. אלה שניסו לעלות נכלאו במחנות מעצר בקפריסין. כותב שורות
אלה הוא אחד מאותם הכלואים.

המאבק אחרי ההכרזה על הקמת המדינה

ב-15 במאי 1948, יום שבת, ה' באייר התש"ח, פלשו צבאות מצרים, סוריה,
עירק, לבנון ועבר הירדן למדינת ישראל, ביום הראשון להקמתה! אין בידיי
הוכחות שפלישת צבאות ערב נעשתה בעידוד בריטי, אך אין ספק שהיא
נעשתה בהסכמה שבשתיקה, ומרבית הנשק שבידי הצבאות היה נשק בריטי.
המלך עבדאללה פלש לגדה המערבית והשתלט גם על ירושלים המזרחית,
כולל הר הבית ומסגד אל-אקצה. מצרים השתלטה על רצועת עזה. פלישה זו
נגדה את החלטת מועצת האומות המאוחדות מה-29 בנובמבר 1947, ומנעה
את הקמתה של מדינה ערבית בצדה של מדינת ישראל. **הפלסטינים לא דרשו
מהכובשים העבר ירדנים או מהמצרים את הקמתה של מדינה פלסטינית
עצמאית.**

בשנת 1951 היו שמועות על אפשרות של החלפת הסכמי שביתת הנשק בין
ישראל לירדן בהסכם שלום. ב-20 ביולי 1951 נרצח המלך עבדאללה הראשון

26 אירשאד מנג'י, "הצרה עם האיסלאם", הוצאת כנרת, זמורה ביתן דביר, עמ' 112.

בכניסה למסגד אל-אקצה על ידי מתנקשים שהיו שליחי חאג' אמין אל-חוסייני. המלך עבדאללה נפח נשמתו לעיני נכדו חוסיין, לעתיד מלך הממלכה ההאשמית הירדנית.

את הירושה הבריטית המרה הזו משלמים בדמם יהודים ופלסטינים. **ככל שנדע להתנתק מהאיבה בינינו, שזרו אותה הבריטים, כן יוטב לשני העמים!**

פרק ה

מניעת סכסוך בין דת משה וישראל לאסלאם

מחרחרי המלחמה **הפלסטינים והיהודים כאחת** מנסים להעמיד את הר הבית ואת מסגד אל-אקצה במרכז הסכסוך הישראלי-פלסטיני. הפלסטינים נוקטים צעד זה על מנת לזכות בתמיכה מצד מאמיני האסלאם ברחבי תבל במאבקם לחיסולה של מדינת ישראל. היהודים שמטיפים להשתלטות על הר הבית עושים זאת מטעמים לאומיים-משיחיים.

שלמה המלך בנה את בית המקדש הראשון בשנת 967 לפני הספירה. בשנת 586 לפני הספירה בתשעה באב, החריב נבוכדנאצר, מלך בבל, את ירושלים ואת הבית הראשון, בזז את בית המקדש והגלה את תושבי ירושלים לבבל. בשנת 536 לפני הספירה אפשר כורש, מלך פרס, לגולי בבל לשוב לירושלים ולבנותה ולבנות את בית המקדש, המכונה בפינו "בית המקדש השני". כן החזיר כורש ליהודים, שחזרו לארץ, את כלי המקדש שלקח נבוכדנאצר. כורש גם סייע בבנייתו של בית המקדש השני, שנחנך בשנת 515 לפני הספירה.

בית המקדש השני הגיע לפארו בתקופת המלך הורדוס, כחמש-עשרה שנה לפני הספירה. בשנת 70 לספירה, בעקבות המרד הגדול של היהודים ברומאים, נבזז והוחרב הבית השני על ידי הרומאים בפיקודו של טיטוס. גם אחרי חורבן הבית השני קיימו יהודים, כאשר התאפשר, תפילות וטקסי אבלות בהר הבית החרב.

במאה השביעית לספירה (638) הביסו המוסלמים את הביזנטים וכבשו את ארץ ישראל וירושלים. בראשית שלטונו של הח'ליף עומר בֶּן אל-ח'טאב טוהר

הר הבית והפך מקום תפילה מוסלמי. הח'ליף קבע את מקום התפילה מדרום לאבן השתייה, כדי שהמתפללים יפנו את גבם למקום שהיה בו בית המקדש. הוא הורה להקים שם מסגד, ולאחר זמן הוקם שם מסגד אל-אקצה.[27]

שני מבנים עיקריים בנו המוסלמים על הר הבית: **כיפת הסלע** – נבנתה בשנת 691 או 692 לספירה על ידי הח'ליף עבד-אל-מלכּ מעל "אבן השתייה", שממנה עלה מוחמד השמימה, עד לרקיע השביעי. כיפת הסלע אינה מסגד ולא נערכות בה תפילות בציבור. היא חלק ממתחם אל-אקצה; **מסגד אל-אקצה** – מועד הקמתו כמבנה, ולא כצריף, מוערך בתחילת המאה השביעית לספירת הנוצרים.

יהודי שהתאסלם, כעב אל-אחבאר, הוא שהראה לח'ליף עומר בֶּן אל-ח'טאב היכן אבן השתייה, ועליה הוא הקים את כיפת הסלע. יהודים הועסקו בניקיונה ובתחזוקתה של כיפת הסלע עד שנת 720, השנה שבה ביטל השלטון המוסלמי את העסקת היהודים בהר הבית.

מהמאה השביעית הפכו ירושלים והר הבית למקום השלישי בדרגת קדושתו לאסלאם, אחרי מסגד אבן הכעבה במכה ומסגד קבר הנביא שבמדינה. מהמאה השלוש-עשרה ועד אמצע המאה התשע-עשרה אסרו הממלוכים והעות'מאנים (בני דת האסלאם) על עליית יהודים ונוצרים להר הבית.

חשיבותו של הר הבית לעם היהודי

מקום הבית הראשון זוהה כמקום "אבן השתייה". כלומר מקום מרכזי שממנו נברא העולם, וכן זוהה כ"ארץ המוריה", שבו הורה ה' לאברהם להקריב את יצחק (בראשית כב ב). את בית המקדש הקים שלמה המלך, במקום שציווה גד הנביא על דוד המלך להקים מזבח לה':

> "ויבוא גד אל דוד ביום ההוא ויאמר לו עלה הקם לה' מזבח בגורן ארניה היבוסי" (שמואל ב כד יח).

---

27 שמואל ברקוביץ, "מלחמות המקומות הקדושים", הוצאת מכון ירושלים לחקר ישראל והד ארצי, 2000, עמ' 10-11.

את הקרקע לבית המקדש קנה דוד המלך בתשלום מלא. המלך דוד סירב להצעתו של אֲרַוְנָה היבוסי לקבלה במתנה, ללא תשלום.

"ויאמר המלך אל אֲרַוְנָה לא כי קנה אקנה מאותך במחיר ולא אַעלה לה' אלוהַי עולות חינם; וַיִּקֶן דוד את הגורן ואת הבקר בכסף שקלים חמישים" (שמואל ב כד כד).

פרט זה מסרתי כדי להדגיש שהר הבית הוא קניין מלא לדורות ולא פרי כבוש או מתת חסד של אדם. הקנייה בוצעה במצוות ה':

ויעל דוד כדבר גד כאשר ציווה ה'" (שמואל ב כד יט).

זה יותר משלושת אלפים שנה שיהודים נושאים את תפילתם כאשר פניהם למזרח. תפילה זו נהוגה מימי שלמה המלך, שנשא את תפילתו בחנוכת בית המקדש הראשון באומרו:

"והתפללו אליך דרך ארצם אשר נתתה לאבותם, העיר אשר בחרת והבית אשר בניתי לשמך" (מלכים א ח מח).

השם **"הר הבית"** מופיע לראשונה בנבואת ירמיהו בקשר לחורבנו העתידי.

"ציון שדה תֵחָרֵש וירושלים עִיִּים תהיה והר הבית לבָמות יער" (ירמיהו כו, יח).

הנביא מיכה הועיד להר הבית חשיבות בינלאומית:

"והיה באחרית הימים יהיה הר בית ה' נכון בראש ההרים ונישא הוא מגבעות ונהרו עליו עמים. והלכו גויים רבים ואמרו לכו ונעלה אל הר ה' ואל בית אלוהי יעקב ויורֵנו מדרכיו ונלכה באורחותיו כי מציון תצא תורה ודבר ה' מירושלים. ושפט בין עמים רבים והוכיח לגויים עצומים עד רחוק..." (מיכה ד א-ג).

על פי ההלכה **חל איסור על יהודים להיכנס להר הבית** מחשש לטומאה וכניסה בטעות לעזרה ולקודש הקודשים. לדעת הפוסקים האלה, **יהודי הנכנס להר הבית עובר עבֵרה חמורה המחייבת כרת.** בקרב הדתיים-לאומיים יש רבנים הפוסקים שמותר להיכנס להר הבית אחרי טבילה במקווה ותוך כדי זהירות מכניסה אל מקום העזרה המשוער. אלה הדורשים לעלות להר הבית ולהתפלל בו עושים זאת **מטעמים לאומיים ולא דתיים.** הלאומיות המשיחית מהווה סכנה קיומית למדינת ישראל. אני מבסס את עמדתי זו על ההיסטוריה היהודית העקובה מדם במאה הראשונה ובמאה השנייה לספירה. קדושתו של הר הבית, על פי ההלכה, תבוא לידי מימוש באחרית הימים, עם ביאת המשיח.

הר הבית בנצרות

בית המקדש מוזכר בברית החדשה בעיקר כמקום שסטה מדרך הקדושה. בספר "הבשורה על פי מרקוס" נאמר:

> "ויבואו ירושלים ויבוא ישוע אל בית המקדש ויחל לגרש משם את המוכרים ואת הקונים במקדש ואת שולחנות השולחנים ואת מושבות מוכרי יונים הפך. ולא הניח לאיש שאת כלי דרך המקדש. וילמד ויאמר להם הלא כתוב כי בית תפילה ייקרא לכל העמים ואתם עשיתם אותו מערת פריצים" (פרק 11, פסוקים 15-17).[28]

דבריו של ישוע הנוצרי מושפעים, קרוב לוודאי, מנבואת ישעיהו:

> "למה לי רוב זבחיכם יאמר ה' שבעתי עולות אֵילים וחֵלב מְראים ודם פרים וכבשים ועתודים לא חפצתי. כי תבואו לראות פני מי ביקש זאת מידכם רמוס חצרי. לא תוסיפו הביא מנחת שווא קטורת תועבה היא לי חודש ושבת קרוא מקרא לא אוכל און ועצרה. חודשיכם ומועדיכם שנאה נפשי היו עלי לטורח נלאיתי נשוא. ובפרשׂכם כפיכם אעלים עיני

---

28 "הברית החדשה", הוצאת החברה הבריטית העולמית להפצת כתבי הקודש, 1962, על ידי נורמן הנרי סנאיית.

מכם גם כי תרבו תפילה אינני שומע ידיכם דמים מלאו. רחצו היזכו הסירו רוע מעלליכם מנגד עיני חדלו הרע. למדו היטב דרשו משפט אשרו חמוץ שפטו יתום ריבו אלמנה" (א יא-יז).

בברית החדשה, בספר "הבשורה על פי מתי", חוזה ישוע את חורבן הבית השני:

"ויצא ישוע מן המקדש ללכת לדרכו ויגשו תלמידיו להראותו את בנייני המקדש. ויען ישוע ויאמר אליהם הראיתם את כל אלה אמן אומר אני לכם לא תישאר פה אבן על אבן אשר לא תתפרק" (פרק 24, פסוקים 1-2).

התייחסותו השלילית של ישוע לבית המקדש ולהר הבית הרחיקו את הנוצרים מהמקדש, והם לא רואים בו אתר קדוש לנצרות. קיימות עדות נוצריות המאמינות שחזון חזרתו של ישו עלי אדמות שזור בהקמה מחודשת של בית המקדש על הר הבית, אבל למרבית הנוצרים נעדר הר הבית כל מעמד של קדושה. הוותיקן והכס הקדוש הקתוליים אינם מעלים כל תביעה ביחס להר הבית. אני חוזר ומדגיש: **הר הבית אינו קדוש לנוצרים.**

חשיבותו של מסגד אל-אקצה למוסלמים

מסגד אל-אקצה ("המסגד הקיצון") מוזכר בקוראן הקדוש בסורה 17, "המסע הלילי" (אלמערג'). בפסוק הראשון נאמר:

"ישתבח שמו אשר עבדו הועף ביעף בלילה, מן המסגד הקדוש [במכה] אל המסגד הקיצון [אל-אקצה] שאת סביבותיו ברכנו, למען נראה לו מאותותיו, כי הוא השומע והרואה."[29]

"עבדו" הכוונה היא לנביא מוחמד, אחרון הנביאים. מאורע זה התרחש, על פי אמונת המוסלמים הסונים, ב-27 בחודש ההיג'רי רג'ב (לפי לוח השנה המוסלמי).

29 "הקֻרְאָן הקדוש - ספר הספרים של האשלאם", 1961, תרגם: ד"ר אהרן בן-שמש.

בימי הביניים נחלקו חכמי האסלאם ביחס למיקומו של מסגד אל-אקצה: היו שטענו שהמסע הלילי היה לעיר אל-מדינה ולא לירושלים. לעומתם, זרמים שיעים טענו שהמסע הלילי היה לעיר כופה, בירתו של עלי בן אבו-טאלב. הם ניסו להפוך את כופה למקום קדוש ולהתחרות בירושלים, שזוהתה עם השלטון הסוני של בית אומיה. כיום מקובל על כל המוסלמים הסונים כי המקום המכונה בקוראן אל-מסג'ד אל-אקצה, שאליו הועף מוחמד מהמסגד במכה ומשם הגיע עד הרקיע השביעי באמצעות סוסו המכונף אל-בוראק בליווי המלאך גבריאל, **הוא מסגד אל-אקצה בהר הבית בירושלים.**

קרוב לוודאי שבעת חייו של מוחמד מסגד אל-אקצה לא היה קיים. גם על מועד הקמתו של המסגד ועל האיש שהביא לבנייתו יש ויכוחים. אך יש עדות שהוא היה קיים כצריף עץ כבר בשנת 679 לספירה והוקם כנראה על ידי עבד אל-מלכ או על ידי בנו, וליד הראשון.

הבאתי פרטים אלה כדי להדגיש: **בדעתם ובלבם של המאמינים המוסלמים הסונים אין לאמת ההיסטורית כל חשיבות. מה שחי וקיים בלבם ובנפשם של מיליארד ו-800 מיליון מוסלמים בחמש יבשות בכדור הארץ הוא האגדה על עליית מוחמד לשמים ממסגד אל-אקצה בירושלים באמצעות סוסו המכונף אל-בוראק.** הם בטוחים במסופר בסונה (ההלכה המוסלמית), שמוחמד בליווי המלאך גבריאל עלו עד לרקיע השביעי ושם פגשו באברהם אבינו, וברקיע השישי שוחח מוחמד עם משה רבנו על מספר התפילות שחייב מוסלמי להתפלל מדי יום, וכל המסופר בסונה הוא אמת לאמיתה... **אמונה שבלב חזקה פי אלף מאמיתות היסטוריות, ועלינו לכבדה!**

הר הבית ומסגד אל-אקצה הפכו להקדש מוסלמי רשמי בעקבות הסכם שלום שנחתם בין מלך בריטניה הצלבני ריצ'רד לב-הארי וצלאח א-דין. הסכם השלום ביניהם נחתם ביפו ב-2 בספטמבר 1191, ובין היתר נקבע בו: ירושלים תהיה כלולה בטריטוריה המוסלמית, אך השלטון המוסלמי יאפשר לנוצרים גישה חופשית למקומות הקדושים לנצרות וללא תשלום, בתנאי שלא יישאו נשק. לאחר הסכם השלום תרם צלאח א-דין למסגד אל-אקצה את במת הדרשן (מינבר), במה ייחודית ביופייה שכללה פיתוחים מעץ אגוז. ממועד חתימת

ההסכם בין צלאח א-דין ובין ריצ'רד לב-הארי ועד שנת 1839 אושרה כניסה להר הבית למוסלמים בלבד. משנת 1839 יכלו לא-מוסלמים לעלות להר הבית, אך נדרש רישיון מהשלטונות העות'מאנים והווקף.

הגורמים העוסקים בהפיכת הסכסוך לסכסוך דתי

שונאי ישראל והציונות מנסים בכל כוחם להפוך את הסכסוך הישראלי-פלסטיני לסכסוך דתי בין דת האסלאם לבין דת משה וישראל. הסכסוך הדתי בין דת האסלאם לדת משה וישראל עלול להיהפך לסכסוך אלים שאינו מוגבל טריטוריאלית אך נובע מנקודה טריטוריאלית אחת: אל-חרם א-שריף וקדושתו לדת האסלאם, הוא הר הבית, הקדוש לדת משה וישראל.

> על מדינת ישראל לעשות כל שביכולתה כדי להגיע להסכם עם העולם המוסלמי בדבר התנהלות בני שלוש הדתות המונותיאיסטיות במקומות הקדושים להם בירושלים, ובמיוחד בהר הבית, ולהבטיח את המשך קיומו של מסגד אל-אקצה כמקום קדוש לאסלאם.

הפלסטינים, שלא הייתה להם זהות לאומית ולכן מעולם לא הייתה להם מדינה עצמאית בארץ ישראל, ניסו מהעשור השני של המאה העשרים, עם גבור העלייה היהודית לארץ ישראל, להפוך את הסכסוך היהודי-פלסטיני לסכסוך דתי בין מאמיני האסלאם לבין בני דת משה וישראל. הפלסטינים זיהו את הפוטנציאל של הסכסוך בהר הבית: אל-חרם א-שריף ובו מסגד הקדוש למיליארד ו-800 מיליון מאמיני האסלאם: **מסגד אל-אקצה.**

פתרון שגובש באוניברסיטת סטנפורד על דעת יאסר ערפאת

אחד ההסדרים האפשריים גובש באמצעות אוניברסיטת סטנפורד בשנת 1991. בדיונים השתתפו נציגי אש"פ, ובראשם עמד נביל שעת, שהיה בקשר יומיומי עם יאסר ערפאת. עמדת הפלסטינים בנושא ירושלים התבססה על ארבעה עקרונות:

1. ירושלים תהיה עיר פתוחה ולא תחולק בגבול.
2. צריך להרחיב את שטח העיר וליצור מטרופולין שיכלול עיריות משנה ערביות וישראליות (בהרחבה הישראלית יהיו גבעת זאב ומעלה אדומים).
3. לעיר העתיקה ולמקומות הקדושים יהיה משטר מיוחד.
4. ירושלים תשמש בירה משותפת למדינה הפלסטינית ולישראל.

ארבעת הסעיפים האלה התקבלו בהסכמתו של יאסר ערפאת. אך נושא זה לא נדון, עד כמה שידוע לי, בשום פורום מדיני ישראלי, ולדעתי הוא עשוי להוות חלק מהסכם שלום עם המדינה הפלסטינית שתקום.

הצעתי ליוזמה ישראלית למניעת מאבק בין האסלאם ליהדות

עם ישראל, שסבל עשרות דורות מרדיפה על אמונתו בה', אינו יכול להרשות לעצמו שבמדינתו הוא יגביל בן דת מונותיאיסטית אחרת בקיום מצוות דתו. גם אם קיימים חילוקי דעות בין דת משה וישראל לדת מונותיאיסטית אחרת, חובתנו הממלכתית והדתית למצוא דרך של פשרה ולכבד את מאמיני כל הדתות.

צר לי שבמדינת ישראל קמה תנועה לאומית-משיחית המעודדת מאבק על הר הבית ומשחקת בכך לידי אויבי מדינת ישראל. אני נדהם ומתקשה להבין כיצד חברי תנועה זו לא למדו את הלקחים העקובים מדם של הלאומיות המשיחית שהביאה לחורבן הבית השני ואת תוצאותיו ההרסניות של מרד בר כוכבא, שבעקבותיו גלה העם היהודי מארץ אבותיו. לנושא זה אקדיש את הפרק הבא.

על מדינת ישראל לדחות כל פעילות לאומית-משיחית וליזום בהקדם כינוסה של ועידה אזורית להסדרת היחסים הבין-דתיים וניהול המקומות הקדושים בהר הבית ובירושלים. ועידה זו צריכה לקום לאלתר ללא כל קשר להסכמי השלום עם הפלסטינים. על הוועידה לקבוע על מי מוטלת האחריות הממלכתית לקיום הסדר וחופש הפולחן לכל הדתות ומי הגורם הדתי האחראי לניהול האתר הקדוש. ההסכם שיושג יובא לידיעת האומות המאוחדות.

כהכנה לכינוסה של ועידה זו על מדינת ישראל לרכז רשימת מקומות קדושים לכל הדתות המונותיאיסטיות יחד עם שמות הבעלים שלהם, החגים והמועדים

הקשורים לאתרים האלה והתנאים שהדתות דורשות שיתקיימו בשגרה ובמועדים הנוגעים להם.

על מדינת ישראל לזמן לוועידה את נציגי מצרים (האוניברסיטה החשובה אל-אזהר נמצאת בה), ירדן (קיים סעיף מיוחד בנושא בהסכם השלום בין ירדן לישראל), מרוקו (יש לה הסמכה מטעם הליגה הערבית לדאוג לנושא המוסלמים בירושלים), סעודיה (המרכזים הדתיים החשובים למוסלמים הסונים, מכה ואל-מדינה, נמצאים בה) והרשות הפלסטינית.

לאחר שמשתתפות הוועידה יגיעו להסכמה בדבר השליטה, הסדר והניהול של מקומות הקדושים, יוזמנו לשיחות גם נציגי הכתות הנוצריות לשם גיבוש הנהלים ביחס למקומות הקדושים לנצרות. נציגי הוועידה יקימו ועדת פיקוח ובקרה ליישום החלטותיה.

אני משוכנע שהסכם בנושא המקומות הקדושים לשלוש הדתות המונותיאיסטיות בירושלים יקדם חתימת הסכם שלום בין ישראל למדינות ערב והפלסטינים.

המתנגדים היהודים להסכם בעניין הר הבית המה הלאומיים-המשיחיים. הם עלולים להביא את מדינת ישראל למלחמת דת שאין לה כל הצדקה: לא דתית, לא מוסרית ולא לאומית. אני מביא בפרק הבא את הניסיון ההיסטורי המלמד כיצד לאומנות משיחית הביאה לחורבן בית המקדש השני, לרציחתם של שני מיליון וחצי יהודים ולגלות שנמשכה שבעים דורות!

פרק ו

הלאומנות המשיחית שהביאה לחורבן ולגלות

בדורנו, במיוחד אחרי מלחמת ששת הימים, התעורר בציבור הדתי-לאומי זרם המתייחס במונחים משיחיים לניצחונותינו על אויבינו הרבים והחזקים מאתנו. המונח העיקרי שרווח בקרבם הוא "תחילתה של גאולה". ניצחונות דומים, שפורשו כהתערבות משמים, התחוללו בתחילת המרד הגדול ברומאים, בשנת 66 לספירה ובשנת 132 לספירה, בתחילת מרד בר כוכבא. שתי המרידות החלו בניצחונות בקרבות והסתיימו בתבוסה מוחצת במלחמה כולה ובאסון כבד לעם ישראל. הן הביאו לחורבן בית המקדש השני, לגלות ישראל ולאובדן עצמאות ישראל למשך שבעים דורות.

חכמינו ז"ל עשו כל שאפשר כדי לשמור על חייו ועל קיומו של עם ישראל באמצעות ליכודו הדתי סביב ההלכה, וניסו להרחיקו מכל שאיפה לאומית-משיחית, ובכך למנוע תבוסות העלולות לקטול חייהם של רבים מבני ישראל. **אנו חייבים ליהדות האורתודוקסית את עצם קיומנו כיהודים**, אך באותה עת עלינו להבין שמדינה לא יכולה להזדהות עם זרם דתי אחד, שעה שרוב העם אינו מזדהה עם זרם זה. המסקנה: אסור לפסול את מקומו של הציבור החרדי ואין להתעלם מיתר הזרמים ביהדות. המדינה צריכה להתייחס בשוויון נפש לכל הזרמים ביהדות.

חוששני שבדורנו אנו נמצאים על ספה של תקופה לאומנית-משיחית העלולה להמיט אסון על עמנו עד כדי אובדן מדינתנו. הדתיים

לאומניים-משיחיים אינם מכירים בזכותם של הפלסטינים למדינה ודורשים ריבונות ישראלית בהר הבית, דבר שהוא פגיעה חמורה במיליארד ו-800 מיליון מוסלמים.

אמונה עיוורת זו נוגדת את דברי חז"ל בכך שהיא משליכה את יהבה בנס אלוהי ובדחיקת הקץ. היא מדריכה אותם לבצע מהלכים לאומיים ומדיניים שאינם מתחשבים במצב הגאו-פוליטי באזורנו ובעולם. היסוד שהלאומנות המשיחית מושתתת עליו נובע מהאמונה שאלוהי ישראל יתערב למען עמו ויעזור לו בעת צרה כדי לגבור על אויביו החזקים ממנו. אמונה זו מקורה בדברי משה רבנו ב"שירת האזינו".

"איכה ירדוף אחד אלף ושניים יניסו רבבה

אם לא כי צוּרָם מְכָרָם וה' הסגירם" (דברים לב ל).

בעת מצוקה וסבל צצות תנועות משיחיות המעוררות תקווה לגאולה קרובה ולביאת המשיח ומגדירות את הסבל כ"פעמי גאולה". במצבים קשים כאלה מוגדר כל ניצחון קטן ומקומי כ"נס גלוי" המעורר תקווה לנסים עתידיים גדולים ומכריעים. ביאת המשיח מלווה לרוב בחזון אפוקליפטי, יום הדין שבאחרית הימים ומלחמת גוג ומגוג. כתוצאה מאמונה זו עושים המתקוממים מעשים שלרוב מוליכים לאובדן שיקול הדעת ובעקבותיו גם לכישלון חרוץ.

אתמקד בפרק זה בשתי מרידות גורליות ועקובות מדם לעם היהודי במולדתו. שתי המרידות התחוללו נגד האימפריה הרומית במאה הראשונה ובמאה השנייה לספירה. שני מאפיינים נוספים מלווים את שתי המרידות הללו בארץ ישראל: המתנגדים למרד מכונים "בוגדים" ו"קטני אמונה באלוהי ישראל"; מרבית המתנגדים למרד משתייכים לעילית החברתית, ולכן מלווה המרידה גם בשסע חברתי בין עשירים לעניים.

שני המאפיינים הללו מוסיפים לערפול המחשבה ולמאבקים פנימיים מרים ולעתים רצחניים. בדורנו אירעו שני מעשי רצח של יהודים בידי יהודים: אמיל גרינצוויג, פעיל שמאל למען השלום, נרצח על ידי פעיל לאומני דתי; ראש

הממשלה יצחק רבין נרצח על ידי דתי לאומי שהתנגד להסכם השלום עם הפלסטינים וקיבל הסכמה ברמז של אחד הרבנים.

כדי לעמוד על טיב הסכנה הטמונה בלאומנות המשיחית בדורנו, אביא את תוצאותיהן של שתי המרידות שהביאו לחורבן הבית השני ולגלות עם ישראל מארצו ואת הלקח שלמדו חז"ל.

המרד הגדול ברומאים

בין השנה השישית לספירה ועד פרוץ המרד הגדול, בשנת 66 לספירה, שלטו בארץ ישראל ארבעה-עשר ניצבים רומאים חמסניים. כל עניינם היה רווח אישי מהיר והיעדר יחס לנתיניהם. הרע והאכזר שבניצבים הרומאים היה האחרון שבהם: גסיוס פלורוס. הוא שלט בין השנים 64-66 לספירה.

יוסף בן מתתיהו (יוספוס פלביוס) היה המפקד הצבאי של המורדים בגליל. הוא כשל במרד, הסגיר את עצמו לידי הרומאים וליווה את טיטוס במסעו לחורבן ירושלים ובית המקדש השני. הוא המשיך לחיות חיים טובים בחסות הרומאים בנכר וכתב ארבעה ספרים שהשתמרו על ידי כמרים נוצרים: "מלחמת היהודים", "קדמוניות היהודים", "נגד אפיון", "חיי יוסף".

בספרו "מלחמת היהודים" מתאר יוסף בן מתתיהו את הנציב גסיוס פלורוס כמפלצת: הוא בזז אזרחים שלווים, שדד ערים שלמות, שיתף פעולה עם שודדים שהתחלקו עמו בשלל. הוא גם שדד שבע-עשרה כיכרות זהב מבית המקדש. אין ספק שעושק הניצבים הרומאים – שהתבטא במסים כבדים, ביזה, שוחד וזלזול בדת משה וישראל – היה הסיבה לפרוץ המרד. איש מהמורדים לא שאל את עצמו: **מה הטעם לפרוץ במרד אם אין סיכוי לנצח בו?!**

בין המתנגדים למרד היה המלך אגריפס השני (נינם של הורדוס הראשון ומרים החשמונאית). אגריפס השני מלך מטעמו של הקיסר הרומאי קלאודיוס, ושלט בגליל, בבשן, בטבריה ובסביבתה. הוא בא לירושלים בחודש אוגוסט 66 כדי

לשוחח עם הכוהנים ועם נציגי העם בניסיון למנוע את פרוץ המרד. הוא נשא נאום מרגש למען השלום, אך דבר לא הועיל: הם המשיכו במריים והמרד פרץ.[30]

כדי שלא יזדקקו להשבת תשובות לוגיות על סיכויי ההצלחה של המרד, דבקו הקנאים באמונה עיוורת שה' יחוש לעזרתם בטענה שרק קטני אמונה או כופרים לא סומכים על ה' אלוהינו. על מנת להמחיש את שנעשה, אביא מדבריו של פרופסור נתן שור:

> "כדי להבין את מה שקרה יש לזכור את הציפיות המשיחיות של כל הצדדים הניצים. למנהיג כבר-גיורא היו שאיפות משיחיות משלו. לאחר שהמנהיגים המתונים והרציונליים יותר נרצחו או הושתקו – נותרו רק קיצוניים, שהמשותף להם היה שהם היו בטוחים בהתערבותם הקרובה של כוחות על-אנושיים, שעזרו כבר קודם, לפי תפיסתם, בקרב נגד קסטיוס גאלוס... בתפיסה משיחית כזו נחשבו מחסני המלחמה לעניינים טפלים של העולם הזה..."[31]

אמונתם העיוורת של הקנאים כי ה' יחוש לעזרתם הביאתם לעלות באש את מחסני המזון והנשק שהכין יוחנן מגוש חלב. הנשק והמזון שנעצר היה מאפשר לעמוד במצור רומאי ממושך ואולי גם להביא לנסיגתם של הרומאים. שְׂרֵפת המחסנים הייתה צריכה להוכיח, לדעת הקנאים, שה' כל יכול, כנאמר בדברי הנביא זכריה: "...לא בחיל ולא בכוח כי אם ברוחי אמר ה' צבאות" (ד ו).

הקנאים היו מפולגים לשלושה מחנות שלחמו זה בזה מתוך אמונה שראשו של כל מחנה הוא המשיח. מחנה הכהן אלעזר בן שמעון שלט בבית המקדש, מחנה יוחנן מגוש חלב שלט בשטח סביב בית המקדש ובמבצר אנטוניה, ומחנה שמעון בר-גיורא שלט בעיר העליונה שבמערב ובעיר התחתונה שלרגלי הר הבית.

לא אכנס לפירוט ההיסטורי של המרד הגדול לשלביו, לניצחונות המקומיים והזמניים של המורדים ולקרבות העקובים מדם שבין שלושת המחנות היהודיים.

---

30 יוסף בן מתתיהו, "מלחמות היהודים", תרגם: שמואל חגי, הוצאת ראובן מס, 1991, עמ' 126-131.

31 "תולדות ארץ ישראל", עמ' 137.

אתמקד בכמה עובדות יסוד: הקנאים התעלמו מעוצמתה של רומא ומאיכות צבאה, ואצטט בקצרה מ"מלחמת היהודים" תיאור של חייל רומאי:

"וכל חייל וחייל מאמן עצמו בכל יום ויום בכל הלהט, כאילו הוא בקרב. ומכאן אותה שלוות נפש בה הם עומדים בהלם קרב: שום אי-סדר לא מפורר את מערכם הרגיל ושום פחד לא ישתק אותם, ושום עייפות לא תייגעם ומאחר שמתנגדיהם חסרים יציבות כזו, הרי הניצחון מובטח להם."[32]

הפילוג בין שלושת המחנות היהודיים בירושלים סייע רבות לרומאים והחליש את כוח עמידת המורדים. יוחנן מגוש חלב רצח את אלעזר בן שמעון בבית המקדש בעת שפתח לעם את שעריו בחג הפסח. לאחר הרצח, בראותו שהחורבן קרב, איחד יוחנן כוחות עם שמעון בר-גיורא, אך זה היה מאוחר מדי.

נוסף על כך, שרֵפת מחסני המזון הביאה רעב כבד על תושבי ירושלים והלוחמים והחלישה את כוח עמידתם. ראוי לציין שהיהודים נלחמו בגבורה בתנאי מחסור ורעב, אך הובסו על ידי אנשי טיטוס.

טיטוס התגבר על היעדר ניסיונו הצבאי באמצעות מינוי מפקד צבאי מנוסה ויהודי מומר, טיבריוס יוליוס אלכסנדר, לפקד על לגיונותיו. טיבריוס הוכיח את נאמנותו לרומאים שעה שטבח ביהודי אלכסנדריה שניסו להתקומם כמה שנים קודם. הוא אשר פקד על שרפת בית המקדש והחרבתו. הוא לא היה היהודי היחיד שעמד לצדו של טיטוס.

"למעשה הובא מצביא ותיק ומנוסה לנהל את המצור, אותו טיבריוס יוליוס אלכסנדר ששימש שנים קודם לכן כנציב יהודה והיטיב להכיר את ירושלים. הניחו שבתור יהודי מומר לא היו לו שאיפות קיסריות משלו ולכן ניתן היה להשתמש בו. הוא לא היה המומחה היחידי ליהודים במחנה הרומאי. שהו שם גם יוסף בן מתתיהו, המלך אגריפס השני,

32 "מלחמת היהודים", עמ' 158.

ואחותו ברניקי, שניהלה חיי אהבה תוססים עם טיטוס, אף שהייתה מבוגרת ממנו כמעט פי שניים."[33]

לדברים אלה מוסיף ההיסטוריון שמעון דובנוב בספרו "דברי ימי עם עולם":

"הם הסתכלו ממחנה האויב על ארץ מולדתם המתבוססת בדמיה."

הנביא ישעיהו ניבא את חורבן הבית השני ואת השתתפותם של יהודים בהריסת הבית כ-550 שנה קודם.

"מיהרו בנייך, מהרסייך ומחריבייך ממךְ יֵצאו" (מט יז)

ומה מלמדנו על כך התלמוד הבבלי? אף לא מילה אחת על טיבריוס יוליוס אלכסנדר ועל המלך אגריפס השני או על יוסף בן מתתיהו ובוודאי לא על הנסיכה ברניקי.

האמת ההיסטורית הכואבת היא זו שלקחו בה חלק שני מחנות קיצוניים בעם היהודי: האחד - מורדים חדורי אמונה עיוורת, המביאה אותם לעֲברה דתית בכך שהם מאיצים את הקץ ומנסים את אלהים; והאחר - בוגדים כטיבריוס יוליוס אלכסנדר, שבזז ושרף את בית מקדשנו; הנסיכה ברניקי, פילגשו של טיטוס; ויוסף בן מתתיהו, שהרבה להציע לרומאים דרכים להכניע את עם ישראל.

אלא שהתלמוד הבבלי אינו מתאר את העובדות ההיסטוריות שהובילו לחורבן בית המקדש השני - עובדות שמהן יש ללמוד לקח לדורות הבאים. במקום זאת, מסופרת אגדה, במסכת גיטין (נה, ע"ב), על "קמצא ובר קמצא", ששִׂנאתם זה לזה היא שהביאה לחורבן בית המקדש השני. נראה לי שרצונם של חז"ל להדחיק כל רגש לאומי הוא שעומד מאחורי ההתעלמות מהאמת ההיסטורית.

המרד הגדול ברומאים נגמר באסון לאומי כבד ביותר: בית המקדש נשדד, הועלה באש והוחרב; העיר ירושלים חרבה, הפכה לעיר שוממה ושנים אחר כך הפכה לעיר רומאית; כ-600 אלף יהודים נרצחו;[34] מנהיגי המרד, יוחנן מגוש

---

33 "תולדות ארץ ישראל", עמ' 138.

34 "מלחמת היהודים", עמ' 271.

חלב ושמעון בר-גיורא, הובלו בשלשלות במצעד הניצחון של טיטוס ברומא, ומנורת בית המקדש נישאה על ידי ארבעה יהודים שבויים. אחר המצעד הוצא שמעון בר גיורא להורג ויוחנן מגוש חלב נמכר לעבדות.

המשבר והסבל בעקבות מרד בר כוכבא – 132-136 לספירה

כשישים שנה אחר המרד הגדול, בשנת 132 לספירה, פרץ מרד נוסף, הוא מרד בר כוכבא, שתמכו בו חכמי הדור ובראשם רבי עקיבא ורבי ישמעאל בן אלישע. המרד התעורר בעקבות ביקורו של הקיסר איליוס אדריאנוס בארץ ישראל. הוא כיהן כקיסר רומא בשנים 117-138 לספירה ופעל בכל האימפריה הרומית להפיץ את התרבות ההלניסטית. במסגרת פעילותו זו הוא ניסה להמיר את דת היהודים לדת פגאנית באמצעות נקיטת הצעדים הבאים: איסור ברית מילה בטענה שהיא משחיתה את הגוף; הפיכת ירושלים לעיר רומית עם מקדש לאל "יופיטר" במקומו של בית המקדש החרב; שינוי שמה של ירושלים ל"איליה קפיטולינה" (איליה על שם משפחתו וקפיטולינה על פי תוארו של האל יופיטר).

אדריאנוס קיווה שהפעולות האלה ישימו קץ לשאיפות היהודים לבנייתו המחודשת של בית המקדש ולחידוש היישוב היהודי בירושלים. אך הייסורים האלה פורשו בעם כ"פעמי משיח", ופירוש זה קיבל חיזוק מתמיכתם של רבי עקיבא ורבי ישמעאל בן אלישע.

לאחר כיבוש ביתר בידי הרומאים ומותו של בר כוכבא, שהוכש כנראה על ידי נחש, אבדה העצמאות היהודית בארץ ישראל לשבעים דורות. הקיסר אדריאנוס פעל למחוק את זכר ישראל ויהודה באמצעות ביטול פרובינקיה "יהודה" והקמת פרובינקיה "סוריה פלסטינה" במקומה, אף שהעם הפלישתי נעלם מהעולם מאות שנים קודם.

כתוצאה משתי המרידות האלה גלו מאות אלפי יהודים לארבע כנפות תבל, וחלקם הובלו כעבדים לרומא. מקורות רומאיים מציינים שבמרד בר כוכבא נרצחו 580 אלף יהודים ועשרות אלפים נוספים מתו ממחלות ומרעב.[35]

---

35 "תולדות ארץ ישראל", עמ' 145.

יהודים רבים גלו מישראל לבבל. בבבל הם זכו לפריחה כלכלית ולחופש דת, שנמשכו גם בתקופת האסלאם. בין המאה השמינית למאה האחת-עשרה השתרעה האימפריה הערבית מהאוקיינוס ההודי ועד האוקיינוס האטלנטי. בראש האימפריה שלטו בית עבאס ובית אומיה. היהודים זכו ליחס טוב וחייהם הדתיים והעסקיים התנהלו ללא הפרעה.

בשנת 138 לספירה עלה לכס הקיסר ברומא אנטונינוס פיוס. בשונה מאדריאנוס היה לקיסר החדש יחס אוהד ליהודים. הוא ביטל את גזֵרות אדריאנוס ואפשר הקמת מרכז יהודי-רבני באושא שבגליל, מרכז שהמשיך את פעילותו של רבן גמליאל דְּיָבנה.

אם כן, לאומיות משיחית היא הרת אסון. האמונה העיוורת מביאה את מאמיניה למסירות נפש הגורמת לאובדן נפשות רבות. לאומיות יהודית יחד עם פילוג דתי לכתות ולזרמים גרמו להרס בית המקדש השני, לאובדן העצמאות המדינית בארץ ישראל, לטבח איום ונורא בעם ולגלות רבבות מבני ישראל.

בעשור השביעי להקמתה של מדינת ישראל מסתמנת תופעה של לאומיות משיחית, ויש לה מאפיינים זהים ללאומיות המשיחית שהביאה לחורבן הבית השני ולגלות ישראל. **אני חרד: אם מדינת ישראל תלך בדרכם של הדתיים הלאומיים-משיחיים, היא תביא עליה כליה!**

פרק ז

התחייה הדתית לאחר החורבן ומרד בר כוכבא

ארבעה חכמים דגולים השפיעו על היהדות סמוך לחורבן הבית השני, והשפעתם מורגשת עד ימינו אלה.

יהושע בן גמלא

הוא כיהן ככהן גדול בבית המקדש כשש שנים לפני חורבן הבית השני וזכור לטובה בזכות תקנתו בנושא חינוך. הוא הראשון שהנהיג חינוך חובה.

> "אמר רב יהודה אמר רב: ברם זכור אותו האיש לטוב ויהושע בן גמלא שמו, שאלמלא הוא נשתכחה תורה מישראל, שבתחילה מי שיש לו אב מלמדו תורה, ומי שאין לו אב לא היה למד תורה... עד שבא יהושע בן גמלא ותיקן שיהיו מושיבין מלמדי תינוקות בכל מדינה ומדינה ובכל עיר ועיר ומכניסין אותן כבן שש כבן שבע" (בבלי, בבא בתרא כא ע"א).

תקנה זו הוטלה לא רק על אבות המשפחה אלא הייתה חובת כל הקהילה. העם היהודי הוא העם הראשון שהנהיג חינוך חובה לבנים מגיל שש. חלפו יותר מ-1,800 שנה עד שהצרפתים, הראשונים בין עמי אירופה, חוקקו חוק חינוך חובה לבנים ולבנות בגילים שש עד שלוש-עשרה. זה קרה בשנת 1882.

רבי יוחנן בן זכאי

היה מתלמידיו של הלל הזקן וחי מאה ועשרים שנה: משנת 30 לפני הספירה עד 90 אחרי הספירה. הוא צפה את החורבן והתנגד למרד. תלמידיו הוציאו אותו מירושלים בתקופת המרד כשהחביאו אותו בארון מתים. הקנאים ראו בו בוגד היות שצידד בשלום ובהבנה עם הרומאים. חייו היו מלאי פעילות למען גיבושו של עם ישראל סביב תורת משה. הוא עודד הקמת בתי כנסת בכל יישוב יהודי, והם היו תחליף לבית המקדש שחרב.

רבי יוחנן בן זכאי גם עיצב דרכי כפרה במקום הקרבת קורבנות ובמרכזן התפילה וקיום מצוות התורה. בכך הוא נתן תקווה להמוני ישראל, שבזכות שמירת מצוות יהיה כל יהודי שלם עם אלוהי ישראל. הוא תיקן תקנות שאפשרו להעביר מצוות שהיו מקובלות רק בבית המקדש אל המרחב הציבורי ובתי הכנסת, כגון תקיעת שופר בראש חודש החל בשבת, נטילת לולב בסוכות וברכת כוהנים לאחר חליצת סנדליהם. הוא השיג מהרומאים הקמה של מרכז רוחני ביבנה, והסנהדרין פעלה שם אחרי החורבן.

רבן גמליאל דיבנה

רבן גמליאל השני היה בנו של רבן שמעון בן גמליאל, שהיה נשיא הסנהדרין וצאצא של בית הלל. הוא היה תלמידו של יוחנן בן זכאי וממשיך דרכו. בשנים 120-80 לספירה היה הדמות המרכזית בעם היהודי ועמד בראש פעולות השיקום וקביעת דפוסי החיים היהודיים ללא בית המקדש.

רבן גמליאל דיבנה טיפח את היצירה היהודית הדתית ודרש אחדות ומשמעת ללא עוררין. דפוסי החיים שקבע השפיעו רבות גם על חיי היהודים בפזורה עד ימינו אלה. הוא ראה במחלוקות בין הכתות היהודיות את אחת הסיבות העיקריות לחורבן בית המקדש, וכדי "לא להרבות מחלוקת בישראל" הנהיג עונשים של חרם ונידוי, אך הקל על חיי היום-יום של המוני ישראל בהלכות שמיטה, קבורה ועוד. כתוצאה מגישתו הפרגמטית הוא בלם את התפשטות הנצרות בקרב עם ישראל.

רבן גמליאל דיבנה דגל, כרבו יוחנן בן זכאי, בחיי שלום עם הרומאים והודות למשא ומתן שניהל אִתם קוים מוסד הנשיאות בישראל. הוא עמד בקשר עם יהדות הפזורה, ביקר במקומות מושבם וברומא, וכולם קיבלו את סמכותו. הוא בנה ביבנה בית מדרש מרכזי, ישיבה ובית דין מרכזי.

נוסף על כך, הוא הנהיג קביעת הלכה "ברוב קולות" והחמיר בעונשים של נידוי למי שלא נשמע להלכה שנקבעה. המרכז הוכר כסמכות רוחנית בארץ ובפזורה ושלח רבנים ליהדות הפזורה. הוא היה תקיף מאוד ולעתים עורר התנגדות ואף הודח. את מקומו תפס רבי אלעזר בן עזריה, אך לאחר זמן מה הוחזר לכהונתו כנשיא הסנהדרין ורבי אלעזר בן עזריה כיהן כראש בית הדין.

רבי יהודה הנשיא

חי בשנים 220-135 לספירה וחתם את המשנה. חז"ל אומרים כי ביום שבו רצחו הרומאים את רבי עקיבא נולד רבי יהודה הנשיא, שהיה נכדו של רבן גמליאל דיבנה. על זה אמרו חז"ל: "אין צדיק נפטר מן העולם עד שנברא צדיק כמותו."

רבי יהודה הנשיא הבין את אשר הבין המלך הורדוס מאתיים שנה לפניו: היות שאין ביכולתו של העם היהודי ללחום ברומא, מוטב לשתף פעולה עם השליטים הרומאים. הגמרא מספרת על היחסים ההדוקים ששררו בין רבי יהודה הנשיא לקיסר אנטונינוס פיוס (שלט בשנים 161-138 לספירה) ולקיסר שבא בעקבותיו, מרקוס אורליוס (שלט בשנים 180-161 לספירה).

במסגרת פעילותו ושליטתו בסנהדרין פעל רבי יהודה הנשיא להחניק כל רגש יהודי-לאומי, ובמקום הרגש הלאומי פעל להעמקת האמונה באלוהים. הוא גם החניק כל תקווה לגאולה קרובה, שעלולה הייתה לעורר מרד. הוא אסר לעסוק בבניית בית המקדש החרב והשאיר מלאכה זו למשיח בקץ הימים. **זו האידיאולוגיה המושרשת ברוב היהדות החרדית עד עצם ימינו אלה.**

הוא גם הבין שהמחלוקות בין הכתות ביהדות גרמו לפילוג בעם ולאובדן העצמאות. כדי לשים קץ למחלוקות ביקש לתת פירוש אחיד לתורת משה. המעשה החשוב ביותר של רבי יהודה הנשיא היה כינוס רבני ישראל בציפורי ואחר כך באושא. ההחלטות שנקבעו במשנה כהלכה נתקבלו ברוב קולות, ואיש

מהרבנים לא קיבל מעמד נישא על חברו, אף לא יהודה הנשיא או כדבריהם: ברוב דעות ולא ברוב דעת – **דמוקרטיה בהדרה!**

המשנה היא חלק מתורה שבעל פה. היא נחתמה באושא בערך בשנת 200 לספירה והיא פוסקת דרכי התנהגות אחידים לבני דת משה. המשנה מכילה שישה סדרים: **זרעים:** דינים הנוגעים בעיקר לחקלאות; **מועד:** דיני שבתות, חגים ותעניות; **נשים:** דיני אישות ומשפחה; **נזיקין:** הלכות שבין אדם לחברו וסדרי בית דין; **קודשים:** דיני הקורבנות, הזבחים והחלופה להם לאחר חורבן בית המקדש; **טהרות:** דיני היטהרות. ששת סדרי המשנה מתחלקים לשישים ושלוש מסכתות.

רבי יהודה הנשיא היה איש רב פעלים ועשיר. חלק מעושרו בא לו מתשורות שקיבל מהקיסרים הרומאים, שעל פי האגדה נועצו בו רבות. הוא ניסה להשכיח מהעם את האסונות והסבל שגרמו לו הרומאים כדי למנוע רגשות נקם לאומניים. הוא הנחה לא להספיד את הרוגי המלכות ואף ניסה לעקור את צום תשעה באב, אך מאמציו לא הועילו.

רבי יהודה הנשיא שמר על קשר עם יהודי הפזורה, שלח אליהם שליחים ודיינים ופעל רבות להחדיר בהם את המשנה, ועשה זאת בהצלחה רבה. תקוותו שהמשנה תשים קץ למחלוקות ולפלגנות בין היהודים נגוזה עד מהרה. חכמי בבל וחכמי ירושלים עסקו בנפרד, בין המאה השלישית למאה החמישית, בפירוש המשנה. כך באו לעולם התלמוד הבבלי והתלמוד הירושלמי.

גדולי תורה בכל הדורות עסקו בפירוש התורה, המשנה והתלמוד ונתנו מעמד שווה בלימודם לתורה שבכתב ולתורה שבעל פה. **השוויון בין התורה שבכתב לתורה שבעל פה ראוי לבחינה מחודשת של גדולי התורה בדורנו, וזאת לפחות מסיבה אחת: שני שלישים מהתלמוד הבבלי הוא אגדות, ושליש מהתלמוד הירושלמי הוא אגדות. אני שואל את חכמי דורנו: האם לאגדות שנמשכו בקולמוס בני תמותה יש מעמד זהה לתורת משה?**

נושא נוסף שעלינו ללמוד מרבי יהודה הנשיא וליישמו במדינת ישראל הוא יחסינו עם בני הלאומים והדתות האחרים החיים בקרבנו. הנה החלטה שהתקבלה בתקופתו:

"עיר שיש בה ישראל וגויים, הפרנסין גובין מן ישראל ומן הגויים מפני דרכי שלום, מפרנסים עניי גויים עם עניי ישראל מפני דרכי שלום, מספידין וקוברין מתי גויים מפני דרכי שלום ומנחמין אבלי גויים מפני דרכי שלום" (תוספתא, גיטין ה ד).

אין אנו חיים לבדנו, ועלינו להתייחס לתושבים בני יתר הלאומים והדתות כפי שאנו מבקשים שיתייחסו לבני עמנו בפזורה (יותר משבעה מיליון יהודים חיים בחמש יבשות). בקרבנו חיים תושבים בני דתות אחרות: מוסלמים, נוצרים, דרוזים ובהאים, ואין להפלותם לרעה **אלא לנהוג בהם כשווים בין שווים**. אני מאמין שחיינו יחד במדינת ישראל יכולים להתנהל בהרמוניה מלאה ובשלום, כפי שקובעת דת משה בספר במדבר: **"...חוקה אחת יהיה לכם ולגר ולאזרח הארץ"** (ט יד).

התלמוד הבבלי והתלמוד הירושלמי והשפעתם על ימינו

חכמים שהביאו את דברי התורה והמשנה לאוזני הציבור באותם הימים זכו לכינוי הארמי "אמוראים". הם פעלו בין המאה השלישית למאה החמישית לספירה. האמוראים פירשו את דברי המשנה בכתב ויצרו ספרות ייחודית במינה ושמה תלמוד (משורש למידה).

אמוראי בבל כתבו את **"התלמוד הבבלי"**, ופירשו בו שלושים ושבע מסכתות מהמשנה. רובו של התלמוד הבבלי הוא אגדה. הוא אינו שיטתי בהצגת דבריו. הוא מביא את המשא ומתן בין החכמים, ולכן אינו מקצר בלשונו.

אמוראי ארץ ישראל כתבו את **"התלמוד הירושלמי"**, הכתוב בארמית גלילית ומכיל מילים רבות שהושאלו מיוונית. הוא מכיל פירושים לשלושים ותשע מסכתות, סגנונו קצר, ורק כשליש ממנו הוא אגדה.

פירושים על המשנה ועל התלמוד ממשיכים להתפרסם לאורך מאות שנים והפלגנות בין כתות וחצרות רבנים לא הסתיימה ולא תסתיים לעולם. החרדים טוענים שהתורה בכתב והתורה שבעל פה ניתנו לעם היהודי במעמד הר סיני

ומעמדן שווה. טענה זו מנסה לתת מעמד שווה לדברים מפורשים הכתובים בתורה ולאגדות. טענה זו יוצרת מחלוקת בין חכמים ופוערת תהום רבה בין התנועה הציונית לבין היהדות החרדית הקיצונית.

עיקרי התהום בין חרדים קיצונים לבין התנועה הציונית מקורם באגדה בתלמוד (בבלי, כתובות קיא ע"א) שנאמר בה כי ה' השביע את עם ישראל לא לשוב כציבור מאורגן לארץ ישראל, וכדברי התלמוד: **"שלא יעלו ישראל בחומה"**; לא להתקומם נגד אומות העולם, וכלשון התלמוד: **"לא למרוד באומות העולם"**; ואת אומות העולם השביע ה' לא לשעבד יותר מדי את עם ישראל וכלשון התלמוד, **"שלא ישתעבדו בהן בישראל יותר מדי."** שלוש השבועות האלה, **שהן אגדה,** מהוות אבן יסוד בהתנגדות החרדים הקיצונים לתנועה הציונית.

> "לכדרבי יוסי ברבי חנינא, דאמר: שלוש שבועות הללו למה? אחת שלא יעלו ישראל בחומה ואחת שהשביע הקדוש ברוך הוא את ישראל שלא ימרדו באומות העולם ואחת שהשביע את אומות העולם שלא ישתעבדו בהן בישראל יותר מדי... אמר רבי אלעזר: אמר להם הקדוש ברוך הוא לישראל: אם אתם מקיימים את השבועה – מוטב, ואם לא – אני מתיר את בשרכם כצבאים וכאיילות השדה."

אני מתקומם בכל מאודי נגד כל מי ששם בפי ה' היתר לרצח יהודים ולהטלת האשמה על היהודים עצמם, שעה שהיהודים הם הקורבנות. כך מזכה המחזיק בטענה זו את הרוצחים ומרשיע את הקורבנות. האלה דברי אלוהים חיים?! נטורי קרתא וחסידי סאטמר מחזיקים בעמדה עוינת זו לעם ישראל עד עצם ימינו אלה, **ובכך מצדיקים את השואה הנוראה שחוללו הנאצים!** הם מביעים את הזדהותם עם פירוש זה בכך שאינם מכבדים את זכר השואה ואינם עומדים דום בעת הצפירות לזכר קורבנות השואה ולזכר חללי מערכות ישראל.

האמונה בה' יחד עם התקווה לגאולה קרובה ולבואו של המשיח הולידו תופעה של משיחי שקר: דוד אלרואי בכורדיסטן ובעירק במאה השתים-עשרה, דוד הראובני בפורטוגל ובאיטליה במאה השש-עשרה, שלמה מולכו בפורטוגל וביוון במאה השש-עשרה, שבתאי צבי בתורכיה במאה השבע-עשרה ויעקב פרנק

בפודוליה (פולין) במאה השמונה-עשרה. עצם קיום תופעת משיחי השקר, שיהודים רבים הלכו בעקבותיהם, מצביע על **עוצמת הגעגועים בלב העם היהודי לשוב לארץ האבות, ארץ ישראל.**

סיכום פרק זה

חכמינו ז"ל הצילו את עם ישראל מכליה, שמרו על דבקותו בדת משה, ועל הלשון העברית, שהיא העתיקה בלשונות תבל שעדיין מדברים בה. הניסיון של רבי יהודה הנשיא ליצור מסגרת אחידה לדת היהודית כדי למנוע פלגנות החזיק מעמד מאות שנים, אך לא עוד. היהדות בימינו מפוצלת לזרמים: אורתודוקסי, קונסרבטיבי, רפורמי וחילוני. גם הזרם האורתודוקסי מפוצל: דתיים לאומיים, מסורתיים, מתנגדים (ליטאים) וחסידים, ובתוכם פילוג נוסף לחצרות רבנים. דבקותו של כל זרם בדרכו ובאמונתו יוצרת פילוג ובלתי אפשרי לאחות ביניהם.

למרות האמור, היהדות מבוססת על תורה, נביאים וכתובים ויצרה אמות מוסר אנושיות ותרבות עשירה, וכל אלה משמשים מסד גם לנצרות ולאסלאם.

חז"ל פעלו להדחקת השאיפה לעצמאות לאומית ולהחלפתה בשגרת עבודה דתית. **את תקומת ישראל ובנייתו של בית המקדש הועידו חז"ל למשיח באחרית הימים ולא לידי אדם.** אך חז"ל לא הצליחו להחניק את שאיפת העם לשוב לארץ אבותינו ולהחיות את חיינו הלאומיים כעם עצמאי בין העמים.

השאיפה לקיבוץ גלויות באה לידי ביטוי בתופעת משיחי השקר והפכה למעשים מוחשיים בעלייה הראשונה לארץ ישראל, שהחלה בסוף המאה התשע-עשרה, ובקונגרס הציוני הראשון, שכינס בנימין זאב הרצל בין ה-29 ל-31 באוגוסט 1897 בבזל אשר בשוויץ. העלייה הראשונה, שהחלה כעשרים שנה לפני הקונגרס הציוני, והקונגרס הציוני עודדו את העליות הבאות לארץ ישראל במטרה לעבד את אדמתה הצחיחה, להחיות את מרחביה, לבנות קיבוצים, מושבים וערים ולחדש את עצמאותנו הלאומית בארץ אבותינו, שגלינו ממנה לפני שבעים דורות.

מנהיגי התנועה הציונית, שהבינו כי יידרשו מסירות נפש ויכולת עמידה במאבק אלים שייכפה עלינו, ניסו להחיות מעשי גבורה בהיסטוריה היהודית והעלו על נס את גבורת המכבים ואת מרד בר כוכבא, שזכה לברכתו של רבי עקיבא.**העצמת הגבורה עברה את גבול הסביר, לדעתי, והתעלמה מהלקחים ההיסטוריים המתחייבים מהאסונות שהביאו על עם ישראל.** לעיקרי הרעיון הציוני מוקדש הפרק הבא.

פרק ח

תמצית הרעיון הציוני

אני מודע ללאומנות הפנטית הקיימת בקצותיהם של שני העמים: היהודי
והפלסטיני. לשני הקצוות יש עניין משותף להמשיך ולקיים את הסכסוך
מתוך תקווה שהאחד יזכה בחיסול הצד האחר. **אסור שהרוב השפוי, בשני
העמים, ייסוג משאיפתו לשלום!**

הרעיון הציוני, שעיקרו חזרת העם היהודי למכורתו והקמת מדינה יהודית, יביא
לקיבוץ רוב בני הלאום היהודי בארץ ישראל. עליית היהודים לארץ ישראל לא
צריכה לקפח את תושבי הארץ החיים בה דורות אלא לשלבם בחיי המדינה
ולתת להם אזרחות שווה בלי לפגוע בלאומיותם, דתם, לשונם ותרבותם.

אני מודע למשמעויות של ההצעות שאני מעלה במסמך זה, ואני צופה שחלק
**מהפוליטיקאים הישראליים יתנגדו לקווי הפעולה שלי, וזאת מסיבה פשוטה:
הם עלולים לאבד את משענתם הפוליטית.**

אשתדל להוכיח שאני נאמן לרעיון הציוני, שאותו הגה בנימין זאב הרצל, ולדרך
הדמוקרטית ושואפת השלום המשתקפת מדבריהם של זאב ז'בוטינסקי, דוד
בן-גוריון, מנחם בגין ושמעון פרס.

עיקרי השקפתו של חוזה מדינת היהודים בנימין זאב הרצל

שיבת העם היהודי לארץ ישראל קדמה להקמת התנועה הציונית ולקונגרס הציוני בבזל. בשנת 1881 התקיים כנס לעידוד העלייה לארץ ישראל. הכנס התקיים בעיר פוקשאן שברומניה, ובעקבותיו החלו יהודים לעלות לארץ ישראל.

יהודים מרומניה ומרוסיה הצארית עלו לישראל מתחילת שנות השמונים של המאה התשע-עשרה לשם החייאת שממותיה ועיבוד אדמתה. ראשוני העולים הקימו את המושבות: גיא אוני וראש פינה בגליל המזרחי, ראשון לציון בשפלת החוף וזכרון יעקב בהרי הכרמל. מגמה זו התעצמה עם הקמתה של התנועה הציונית.

בנימין זאב הרצל יזם את הקונגרס הציוני הראשון, והוא התקיים בעיר בזל שבשוויץ בין ה-29 ל-31 באוגוסט 1897. השתתפו בו יהודים מכל רחבי אירופה. בתום הקונגרס כתב הרצל ביומנו: "**בבזל ייסדתי את מדינת היהודים.**" בספרו "מדינת היהודים" הוא הוסיף:

> "אינני חושב את שאלת היהודים לא סוציאלית ולא דתית, אף אם היא מתגוונת כך או אחרת. זו היא שאלה לאומית, וכדי לפתור אותה, עלינו לעשותה תחילה שאלת-עולם מדינית, הטעונה הסדר במועצת עמי התרבות. עם אנחנו, עם אחד."[36]

הרצל גם התייחס בספרו לאפשרות להקמת המדינה היהודית בארגנטינה או בארץ ישראל, ואלה הם דבריו:

> "פלשתינה היא מולדתנו ההיסטורית הבלתי-נשכחת. שם זה כשלעצמו עשוי להוות בשביל עמנו קריאת-האספות הכובשת לבבות באדיר... למקומות הקדושים של הנצרות ניתן יהיה למצוא צורה של אקסטריטוריאליות לפי המשפט הבינלאומי. אנו נהווה משמר כבוד סביב המקומות הקדושים, ובקיומנו נערוב בעד מילוי חובה זו. משמר כבוד זה יהיה הסמל לפתרון שאלת היהודים לאחר אלף ושמונה מאות שנות ייסורינו."[37]

---

36 "מדינת היהודים", עמ' 14-15.

37 "מדינת היהודים", עמ' 28.

העצמאות המדינית של העם היהודי בארץ אבותיו נועדה לאפשר לבני הלאום היהודי לשוב למולדתו ההיסטורית כדי לחיות בה חיי כבוד ועמל ישרים וליטול חלק פעיל בקביעת גורלו של העם ובעיצוב חברה נאורה בקרב אומות העולם לאור הערכים המוסריים שקיבלו ביטוי בדברי נביאי ישראל.

מדינת ישראל תהיה מדינת הלאום היהודי ותושתת על זכותו, מעולם עד עולם, לחיי ריבונות בארץ אבותיו, ארץ ישראל. הארץ הזו יקרה וקדושה לשלוש הדתות המונותאיסטיות, ולכן עלינו לכבד, כדברי הרצל, לא רק את המקומות הקדושים ליהדות ולנצרות אלא גם את אלה שקדושים לדת האסלאם. בשנת 1903 התקיים קונגרס ציוני בהשתתפות הרצל. את מילותיו האחרונות באותו קונגרס הוא אמר בעברית: **"אם אשכחך ירושלים, תשכח ימיני" (תהילים קלז ה).** פחות משנה אחר כך החזיר את נשמתו לבורא עולם.

הרצל, אשר כתב את ספרו בסוף המאה התשע-עשרה, התלבט קשות בנושא חוקה למדינה שתקום. עלינו לזכור שדבריו נאמרו לפני שתי מלחמות עולם ולפני השואה, שהביא עלינו השלטון הנאצי. באותה עת במרבית המעצמות שלטו מונרכיות, והשלטון הדמוקרטי המופתי התקיים בארצות הברית, שהרצל לא הגיע אליה. לכן אי אפשר שלא להתפעל מחזונו ומאזהרתו בדבר סכנת השחיתות. והרי ציטוט מדבריו מלפני מאה ועשרים שנה בפרק "חוקה" של הספר "מדינת היהודים":

"מחובתם יהיה להתקין חוקה מודרנית טובה ככל האפשר. סבורני, שחוקה טובה צריכה להיות בעלת גמישות מתונה... אני הנני מצדד מושבע של מוסדות מונרכיים... אולם ההיסטוריה שלנו נפסקה לזמן רב כל כך ששוב לא נוכל ליצור קשר של רציפות למוסד זה. עצם הניסיון עלול להידון ללעג ולקלס.

"הדמוקרטיה ללא משקל נגד של מונרך מפריזה גם לשבט וגם לחסד, מביאה להם פרלמנטרים לקטגוריה מכוערת של פוליטיקאים מקצועיים... הכוח המניע של הדמוקרטיה הוא טוהר המידות: והיכן ניתן למצוא טוהר מידות זה, אני מתכוון לפוליטי?!

״אינני מאמין בטוהר המידות הפוליטי שלנו, מפני שאיננו שונים משאר בני האדם המודרניים ומפני שבחירות תתפתח בנו מיד היהירות...

״את משאל העם רואה אני כלא נכון, כי בפוליטיקה אין שאלות פשוטות שאפשר להשיב עליהן בהן או לאו סתם. בנוסף לכך ההמונים גרועים מהפרלמנטרים, כפופים לכל אמונות שווא ונוטים להישמע לכל צעקן קולני. נוכח המון עם מתקהל לא ניתן לנהל לא מדיניות חוץ ולא מדיניות פנים... אנו נלמד משגיאותיהם ההיסטוריות של אחרים, כמו משלנו, שכן עם מודרני אנחנו ורוצים אנחנו להיות המודרני שבעמים.״[38]

דברי הרצל בנושא ״שלטון הדת״ (תאוקרטיה) ברורים ונחרצים, ואצטטם שוב מילה במילה, כפי שהוא כתב בספרו:

״ובכן כלום תהיה לנו לבסוף תיאוקרטיה? לא! האמונה מלכדת אותנו, המדע עושה אותנו חופשיים. על כן לא ניתן כלל לדחפים תיאוקרטיים של אנשי הדת שלנו להרים ראש. אנו נדע להחזיקם בבתי הכנסת שלהם, כשם שנחזיק את צבא הקבע שלנו בקסרקטינים. צבא וכהונה יכובדו מאוד, כדרוש וראוי לתפקידיהם היפים. בענייני המדינה, עם כל הערכתי כלפיהם, אל להם להתערב פן יביאו עליה קשיים מבית ומחוץ. כל אדם חופשי ובלתי מוגבל באמונתו או בכפירתו, כמו בלאומיותו. ואם יקרה שישבו בתוכנו בני אמונה דתית אחרת ובני לאום אחר נעניק להם הגנה מכובדת לשוויון זכויות... חיבור זה לא נועד למשפטנים מקצועיים. לפי-כך לא אוכל אלא לרמוז ברפרוף על התיאוריה שלי בדבר היסוד המשפטי של המדינה, כמו דברים אחרים.״[39]

רעיונו של הרצל על הקמת מדינה יהודית בארץ ישראל התקבל בעולם הנאור. ב-2 בנובמבר 1917 שלח הלורד ארתור ג׳יימס בלפור, שר החוץ של בריטניה, הצהרה המכירה בשאיפה היהודית-ציונית לייסודו של בית לאומי לעם היהודי

---

38 ״מדינת היהודים״, עמ׳ 61-62.

39 ״מדינת היהודים״, עמ׳ 62-63.

בפלסטינה. את המכתב שלח לליונל וולטר רוטשילד, יהודי שהוא אזרח בריטי וחבר המפלגה השמרנית, ציוני על פי השקפתו.[40]

יישום עיקרי החזון הציוני של הרצל בחיי מדינת ישראל צריך לבוא לידי ביטוי בנושאים הבאים:

1. הציונות שואפת לשמור על כל פלגי הלאום היהודי על ידי כיבוד הדדי של ערכים רוחניים של כל פלג ופלג או במילים אחרות: **פלורליזם יהודי המקבל ביטוי בהכרה בכל זרמי הדת היהודית:** אורתודוקסים, קונסרבטיבים, רפורמים, חרדים חסידים, חרדים מתנגדים (המכונים ליטאים), יהודים מסורתיים, דתיים לאומיים ויהודים חילוניים. **אסור שהשקפת עולם תרחיק איש מהשתייכותו ללאום היהודי.**
2. מדינת ישראל היא מדינת היהודים (לרבות יהדות הפזורה) ועליה לחוקק חוקה נאורה.
3. הציונות מכירה בזכותו של כל אזרח לדבוק בדתו, ואסור למדינה להתערב בענייני דת באמצעות העדפת זרם אחד של היהדות, או התנכרות לזרם כלשהו, ואסור לקפח דתות אחרות.
4. כמדינת הלאום היהודי עלינו לנצור את ערכי המסורת היהודית. השבת ומועדי ישראל יוגדרו כימי חג ומנוחה ממלכתיים.
5. לרבנים ולכוהני הדתות האחרות לא יינתן כל מעמד פוליטי.
6. בני דתות אחרות יהיו רשאים לחוג את חגיהם ומועדיהם על פי דתם ומסורתם בתחום מושבם ולהגדיר את ימי המנוחה על פי מצוות דתם.
7. שמירת המקומות הקדושים לשלוש הדתות המונותאיסטיות היא חובתה העליונה של המדינה ושל העם היהודי.

---

40 "עמוד האש", עמ' 53.

דברי זאב ז'בוטינסקי ביחס לפרט ולמדינה ויחסו לכפייה דתית

בסדרת כתבות שפרסם זאב ז'בוטינסקי בשנת 1935 בעיתון "הירדן" תחת הכותרת "בדרך למדינה", הוא כתב:

"...גם לי שנאה עיוורת לרעיון האומר ש'המדינה היא הכול'. והיינו הך, אם קומוניסטית היא או פשיסטית. הנני מאמין רק בפרלמנטריזם 'מן האופנה הישנה', כל כמה שלא ייראה לפעמים בלתי נוח, או מחוסר אונים. הנני מאמין בחופש הדיבור והארגון, וכמעט בכל התנגשות בין ההכרה האינדיבידואלית למשמעת הכפויה, הנני עומד לצדו של היחיד... מה שאנו הצהרנו באמת ואשר נצהיר תמיד גם בעתיד, הוא העיקרון, כי השאיפה למדינת היהודים מוכרחה – אצל כל אלה המכירים בשאיפה זו כבאידיאל שלהם – לעמוד מעל כל האינטרסים המעמדיים או האינטרסים הפרטיים. אף דעתו של גריבלדי הייתה כי תחייתה של הממלכה האיטלקית, ערכה נעלה על כל הקורבנות, וכך ראה גם לינקולן את האידיאל של הרפובליקה האמריקנית המאוחדת. אולם אין פירוש הדבר, כי גריבלדי או לינקולן התכוונו בכך למין איטליה או למין אמריקה כזאת, שהאזרח יהיה בה לא-כלום והמדינה הכול..."[41]

ובמאמר אחר בעיתון "הירדן", בתאריך 26 באוקטובר 1934, כתב ז'בוטינסקי:

"איננו רואים דמוקרטיה טהורה, אמיתית מושרשת – שאי-אפשר למשול בה, משום שזכות הבחירה הכללית יצרה כאן תריסר מפלגות שונות, שלאף אחת מהן אין, וגם לא יהיה, לעולם רוב. כל שבוע יכולה להתחולל קומבינציה חדשה, שתוריד את הממשלה סתם כך..."

זאב ז'בוטינסקי נדרש לנושא הדת במאמר שכתב באידיש בעיתון "אונזער וועלט" ב-21 במאי 1937.

---

41 עיתון "הירדן", 8 באפריל 1935, כרך "בדרך למדינה", מאמר "עגלת הכלי זמר", עמ' 272-271.

> "ידידי החרדים, הבינוני היטב. אין השכינה באה תוך שימוש באמצעי כפייה חיצונים, לרשות השכינה אין עומדים לא שוטרים ולא צנזור. מבקשת היא לכבוש את הלב ואת המצפון, לגבור על ספקות, אך לא לאסור את הספק... מהשקפה זו, שחירות המצפון והוויכוח, היא כאוויר לנשימה לדת, מהשקפה זו לא אזוז כחוט השערה... ואולם לחזון גדול גם מגשים גדול! חירות! אפילו באופק הגדול ביותר אל-נא יראה צל-צילו של שוטר, כי על כן הצל שלו נושא איתו את החורבן!"

השקפתו של ז'בוטינסקי בעניין מעמדה של הדת במדינת היהודים חפפה את החזון של בנימין זאב הרצל.

יישום דברי זאב ז'בוטינסקי

המשטר המועדף הוא המשטר הדמוקרטי, למרות מגבלותיו. ריבוי מפלגות קיקיוניות, שאין להן סיכוי לעולם להגיע לרוב בכנסת, מפריע לכושר הביצוע הדרוש למדינה דמוקרטית, ובמילים אחרות: יוצר אנרכיה! לדעתי, **כזה מצבה של מדינת ישראל כבר שני דורות ויותר.**

המדינה דורשת קורבנות מאלה המזדהים עם ייעודה וקיומה. אני מבין מדבריו שלא ניתן, וגם לא רצוי, לכפות על מי שסולד מהמדינה או מתנגד לקיומה, מתן קורבן, כי הפרט הוא מעל הכול, או כדברי ז'בוטינסקי: **"כל יחיד הוא מלך!"** אמונה דתית היא עניין אישי של כל אדם ואין לכפותה, לא באמצעות חוקים חילוניים ולא באמצעות שוטרים.

המסקנות המעשיות המתבקשות, לדעתי, בימינו אלה מהאמור לעיל הן:

1. אין לכפות שירות צבאי או ממלכתי על החרדים, המחכים למשיח, או על הערבים, שאינם מזדהים עם מדינת ישראל.
2. מי שאינו מזדהה עם המדינה יכול כפרט לנהוג על פי השקפתו, אך אינו יכול לקבוע חוקים למסגרת שאינו חפץ בקיומה, כלומר אינו יכול לבחור ולהיבחר למוסדותיה או להיות אחד מעובדי המדינה שאינו חפץ בקיומה.

דברי דוד בן-גוריון על דמוקרטיה, שיטת בחירות וכפייה דתית

בספר שפורסם לרגל מאה שנה להולדתו של דוד בן-גוריון אפשר לקבל הצצה למשנתו בנושאים האלה.

"מדינה ניתנה לבני אדם, ולא בני אדם למדינה. הדאגה הנאמנה לפרט, ליחיד, לאֵם, לָעובד, לכל איש ואיש – היא דם-תמציתה של כל פעולת המדינה.

"מדינת ישראל והאומה היהודית לא יִכּוֹנו בלי משטר של חירות ודמוקרטיה.

"הדמוקרטיה לא תתקיים – אם נעשה אותה מחוסרת אונים, חֲדֵלַת פעולה, נטולת כוח ביצוע ומשוללת אמצעי התגוננות יעילים."[42]

בספרו "נצח ישראל" התייחס דוד בן-גוריון לריבוי המפלגות ולכפייה הדתית.

"המצפון האנושי, מצפון דתי או מוסרי, כוחו יפה מכוח החוק, אם אינו משמש מסווה או אמתלה לטובת הנאה פרטית, אלא פועל אך ורק לשם עקרון מקודש שבהכרה או באמונה. אבל הפועל לפי מצפונו, בניגוד לחוקי המדינה, חייב לקבל על עצמו כל המסקנות והתוצאות של התנהגותו, לרבות עונשים כאמצעי הגנה על המדינה על סמכותה ועל חוקיה. בכל אופן אין הוא זכאי לבקש מהמדינה להטיל רצונו על אחרים בניגוד למצפונם הם.

"הנטיות המתגלות פה ושם במפלגות דתיות ובמשרד הרבנות עצמו להעמיד מוסד זה מעל המדינה ולעשותו פוסק בשאלות החוק והמשפט של המדינה או בוויכוח המפלגתי, מערערות הבסיס של הפשרה המקובלת ועלולות להנחיל ניצחון לקצוות בשני המחנות, אשר מטעמים שונים ומנוגדים הם רוצים בהפרדה גמורה וכוללת של ענייני המדינה וענייני הדת...

---

42 "דוד בן-גוריון – האיש וצה"ל", עורכים: אל"מ (מיל') גרשון ריבלין ועמרם פרת, 1986, הוצאת משרד הביטחון.

"...שפעת הניגודים והפירודים שמורה לרעתנו. והפתרון אינו משטר
של 'שפה אחת ודברים אחידים' – משטר טוטליטרי אשר יאכוף על
תושב במדינה דעות, דברים ומעשים, וייטול ממנו חירות המחשבה
וחופש הבחירה וזכות הביקורת וההתארגנות כרצונו. מדינת ישראל
לא תיכון אלא כמדינה דמוקרטית; אפס, היא גם לא תיכון אם לא
תתגבר בעוד מועד על מכשלת ההתפצלות וההתפוררות, על משבר
הממלכתיות הנעוץ בריבוי סיעות, על סכנת המרחקים התרבותיים,
הכלכליים והחברתיים שבין העדות, ולא תבטיח בפועל חופש המצפון
לאדוקים ולחופשים גם יחד. אגב השרשת ערכי ישראל בחיי הפרט
והכלל, לפי רוחו של כל אחד בתוכנו.

"לשם כך יש הכרח בחינוך ממלכתי, בתיקון המשטר הפרלמנטרי,
במאמץ תרבותי ומשקי להעלאת העדות הנחשלות, בהתקנת מינימום
לאומי, כלכלי ותרבותי ובחוקה שתבטיח לאדוקים, לאנשי מסורת
ולחופשים לחיות לפי רוחם, ללא כפיה ופגיעה מצפונית, מתוך שמירת
הצביון היהודי של המדינה ושל העם היהודי בתוכה."[43]

דוד בן-גוריון קיווה שיוכל לגשר על התהום הפעורה בין החרדים הקיצונים לציונות
באמצעות שיחה ופשרה שתתקבל על שני הצדדים. לשם כך הוא פנה למנהיג
היהדות החרדית באותו הזמן, הרב אברהם ישעיהו קרליץ, המכונה "החזון איש".

אביא את תוכן השיחה, כפי שרשם יצחק נבון, אז עוזרו של בן-גוריון ובעתיד
נשיאה החמישי של מדינת ישראל. בן-גוריון בא לביתו של הרב בבני ברק ב-20
באוקטובר 1952. להלן תוכן השיחה:

"בן-גוריון פתח ואמר: 'באתי לדבר אתך על נושא אחד: איך יהודים
דתיים ולא דתיים יחיו יחד בארץ הזאת, בלי שנתפוצץ מבפנים?
יהודים באים הנה מהרבה ארצות, למאות, לאלפים עם מסורות שונות,
תרבויות שונות והשקפות שונות.'

43   דוד בן-גוריון, "נצח ישראל", הוצאת עיינות, 1964, עמ' 156-158.

"ענה החזון איש בסיפור על הלכה בתלמוד: 'אם שני גמלים נפגשים בדרך משעול, וגמל אחד טעון משא, והשני לא טעון משא, זה שאין עליו משא חייב לפנות את הדרך לגמל טעון המשא. אנחנו, היהודים הדתיים משולים לגמל טעון משא – יש עלינו עול של הרבה מאוד מצוות. אתם צריכים לפנות את הדרך.'

"אמר לו בן-גוריון: 'ועל הגמל הזה אין עול של מצוות? [תופף על כתפו שלו] ומצוות יישוב הארץ איננה מצווה? וזה לא משא? ומצוות ההגנה על החיים איננה מצווה? ומה עושים הבחורים שאתם כל כך מתנגדים להם, והם יושבים בגבולות ושומרים עליכם, האין זו מצווה?'

"אמר החזון איש: 'להפך. בזכות זה שאנו לומדים תורה, הם מתקיימים.'

"אמר בן-גוריון: 'אם הבחורים האלה לא היו מגנים עליכם, היו האויבים שוחטים אתכם.'

"אמר החזון איש: 'להפך. בזכות שאנו לומדים תורה, הם יכולים לחיות, לעבוד ולשמור.'

"אמר בן-גוריון: 'אינני מזלזל בתורה, אבל אם לא יהיו בני אדם חיים, מי ילמד תורה?'

"אמר החזון איש: 'התורה היא עץ החיים, ספר החיים.'

"אמר בן-גוריון: 'גם ההגנה על הנפש היא מצווה, כי לא המתים יהללו יה. ובכל זאת אני שואל, איך נחיה יחד?'

"אמר החזון איש: 'אני רואה חילול שבת, מכוניות ומשאיות בשבתות, נוסעים לים במקום להתפלל וללמוד תורה ולקיים חיים יהודיים. זה מקומם ומזעזע את הנפש, לראות בארץ אבותינו חילול שבת כזה.'

"אמר בן-גוריון: 'אני לא נוסע במשאית לים בשבת. אבל אם אלה פועלים העובדים כל השבוע, לא מגיע להם לטבול בים בשבת? זאת זכותם. אי אפשר להכריחם ללמוד תורה. אבל גם הם יהודים, ועושים הרבה דברים חשובים. אי אפשר להכריחם לשמור שבת. ואם לא ילכו לים, אתה חושב שיבואו לבית הכנסת?'

"אמר החזון איש: 'אנו מאמינים שיבוא יום וכולם ישמרו שבת ויתפללו.'

אמר בן-גוריון: 'אם ירצו, אני לא מתנגד שיעשו את זה. אבל אי אפשר לכפות זאת עליהם. לא צריכה להיות כפייה דתית, וגם לא כפייה אנטי דתית. איש איש יחיה כראות עיניו'."[44]

כאשר יצא בן-גוריון מביתו של החזון איש 'אמר: "זהו יהודי יפה, חכם, יש לו עיניים יפות וחכמות. מעניין מנין כוחו והשפעתו. **אבל איך נחיה בארץ הזאת? זו שאלה חשובה ביותר. זו סכנה חמורה, יותר מהאויב החיצוני."** והחזון איש אמר לאחר שבן-גוריון יצא מחדרו: **"יצא ממני איש עם נשמה גדולה."**

ההתנגדות העקרונית של היהדות החרדית הקיצונית לקיומה של מדינת ישראל נובעת מאמונה עמוקה בפירוש שנותנים לדת משה. אין כל סיכוי להזיזם מאמונתם הדתית העמוקה **וגם לא צריך: הודות להם המשיך עם ישראל להתקיים בין הגויים אלפיים שנה!** דבר נוסף: יש לכבד את חופש הבחירה של כל אדם לחיות על פי אמונתו, אך אין לאיש זכות לכפות את דעתו על אחרים.

את יחסם המתנכר למדינת ישראל החרדים מבטאים בהתנהגות יומיומית. לטענתם, הכלל שנקבע בהלכה האומר כי "דינה דמלכותא דינה" אינו חל על מדינת ישראל. הם אינם מכבדים את מועדיה וסמליה של מדינת ישראל: לא את המנונה, לא את יום הזיכרון לשואה ולגבורה, לא את זכר חללי צה"ל, לא את יום העצמאות, לא את דגל המדינה, לא את סמל המדינה.

הם מסרבים לשרת את המדינה בשירות צבאי או לאומי בטענה ש"תורתם אומנותם" ואין למדינה סמכות לחייבם לשרת. הדינים ופסיקות בתי המשפט בישראל אינם תקפים בעיניהם היות שלמדינה אין זכות קיום עד ביאת המשיח.

אני מתנגד בכל מאודי ליחסם המתנכר של החרדים הקיצונים למדינה ולחוקיה, אך מכבד את זכותם האישית והדתית לפעול על פי אמונתם ולהמשיך בלימוד התורה. אך לחיות במדינת ישראל ללא קיום חובותיהם למדינה פירושו: **ויתור מרצון על אזרחותם הישראלית וקבלת מעמד של תושב קבע.** כלומר לא תהיה

44 שיחת בן-גוריון עם החזון איש – ויקיפדיה. דווחה גם בעיתונים.

להם זכות לבחור ולהיבחר לכנסת ישראל ולא לשמש כעובדי מדינה או שרים בממשלה. אך יישמרו להם חופש הדת, חופש הפולחן, חופש התנועה, הזכות לרכוש ולקניין והזכות לבחור ולהיבחר ברשות המקומית שהם חיים בתחומה. הנושאים האלה יפורטו במסגרת הצעתי להקמת מפלגה ציונית ממלכתית דמוקרטית (צמ"ד) בעלת אידיאולוגיה מוגדרת המחייבת את נבחריה.

מקוממת העובדה שחרדים משמשים בתפקידי סגן שר ולא שר היות שהם מסרבים להצהיר על נאמנותם למדינת ישראל. כל האמור כאן יחול גם על מיעוטים שאינם מזדהים עם קיומה של מדינת ישראל. עמדתי זו מבוססת על שני עקרונות:

1. **כל יחיד הוא מלך וחופשי בדתו, באמונתו ובמצפונו.** השקפה זו פירושה: אין למדינה כוח לכפות לשרתה על מי שאינו מזדהה עם קיומה.

2. **המתנגד לקיומה של מדינה ואינו מוכן לשאת בעול שירותה, אינו זכאי לקבוע את דרכה.** ולכן המתנגד לקיומה אינו זכאי להצביע לכנסת ואינו יכול להיות עובד מדינה.

בן-גוריון ניסה, ללא הצלחה, להנהיג בחירות אזוריות. בעניין זה השיב בן-גוריון למכתבו של עמירם הורוויץ, באוגוסט 1965:

"כל אדם יש לו הרבה זיקות: להוריו, לקרוביו, לידידיו, לעירו, לעמו, למולדתו – וגם לאנושות כולה. אין סתירה בין זיקות אלה.

וזיקת האדם הבוחר למחוזו – אינה פוגעת בזיקתו למולדת כולה.

בחירות אזוריות מבטיחות שני דברים, שהם תמציתה של דמוקרטיה אמיתית:

1. הן מבטיחות בחירת נציג שהבוחר מכיר אותו, יודע את דעותיו ועמדתו בשאלות שונות, ויכול לקיים אתו מגע כל הימים, ולא רק ביום הבחירות.

2. הן מבטיחות הכרעת העם בבחירת ממשלה. ...בארצנו, לפי השיטה הנפסדת, אין בכוח העם האפשרות להכריע הרכב

הממשלה, ואין בארצנו בשיטה הקיימת כל קשר בין הבוחר והנבחר."[45]

יישום דברי דוד בן-גוריון

דרוש תיקון המשטר הפרלמנטרי, שיביא לצמצום מספר המפלגות והפלגנות הפושה בעם ישראל תוך שילוב של בחירות כלל ארציות עם בחירות אזוריות, כפי שאפרט בהמשך. יש ליצור מערכות בחירות שיעודדו קשר רציף בין הבוחר לנציגו בכנסת ישראל, והעם יכריע מי יעמוד בראשות הממשלה.

לכל אדם במדינה יש זכות לחיות לפי השקפת עולמו. מכאן שאין להנהיג כפייה כלשהי, לא דתית ולא חילונית. איש באמונתו יחיה.

מי שאינו מזדהה עם קיום המדינה, אינו רשאי לקבוע את דרך התנהלותה, בעיקר בענייני חוץ וביטחון. ולא ייתכן לתת תפקיד ממשלתי לאדם שאינו מוכן להצהיר על נאמנות למדינת ישראל. הדמוקרטיה צריכה להיות יעילה, ודרושה אחריות קולקטיבית מהקואליציה ומהאופוזיציה כאחת.

דברי מנחם בגין על זכויות פרט, הפרדת רשויות, ממשל צבאי וכפייה דתית

בנאום שנשא מנחם בגין בכנסת ב-16 בדצמבר 1959 ביחס לבעיות יסוד של קיומנו הלאומי, הוא אמר:

"...אנחנו מאמינים שישנן זכויות לאדם, הקודמות לצורת החיים האנושית ששמה מדינה. זוהי בעצם המסורת העברית מימי קדם; וזו האמונה של כל שוחרי החופש בעולם. ייתכן שההגדרה הפשוטה, המודרנית והקולעת ביותר של אותן זכויות, הקודמות להקמת המדינה, היא זו של הנשיא האמריקאי ג'פרסון: חיים, חירות ובקשת אושר... יֵדע כל איש בישראל שיש לו זכויות לחיים, לחופש, לעבודה ולבקשת אושר, אשר

---

45 "הזקן והעם", עורכת: זהבה אוסטפלד, הוצאת משרד הביטחון, 1988, עמ' 125.

לא ניתנו בחסד אלא הן שלו, תמיד שלו, ללא קשר עם השקפה או השתייכות מפלגתית, עם דעה זו או אחרת על ממשלה זו או אחרת..."[46]

ב-9 ביולי 1956 נאם מנחם בגין בכנסת ישראל בעניין "חוקה לישראל". במסגרת דבריו התייחס לנושא הפרדת הרשויות בישראל:

"מבחינה זו השמיע אזהרה אחד מגדולי הוגי הדעות, המילטון, שאמר: 'ריכוז כל הסמכויות – התחיקתית, המבצעת והמשפטית – באותן הידיים, בין שהן ידיו של איש אחד, בין שהן ידיים של מעטים ובין שהן ידיים של רבים, בין שהוא בא בירושה ובין כתוצאה של מינוי עצמי, ובין בעקבות בחירות – בכל המקרים האלה, ריכוז כזה אפשר לציינו בצדק כעצם ההגדרה של עריצות.'

"מה המצב אצלנו? הממשלה, יותר מאשר הכנסת מפקחת עליה, היא מפקחת על הרוב שבתוכה. על פי חוקי החירום, יש לממשלה גם סמכויות משפטיות. אם תיקחו את כל הגורמים האלה יחד, הרי בחשבון סופי תבואו לידי מסקנה שאליה הגיע המילטון: אף אם יש רוב, והרוב נבחר, אלא שקיים ריכוז של כל הסמכויות – התחיקתית, המבצעת והמשפטית – הרי זה כעצם ההגדרה של עריצות...

"אין אצלנו הפרדת רשויות במובן המקובל בארצות הברית של אמריקה. אצלנו למעשה הממשלה היא 'ועד פועל נבחר' של הכנסת. אצלנו יש סמכות לממשלה לחוקק חוקים, אם על פי תקנות שעת חירום – הידועות לשמצה מתקופת השלטון הבריטי – ואם על פי החוק הקיים, המסמיך את הרשות המבצעת לחוקק חוקי משנה. זאת אומרת: הסמכות הבלעדית של הכנסת לחוקק חוקים אינה ניתנת לה. ואף על פי כן, מנסחי החוק הסתפקו במשפט פשוט, לאמור: הכנסת היא בית המחוקקים של מדינת ישראל. הנה כי באים אנו בפעם הראשונה, אחרי שמונה שנים, להגדיר את מעמדו של בית הנבחרים בישראל, ואנחנו אומרים שבית המחוקקים תפקידו היחיד והבלעדי – כך יוצא

46   "בגין", עורך: מירון ח' איזקסון, הוצאת ידיעות אחרונות, 2003, עמ' 12-13.

מהנוסח הזה – הוא לחוקק חוקים. זה אינו נכון. זה אינו מבטא את המציאות. זה ודאי אינו נותן כבוד למעמדה של הכנסת."[47]

ב-8 ביולי 1958 נדרש מנחם בגין לנושא ההפרדה בין אזרחות ללאום, בשאלת "מי הוא יהודי?" והרי ציטוט מדבריו:

"אין לכפות את היהדות על איש ואין לכפות איש על היהדות. אני חושב שכולנו מוכנים להסכים לשני הכללים האלה... העם היהודי קיבל לתוכו בני עמים אחרים, ויש מגדולי העם שהם בניהם של אנשים שנתקבלו לתוכו...

"יש לנו לפי הכרתי זכות, ואולי אפילו מוטלת עלינו החובה, להשמיע תביעה לחכמי הדור: התחשבו בתקופה החדשה... יש אומרים: 'אם יבואו יהודים מרוסיה... יש לקבלם כמו שהם, בחסד ובאהבה וברחמים רבים'. צריך להבין לתקופה. אין אלה הימים ההם. משהו מיוחד עבר על העם בדור הזה. יש להקל בתקופה הזאת, יש לתקן תקנות. חכמי הדורות עשו את תורת ישראל לתורת החיים, משום שידעו שיש לתקן תקנות מדור לדור, משום שידעו להתחשב בתקופה, מתקופה לתקופה. זוהי התביעה שאנחנו יכולים ואולי אף חייבים להשמיע, ובזה ודאי שתיווצר אווירה אחרת מזו שהייתה עד כה."[48]

לצערי, דברי בגין לא הועילו, והגיור מופקד, מטעמים קואליציוניים צרי אופק, בידי רבנים אורתודוקסים המקשים לבם ומרחיקים יהודים מהיהדות.

על פי הרעיון הציוני, אין לכפות על אדם אמונה דתית או עשייה הנוגדת את דתו או את ערכיו האנושיים והתרבותיים. הציונות לא פסלה מעולם את התאזרחותם של בני לאומים שונים או בני דתות אחרות במדינת הלאום היהודי. כמו כן, מעולם לא הגתה הציונות טרנספר או קיפוח של תושביה הקיימים של מדינת ישראל. אזרחיה של מדינת ישראל יכולים להיות בני לאומים שונים ודתות

47   "בגין", עמ' 78-79.
48   "בגין", עמ' 120-121.

שונות ותוך כדי כך להקפיד על קיומו של רוב יהודי יציב ומשמעותי. כל שוחר דמוקרטיה צריך לאמץ ללבו את דברי מנחם בגין בכנסת ישראל מ-8 ביולי 1958 בנושא אזרחות ולאום.

"מי הם יכולים להיות אזרחיה של מדינת ישראל מבחינת הלאום? הווה אומר, יהודים, ערבים, דרוזים, ובן כל לאום אחר אשר נכנס למדינתנו כחוק והתאזרח בה על פי חוקיה. ומי הם יכולים להיות אזרחיה מבחינת הדת? הווה אומר, יהודים, נוצרים, מוסלמים, דרוזים ובן כל דת אחרת שנכנס למדינתנו כחוק והתאזרח בה על פי חוקיה.

ועכשיו נשאלת השאלה אם ביחס ליהודים אפשר להפריד בין לאום ובין דת. אני מביע את הכרתי: אין להפריד ביחס ליהודים בין לאום ובין דת, אי-אפשר להפריד, אסור להפריד, לא ייתכן שנפריד... והעניין, חבר הכנסת ארם, מיהו יהודי הן מבחינת הלאום והן מבחינת הדת, ולא מיהו יהודי דתי. לעולם לא תשמע מפי איש בישראל, שיהודי שאינו דתי איננו יהודי... הייתה תקופה – ובה התבטאה גדולה רבה – שחכמינו ביקשו להקשות על כל מי שאינו יהודי להצטרף לעם היהודי, מבחינת הדת והלאום גם יחד. ובמה הייתה הגדולה? כי העם קטן, נרדף עד צוואר... עתה תקופה אחרת היא, ואם כי לפי הערכתי והכרתי אין לנו שום זכות להכתיב תנאים, יש לנו לפי הכרתי זכות, ואפילו מוטלת עלינו חובה להשמיע תביעה לחכמי הדור: התחשבו בתקופה החדשה. שליש מעמנו הושמד, יש ביניהם משארית הפליטה. חלק מהם ניצל, אם על ידי זרים ואם על ידי זרות. הם או הן סיכנו את חייהם או חייהן, למען הצלת אחינו. יש להכיר בכך, זהו חיזיון אנושי רב ערך. ואם באים אלינו, עלינו לקרב אותם, לקבל אותם בחסד ובאהבה וברחמים רבים. איננו יכולים לכפות אותם על היהדות, אבל אם הם רוצים לקבל את היהדות, אל לנו לשים לפניהם מכשולים. להפך, נקל עליהם את הדבר..."[49]

49   "בגין", עמ' 12, 121.

הרצל ומנהיגי התנועה הציונית מכל הזרמים עשו כל מאמץ לשלב את היהודים הדתיים, מכל הכתות והפלגים, בתנועה הציונית. בן-גוריון עשה כל מאמץ אפשרי לשילובם בחיי המדינה ומוסדותיה. על מגילת העצמאות חתום גם נציגם של "פועלי אגודת ישראל".

מאמציהם של מנהיגי הציונות לקרב את היהדות החרדית לא נשאו פרי, ולדעתי אין כל סיכוי לקרבם לציונות ולמדינת ישראל. זאת אמונה דתית עמוקה ושורשית המבוססת על הניסיון המר של העם היהודי מימי בית ראשון ובית שני.

מנחם בגין גם נדרש לנושא הדמוקרטיה בעיתון "חרות" מ-15 באוגוסט 1961. דבריו צריכים לשמש נר לרגלינו כציונים ודמוקרטים:

"מדינה חופשית ודמוקרטית... נשענת על ששת היסודות הבאים:

1. בחירה חופשית...

2. פרלמנט, המפקח לא בתיאוריה מחוקקת, אלא הלכה למעשה, על הרשות המבצעת לענפיה, ובו תומכי הממשלה ומתנגדיה. בעוד הראשונים הם, לפי טבע הדברים, רוב והאחרונים מיעוט, קיים ביניהם, בהכרעת העם רוב החוכמה, איזון כוחות ייצוגי, כדי שהאפשרות של התחלפותם, על פי החלטת העם החופשית, לא רק תהיה חרוטה בכתב אלא תיראה לעין העם כולו.

3. עליונות מוחלטת של הרשות האזרחית הנבחרת, על כוחותיה המזוינים של המדינה, עליונות שאין לה סייג ולא תנאי ולא קשר עם פרט זה או אחר.

4. עצמאות המשפט ועליונותו על שאר רשויות המדיניות.

5. עיתונות חופשית. בלי צנזורה מוקדמת, גלויה או נסתרת.

6. הפרדה בין שליט לבין מפרנס, בין הפונקציה המדינית לבין הפונקציה הכלכלית, למען לא תופקר פרנסתו של האדם החופשי ולמען תובטח חירותו של האדם המפרנס..."[50]

---

50   "בגין", עמ' 78-79.

יחסו של מנחם בגין לאזרחיה הערבים של מדינת ישראל היה חד-משמעי: כל אזרחי ישראל, יהיו לאומיותם ודתם אשר יהיו, כולם אזרחים שווי זכויות וחובות. לביסוס טענתי אביא מדבריו בכנסת ישראל ב-16 בדצמבר 1959:

"בעוברי לבעיות פנים, אדוני היושב ראש, הריני רוצה להביע תקווה כי בכנסת הרביעית נספיק לחוקק את חוקי היסוד, ובעיקר מעל לכול, את אותו חוק יסוד ששמו זכויות האדם והאזרח.

אנחנו איננו מקבלים את הדעה הרשמית-למחצה, ששמענו בימי כהונתה של הכנסת השלישית, לפיה מדינה נותנת זכויות ומדינה זכאית ליטול זכויות. אנחנו מאמינים שישנן זכויות לאדם, הקודמות לצורת החיים ששמה מדינה...

אנחנו נמנענו מההצבעה ההיא, ומסרנו את ההודעה שאת עיקרה אביא לתשומת לבכם:

1. הממשל הצבאי נוגד את עיקרון שיווי-הזכויות של כל האזרחים, עיקרון שיש להגשימו הלכה למעשה במדינת ישראל.

2. תקנות הממשל הצבאי מנוצלות תכופות לרעה על-ידי מפא"י, להפעלת לחץ פוליטי וכלכלי על אזרחים ערביים לטובת צרכיה המפלגתיים.

3. מתוך ידיעת שתי עובדות אלה, אין להתעלם מבעיה ביטחונית מיוחדת באזורים לאורך קווי שביתת הנשק, של מדינה מוקפת אויבים המקיימים נגדה מצב מלחמה."

יישום דברי מנחם בגין

המדינה חייבת להגן על הזכויות הבסיסיות של כל אדם, והן: **חיים, חירות ובקשת אושר.** זכויות אלה, שהן זכויותיו הטבעיות של כל אדם שנברא בצלם אלוהים, אינן ניתנות להפקעה או לפגיעה על ידי שום מוסד וגם לא על ידי המדינה.

היעדר הפרדת הרשויות בישראל חמור ביותר ויש לתקן זאת בהקדם. צר לי שמנחם בגין לא הצליח, או לא הספיק, לשנות את מצבנו העגום בנושא. אני מציין פרט זה מתוך הוקרתי את יושרו ואת אמונתו בעצמאות מערכת המשפט.

אין מקום לכפייה דתית ולא לכפייה חילונית. **איש באמונתו יחיה.** מנחם בגין חזה את האפשרות שיהודי רוסיה יעלו למולדת, ודרש מהרבנים לגלות גמישות ולקבלם לחיקנו כיהודים ולא להכביד עליהם בהליכי גיור, אך דרישה מוסרית וצודקת זו נמוגה מול האינטרסים הקואליציוניים הצרים של כל המפלגות בעת הרכבת הממשלה. **היום חיים כאן 300 אלף יהודים, אזרחי המדינה, נאמניה ומשרתיה, שאינם יכולים להקים משפחה יהודית במולדתם כתוצאה מחקיקה דתית שלא תעלה על הדעת במדינה דמוקרטית!**

ולא נשכח את דברי בגין שציטטנו בפרק ג'. במשא ומתן עם ארצות ערב, ובמיוחד עם הפלסטינים, יש לשאוף לשלום ולריבונות ולא להצהרות על הכרה בזכותנו להתקיים כמדינת הלאום היהודי. **זכותו של העם היהודי עומדת לנו ארבעת אלפים שנה, והיא שרירה וקיימת לעד.**

שמעון פרס – האיש שביצר את ביטחון ישראל וחתר ללא לאות לשלום אזורי

למדתי משמעון פרס לתת משקל הולם להיסטוריה, ללמוד מלקחיה וגם להבחין בתנאים המשתנים לשם פריצת דרכים חדשות.

> "צריך אפוא, לדעת היסטוריה, כדי להפיק ממנה את הלקחים הנחוצים, אבל גם לדעת להתעלם מההיסטוריה כקובעת דימויים נצחיים, העלולים לשבש את היכולת לפרוץ דרכים חדשות."[51]

אסור לנו להתעלם מהאסונות שפקדו את עמנו במאה הראשונה והשנייה לספירה, אבל באותה המידה אסור לנו להתעלם מהשינויים הדמוגרפיים המתחוללים בארצנו ובאזורנו.

שמעון פרס הוא בעיניי האיש שתרם לביטחונה של מדינת ישראל יותר מכל אחד אחר. הוא אשר יזם והקים את התעשייה האווירית הישראלית המפוארת והביא להקמת הכור למחקר גרעיני בדימונה, אך יחד עם ביצור ביטחונה חתר ללא לאות להשגת שלום עם שכנינו. במקום להרבות במילים אצטט מדבריו.

---

51 שמעון פרס, "המזרח התיכון החדש", הוצאת סטימצקי, 1993, עמ' 12-13.

"אחרי מלחמת השחרור הוטל עלי תפקיד כבד. ישראל נשארה עם
אויבים, אבל נותרה בלי נשק. הקדשנו, חברי לעבודה ואני, מאמצים
להשגת הנשק הדרוש להגנתנו. בעוד אנו שקועים במאמץ זה עלתה
בדעתי תפיסה חדשה: ישראל צריכה לבנות לעצמה כושר הרתעה,
משום שכושר הרתעה אסטרטגי עשוי למזער ולהדוף את רצון המלחמה,
וכך לסלול את הדרך לשלום. מורי ורבי, דוד בן-גוריון, אישר ואפשר
לבצע רעיון זה. בנינו כור גרעיני בלב המדבר, בדימונה, לא הרחק
מבאר שבע. דימונה יצרה 'ערפל מרתיע', ערפל שאינו מזיק (ישראל
הודיעה, לפי הצעתי, שלא נהיה ראשונים להכניס נשק גרעיני למזרח
התיכון), אבל ערפל המעורר בלב רבים געגועים להגיע למזרח תיכון
בלא נשק גרעיני, ובעצם – מזרח תיכון בלי מלחמות.

"חלפו למעלה משלושים שנה מאז השלמת המפעל בדימונה ועד
שיכולתי להרים את התרומה השנייה, המכרעת, התרומה לשלום עם
הפלסטינים... תקופה ארוכה חלפה מימי דימונה עד ימי אוסלו, מישראל
שיש לה ערפל של הרתעה לישראל שיש לה שחר של שלום. אך הנה
החלום מתגשם, הנה החזון נהפך למציאות."[52]

אני כותב שורות אלה בפברואר 2015, עשרים ושתיים שנה לאחר כתיבת דברי
שמעון פרס בספרו. לצערי, תקוותיו הטובות של שמעון פרס לא התקיימו.
יש המתייאשים מדרך ההרתעה והשלום ובוחרים בדרך של המשך כיבוש
העם הפלסטיני תוך השתלטות על קרקעות שנכבשו בשנת 1967 והקמת
התנחלויות, מעשה הנוגד את החוק הבינלאומי. כל זה קורה בשעה שקרקעות
מדינת ישראל, באזורים רחבים ורצופים בתוך גבולות מדינת ישראל, עוברים
להתנחלות ערבית. מצב זה הוא תוצאה של היעדר תוכניות פיתוח ההולמות
את צרכיהם של אזרחי מדינת ישראל, ערבים ויהודים כאחת.

אני מציף נושאים אלה כדי לדון בדרך למימוש שאיפותיו של שמעון פרס
לשלום ולא כדי לסגת מהן. **אני דבק וחדור באמונה שאם נרצה שלום, נביא**

52   "המזרח התיכון החדש", עמ' 13.

שלום! הכמיהה לשלום אינה באה מעייפות ומייאוש: זו תוצאה ישירה של צורך חיוני להמשך קיומם של מדינת ישראל כמדינה בין המדינות ושל העם היהודי כעם בין העמים. כדי לסכם את משמעות דבריו של שמעון פרס, אצטט אותם:

"רבים מידידיי, ורבים עוד יותר מיריביי, שואלים אותי כיצד נדדתי מהתמסרות לביטחון ישראל (קרוב לעשרים שנה שירתתי בתפקידי ביטחון שונים – מנכ"ל משרד הביטחון, שר הביטחון, ובסופו של דבר גם כראש ממשלה) להתמסרות כה מודגשת לתהליך השלום. אינני רואה צורך להתנצל על כך, אבל הסבר דרוש. לפי מיטב הכרתי לא אני הוא הנודד מתפיסת הביטחון הלאומי הקלאסית, הנשענת בעיקר על צבאות ומערכות נשק, לתפיסת הביטחון החדשה, החייבת להישען על הסכמים מדיניים ולכלול במושג הביטחון הלאומי גם מרכיב של ביטחון בינלאומי ומרכיב כלכלי. העולם הוא שהשתנה, ותהליך השינוי ההיסטורי מחייב להתאים את התפיסות והמושגים הישנים למציאות החדשה."[53]

עיקרי הציונות כיום – כיווני פעולה

על מנת להבהיר את דעתי ביחס לכיווני הפעולה של התנועה הציונית, מחובתי להגדיר כמה מושגים:[54]

לאום – קבוצת אנשים בעלי מקור אתני ועבר היסטורי משותף.

אומה – החברה הגדולה ביותר של אנשים המאוחדים בתרבות אחת, על פי רוב קשורים קשר לשוני, היסטורי ואתני, חולקים ארץ עיקרית אחת ויושבים בה.

עם (גוי) – קבוצת אנשים ממוצא אתני משותף, שלהם ארץ היסטורית משותפת, תרבות ולשון אחת ותקווה לעתיד משותף.

דת – אמונה באלוהים והמצוות הקשורות באותה דת.

53 "המזרח התיכון החדש", עמ' 37.
54 מילון ספיר אנציקלופדי, הוצאת הד ארצי ואיתאב, 1998.

לאום דתי – קבוצת אנשים בעלי מקור אתני ועבר היסטורי משותף ובעלי דת משותפת.

אני בוחר, לאור ההגדרות, לכנות את היהודים במונח **"לאום דתי"** ומבסס את השקפתי הציונית על דבריו של פרופסור אליעזר שביד:

"אם המפעל הציוני לא נשלם, ואם השלמת המפעל היא עדיין צורך הצלתו של עם ישראל מהתבוללות, מדיכוי ומאפליה – כיצד יש להגדיר את מטרתו עכשיו? מה הם היעדים של היום? כיצד יש לחתור להשגתם? בשנים הראשונות אחרי הקמת המדינה רווחה ההשקפה שמדינת ישראל צריכה לרשת את התנועה הציונית. כלומר, גם אם יש מה לפעול לביסוס המדינה – תיטיב המדינה לעשות זאת בכליה רבי העוצמה מן התנועה הציונית. במובן מסוים היה פירושה של ההשקפה הזאת שהציונות אמנם התגשמה עם הקמת המדינה, ומעתה נוצרה בינה לבין יהדות התפוצות מסכת יחסים הדדית שלא על בסיס ציוני. אולם אחרי מלחמת ששת הימים, וביתר שאת אחרי מלחמת יום הכיפורים – התגברה השקפה אחרת: המדינה אינה יכולה לרשת את התנועה הציונית. השלמת התשתית לא תיתכן בלי תנועה ציונית חיה, פעילה, המחנכת בארץ ישראל להגשמה אישית של יעדים חשובים, חברתיים ותרבותיים... אחת היא ההכרה המפעמת: הציונות נמצאת עדיין בעצם תהליך הגשמתה, שעוד ארוכה הדרך לפניה, והיא תובעת מאמץ רב – אישי ותנועתי."[55]

היות שהציונות לא גמרה את תפקידה עם הקמתה של מדינת ישראל, עליה להמשיך לפעול מתוך מחויבות ואחריות כלפי:[56] **הלאום הדתי היהודי** בארץ ובעולם תוך כדי מתן מעמד לכל זרמי היהדות; **מדינת ישראל** כמדינה יהודית דמוקרטית ושוויונית לכל אזרחיה, ללא הבדל לאום, דת, גזע ומין; **חברה ערכית ותרבותית**

---

55   אליעזר שביד, "החלום והגשמתו", הוצאת קצין חינוך ראשי, 1979, עמ' 16-17.

56   הדברים מבוססים, בחלקם, על מסמך שהכינה ועדה אידיאולוגית של המועצה הציונית לישראל בראשותו של ד"ר ישעיהו תדמור בשנת 2000. את הוועדה הקים מר אורי גורדון ז"ל, שהיה נשיא המועצה הציונית בישראל.

במדינת ישראל להעלאת רמת המוסר האישי והחברתי לאור חזונם של נביאי ישראל וליצירת תרבות יהודית וישראלית מקורית; **ארץ ישראל** אמונה נחושה בצדקת הרעיון הציוני ובהגשמתו בארץ ישראל, הארץ המובטחת שהיא ארץ רבת גבולות, ונכונות לחלוקת הארץ בין הלאום הדתי היהודי לעם הפלסטיני לשם שמירת רוב יהודי במדינת ישראל.

במה תתבטא אחריות התנועה הציונית כלפי הלאום הדתי היהודי?

בשאיפה בלתי פוסקת להפיכתו של הלאום הדתי היהודי לעם מתוך אחריות ליהודים בארץ ובפזורה ומתוך מטרה להביא לקיבוץ גלויות בארץ ישראל; ערבות משותפת ואחריות הדדית ביחסי מדינת ישראל ויהדות הפזורה; עידוד החינוך היהודי והציוני בישראל ובפזורה לשם מניעת התבוללות ולשם קירוב לבבות בין כל העדות והזרמים ביהדות; ביסוסה של השפה העברית כשפת הלאום היהודי, יצירת תרבות יהודית היונקת משורשיה הדתיים ועידוד יהודי הפזורה שילמדו את השפה העברית ואת התרבות העברית.

במה תתבטא אחריות התנועה הציונית כלפי מדינת ישראל?

בעמידה איתנה ומתמדת על היות מדינת ישראל מדינת כל הלאום הדתי היהודי תוך שמירת רוב יהודי המקיים משטר דמוקרטי שוויוני לכל אזרחיה, שיקבלו ביטוי בחוקה שתובא לאישור הכנסת; במאמץ בלתי נלאה להשגת שלום עם הפלסטינים ועם ארצות ערב מתוך נכונות לפשרות טריטוריאליות בתנאי שיושג שלום מלא ויציב עם כל ארצות ערב; בביצור תמידי של ריבונותה של מדינת ישראל, עצמאותה, עוצמתה הצבאית והכלכלית, ביטחונה וביטחון כלל אזרחיה.

כמו כן, ירושלים תהיה בירת הנצח של מדינת ישראל ושל הלאום היהודי, מוקד געגועיו, מחוז חלומותיו וערש תפילותיו, ולכן נפעל תמיד לחיזוקה של ירושלים העברית כבירתה הנצחית של מדינת ישראל ולטיפוחה כמרכז של מדע, משפט, תרבות, אמנות ותורה. עם זאת, נאפשר פיקוח בינלאומי על המקומות הקדושים לנצרות, לאסלאם וליהדות יחד עם הבטחת הבעלות לכל דת על המקומות הקדושים לה ועל הנכסים שברשותה. נוסף על כך, ניתן חופש גישה למקומות הקדושים וחופש פולחן דתי לבני שלוש הדתות המונותאיסטיות.

במה תתבטא אחריות התנועה הציונית לקיומה של חברה ערכית ותרבותית?

בחתירה מתמדת להקמתה של חברת מופת במדינת ישראל, שתשמש מקור לגאווה ליהדות הפזורה והשראה לאומות העולם; פיתוחה של תרבות יהודית ישראלית השואבת ממורשת היהדות ומדברי נביאי ישראל; בניית חברה המושתתת על שוויון הזדמנויות לכל אזרחיה ועל צדק חברתי; טיפוח סובלנות, הידברות והשתלבות של כל אזרחי המדינה בחיי הכלכלה, בפיתוח וביצירה התרבותית. מימוש הסובלנות צריך לקבל ביטוי גם בייצוגם היחסי והאיכותי ההולם של כל אזרחיה במוסדות המדינה ובמוסדות האקדמיים שלה.

כמו כן, צמצום הפער בהכנסות, עזרה לחלשים וקידומם החברתי, כלכלי, השכלתי ותרבותי; השתתפות פעילה ומובילה ביצירתם ובמימושם של ערכי תרבות אוניברסליים, ובמיוחד של ערכים הומניים ברוח נביאי ישראל; דבקות בזכות כל אזרח לחופש, לקניין ולאושר תוך שמירת שוויון חובותיו וזכויותיו; מימוש מלא של שוויון האישה בחברה ואיסור בחוק על כל אזרחי ישראל לקיים ביגמיה ופוליגמיה.

יחסי מדינת ישראל עם יהדות הפזורה

מתוך כ-14.2 מיליון יהודים שחיים בעולם בשנת 2013, כ-6.1 מיליון יהודים חיים במדינת ישראל.[57] כלומר רק כ-43 אחוז מהיהודים בעולם חיים במדינת ישראל, אך **בישראל גרה הקהילה היהודית הגדולה ביותר בעולם, ולכן זו חובתנו לשמור על אחדותו הלאומית-דתית של עם ישראל**.

מתוך כ-8.1 מיליון יהודים החיים בפזורה, כ-5.7 מיליון חיים בארצות הברית, 475 אלף חיים בצרפת, 385 אלף בקנדה, 290 אלף באנגליה, 186 אלף ברוסיה והיתר בארגנטינה, בברזיל, באוסטרליה ועוד. מאפיין נוסף של האוכלוסייה היהודית בפזורה הוא התגוררותה בערים הגדולות. בניו יורק גרים כ-1.9 מיליון יהודים, בלוס אנג'לס יותר מחצי מיליון, במיאמי כחצי מיליון, בפריז כ-300 אלף, בלונדון כ-200 אלף, במוסקבה כ-150 אלף וכו'.

---

57 שנתון מס' 65 של הלשכה המרכזית לסטטיסטיקה, שנת 2014, טבלה 2.11.

יש חשיבות לקשר בין מדינת ישראל לבני הלאום היהודי בפזורה. הימצאותן של קהילות יהודיות גדולות בכמה ערים בעולם מאפשר את הידוק הקשר.

מרבית היהודים בעולם אינם אורתודוקסים. ממשלות ישראל שוגות בכך שהן מאפשרות חקיקה דתית אורתודוקסית בנושאי אישות. דבר זה מקשה על עליית יהדות הפזורה לישראל. כיום חיים בישראל 300 אלף יהודים שאינם מוכרים כיהודים! רובם עלו מחבר העמים והם אזרחיה הנאמנים של מדינת ישראל.

ממשלות ישראל כנועות ליהדות החרדית האורתודוקסית וגורמות, אט-אט, **לניכור בין יהדות הפזורה לבין העם היהודי החי בישראל, ובשל כך גם גוברת התבוללות היהודים בפזורה.** רק חוקה תביא להפרדה בין החקיקה הממלכתית לחקיקה הדתית, כפי שדרש בנימין זאב הרצל בספרו "מדינת היהודים". מתן יחס שווה לכל הזרמים ביהדות יגרום להתקרבותה של יהדות הפזורה לישראל ולהתקרבות ישראל ליהדות הפזורה. מחובתנו להפנים שיהדות הפזורה היא בעלת הברית הנאמנה והיציבה ביותר למדינת ישראל. דבר נוסף: **העלייה היהודית לישראל חיונית להמשך קיומה של מדינת ישראל כמדינת העם היהודי**, והקשיים להקים משפחה בישראל מרתיעים רבים מלעלות לישראל.

סיכום הפרק

המסקנות המתבקשות מכל האמור בפרק זה מסתכמות בחמישה סעיפים:

1. כל עוד חיים יהודים בפזורה, הציונות לא גמרה את תפקידה.
2. על הציונות לחנך לערכים המשותפים ליהודים במדינת ישראל וליהודים בפזורה.
3. יש לגבש את יהדות הפזורה לסיוע למדינת ישראל בכל מבחן שהיא עומדת בו.
4. שמירה על ערכי הדמוקרטיה ועל המעמד השווה לכל אזרחי מדינת ישראל – יהיו לאומיותם, דתם ומינם אשר יהיו.
5. הציונות שואפת להגיע לשלום עם הפלסטינים ועם הארצות הערביות והמוסלמיות.

פרק ט

בחינת מצבה של מדינת ישראל בשנת ה-67 להקמתה

את עוצמתה של מדינה אומדים על ידי בחינת חמישה מרכיבים עיקריים:

1. **עוצמה צבאית** – עוצמה צבאית היא יחסית לעוצמתם הצבאית של האויבים הפוטנציאליים המאיימים על קיום המדינה או על שלמותה. המונח "עוצמה צבאית" מכיל את המרכיבים הבאים: כמות הכוח הצבאי; קיום מערכת מודיעין מסועפת ואמינה המסוגלת לתת מידע אמין לשם הרכבת תמונת מצב של האויב ומתן התרעה מבעוד מועד על כוונותיהם וצעדיהם של האויבים; איכות הצבא: מורל, ציוד, אימון הלוחמים ואמון כוחות הפיקוד הצבאי בצדקת הדרך שקבעו המדינאים; קביעת יעדים ברורים הניתנים להשגה לשם סיום מוצלח של המבצע או המלחמה ולשם מעבר לתהליכים מדיניים לקראת רגיעה ושלום.

2. **מעמד מדיני וברית הגנה עם מעצמות** – היכולת לגייס תמיכה פוליטית, כלכלית וצבאית ממדינות וממעצמות תסייע בעת משבר פוליטי ובעת מלחמה.

3. **כושר כלכלי** – חיוני לתחזוקתו של צבא בעל עוצמה לשם ניהולה של מלחמה בחזית והעברת שדה הקרב אל שטחי האויב תוך כדי הגנה על העורף.

4. **חוסן לאומי** – בא לידי ביטוי בהזדהות מרבית האזרחים עם היעדים והמטרות שהממשלה הנבחרת מציבה לפניהם ובנכונות האזרחים להתמודד, להיאבק

ולהקריב לשם השגת היעדים והמטרות האלה. כמו כן, חיוני לקיים מערכת חינוך לאומית וממלכתית ולהקנות השכלה מודרנית לכל בעלי הפוטנציאל מבחינה אקדמית וטכנולוגית. היות שרבים מבני הלאום היהודי נמצאים בפזורה, חשוב שרובם יזדהו עם מדינת ישראל ויסייעו לה פוליטית וכלכלית.

5. **חוסן חברתי** – בא לידי ביטוי בתחושת שותפות הגורל של כל אזרחיה לאור חוקה המקובלת על רוב אזרחיה. חוקה זו צריכה להבטיח שוויון זכויות וחובות של כל אזרחיה ולצמצם את הפער בשכר ובהכנסות הקיים היום בישראל. כלומר צמצום שיעור העניים בחברה ושמירת אוצרות הטבע בידי המדינה יחד עם שיתוף יזמים ומשקיעים פרטיים לפיתוחם.

בחינת מצבה של מדינת ישראל לאור חמשת המרכיבים לעיל מעוררת דאגה רבה בלב כל החפץ בקיום המדינה כמדינה יהודית, ממלכתית, ציונית ודמוקרטית. הערכתי למצבה של מדינת ישראל היום מבוססת על בחינה כמותית ואיכותית, כמפורט בהמשך הספר.

עלינו לזכור: **השלום הוא מטרתה של כל מלחמה, והניצחון הוא האמצעי להשגת שלום בתנאים הרצויים לנו. תבוסת האויב בלבד אינה מבטיחה את השלום.**[58]

עוצמתה הצבאית של מדינת ישראל והשינויים המוצעים

העם היהודי, לאורך כל ההיסטוריה שלו, נאבק לשרוד, אם כממלכה ואם כלאום דתי. זהו גם מאבקה של מדינת ישראל היום: לשרוד. מאבק השרידות, הנמשך אלפי שנים, הוכתר בהצלחה מבחינה לאומית ודתית. לראיה: אימפריות שעשקו אותנו נעלמו מעל בימת ההיסטוריה ואילו בני הלאום הדתי היהודי חיים! בשני הדורות האחרונים אנו מצליחים להתקיים כמדינה, אך המשך קיומה לדורות מותנה בחוכמתנו ובמעשינו להשיג שלום עם עמי ערב ובתנאי שנזכה להכרתן של המעצמות.

קרל פון קלאוזביץ אמר כי המושג "ניצחון" מכיל שלושה מרכיבים: אובדן גדול יותר של האויב בכוח פיזי; אובדן גדול יותר של האויב בכוח נפשי; הודאתו הגלויה

58 יהודה ואלך, "תורות צבאיות", הוצאת מערכות, 1977, עמ' 37, הערה 10.

של האויב בהפסדו, המתבטאת בנטישת כוונותיו.[59] הניסיון ההיסטורי מלמד שניצחון בר קיימא מושג רק אם מתקיימים שלושת המרכיבים הבאים: שבירת כוחו הצבאי של האויב; כיבוש ארצו; החנקת רצון עמו להתקומם נגד המנצח.

על פי ההגדרות האלה אין למדינת ישראל כל סיכוי לנצח את מדינות ערב. נוסף על כך, למדינת ישראל אין כל סיכוי להתחרות בכמות הכוחות של האויבים הפוטנציאליים. עם זאת, מבחינה איכותית וטכנולוגית מסוגל צה"ל להביס כל תוקף. כדי שמדינת ישראל תשרוד, עליה לסיים כל התמודדות צבאית הנכפית עלינו בשבירת כוחו של התוקף ובהעברת המערכה הצבאית לשטחו. מאבק כזה צריך להסתיים במהירות תוך השגת הסכם פוליטי לרגיעה ורצוי בהסכם שלום. שמירת עליונותה האיכותית והטכנולוגית של מערכת הביטחון משמשת אמצעי הרתעה חיוני למניעת מלחמה.

המדינות העוינות את ישראל וארגוני הטרור, ובראשם חיזבאללה וחמאס, מודעים ליכולתו הצבאית של צה"ל, ולכן בחרו לפתח יכולות לפגיעה באוכלוסייה האזרחית ובמתקני התשתית של מדינת ישראל. הדרך הנוחה לפגוע בעורף הישראלי היא באמצעות טילי קרקע-קרקע. שימוש במספר רב של טילים יקשה על קיום מערך הגנה נגד טילים וזאת משתי סיבות עיקריות: העלות הגבוהה של טילים נגד טילים בהשוואה לעלותו הנמוכה של טיל קרקע-קרקע; שיגור בו-זמני של מספר רב של טילים מגדיל את הסיכוי שחלק מהטילים ישיגו את מטרתם ויגרמו נזק כבד בנפש וברכוש.

הרתעה היא הדרך הנאותה להתמודד עם איום טילי קרקע-קרקע. הרתעה זו כרוכה בידיעה ברורה של האויב כי הוא עשוי לחטוף פגיעה חמורה שבעתיים בעורף האזרחי שלו. פגיעה כזו מחייבת את מדינת ישראל לפגוע קשות בעורף האויב כאופציה מידית. לקח זה נלמד ממלחמת לבנון הראשונה: ביולי 2006 הופצץ רובע הדאחייה בביירות בעקבות רצח שני חיילי מילואים על ידי החיזבאללה. לפני שעושים זאת יש להכין את דעת הקהל העולמית שנקיטת צעד זה היא הכרחית, גם אם היא תביא לפגיעה באזרחים. לא ייתכן שאזרחי מדינת ישראל יהיו חשופים לפגיעה ואזרחי המדינה התוקפת יקבלו הגנה בינלאומית.

---

59 רוג'ר אשלי לאונרד, "על המלחמה – מדריך קצר לקלאוזביץ", הוצאת מערכות, 1977, עמ' 136.

הרתעה כוללת גם את הידיעה שכוח ההשמדה של טיל קרקע-קרקע ישראלי (או אמצעי פגיעה אחר – ויש כאלה!) עולה כמה מונים על טיל אויב. חשוב גם להמציא ולנצל טכנולוגיות חדשניות להעלאת דיוק הפגיעה ועוצמתה.

מערכת המודיעין הישראלית היא אמנם באיכות טובה מאוד, אך עלולה להיתפס לקונספציות שגויות, כפי שקרה במלחמת יום הכיפורים. הפגם הארגוני של מערכת המודיעין טמון בהיעדרו של גורם מקצועי ומדיני העושה אינטגרציה שוטפת של המידע הנאסף והמוערך על ידי גורמי המודיעין השונים (המוסד, השב"כ והמודיעין הצבאי ושילובם בהערכה מדינית). בממשלה השלושים ושתיים מונה השר יובל שטייניץ לשר המודיעין, וזהו צעד בכיוון הנכון, אך תפקודו מחייב ליווי בחקיקה מתאימה ויצירת מסגרות בעלות רמה גבוהה, המסוגלות לנתח את המידע הנאגר, יחד עם שמירת הסודיות הנחוצה.

צה"ל מועסק יתר על המידה בביטחון שוטף בגלל מעורבותו בשליטה על אוכלוסייה כבושה ועוינת. דבר זה פוגע במוטיבציה של החיילים לשרת, גוזל תקציבים רבים ולא מאפשר לצה"ל להתכונן כיאות לתרחישי המלחמה החזויים. דרושים שידוד מערכות וארגון מחדש.

יש להטיל את משימות הביטחון השוטף ואת השמירה על גבולות המדינה מפני חדירת גורמים עוינים על משטרת ישראל (משמר הגבול) ולצייד אותם באמצעים חזותיים מהיבשה ומהחלל. לשם איסוף המידע ניתן להפעיל גם נשים, חלקן כחלק משירות החובה.

יש לאחד את שירותי המודיעין על ידי הקמת מפקדת על שתאגד את המוסד, השב"כ והמודיעין הצבאי תחת גורם מדיני. מפקדת העל תעסוק בהערכת המידע המודיעיני ובשליטה על אוכלוסייה עוינת. תוקמנה יחידות מקצועיות ללחימה בטרור, תוך צירוף יחידות קיימות (לדוגמה, הימ"מ) שתוכפפנה למפקדת שירותי המודיעין והביטחון השוטף.

צה"ל יעסוק באימון הכוח הלוחם ובהכנתו לתרחישי המלחמה החזויים. שחרור צה"ל ממטלות הביטחון השוטף וממגעיו עם אוכלוסייה אזרחית עוינת יביא להגדלת המוטיבציה לגיוס חובה ויעלה את שיעור הגיוס לצה"ל. אני מעריך ששינוי זה גם ישפר את תדמית צה"ל והמדינה בעיני אומות העולם.

מעמדה המדיני של מדינת ישראל וברית הגנה עם מעצמות

כיום מרבית מדינות העולם אינן תומכות פוליטית במדינת ישראל. המדינה היחידה העומדת לימיננו כבר עשרות שנים היא ארצות הברית. תמיכה זו מתורגמת לסיוע כלכלי משמעותי (כשלושה מיליארד דולר בשנה), המופנה בעיקר לצבא ולפיתוח אמצעי לחימה. אין למדינת ישראל ברית צבאית עם שום מדינה, למרות קיום תמרונים משותפים עם צבא ארצות הברית ועם חילות האוויר והים של ארצות מסוימות באגן הים התיכון (תורכיה בעבר ויוון היום).

השלום עם מצרים, הגדולה בארצות ערב, ועם ירדן, שעמה יש לנו הגבול הארוך ביותר, הוא הישג של ממש למדיניותה של ישראל. אין ספק שהמדיניות שניהלו מנחם בגין, יצחק רבין ושמעון פרס דרשה ויתורים כואבים מצד מדינת ישראל. הויתורים האלה הוכיחו את כדאיותם בכך שגבולותינו עם שתי המדינות הערביות הם גבולות רגועים ואנו אף זוכים לשיתוף פעולה ביטחוני לא מבוטל.

אכן השלום עם שתי המדינות הוא "שלום קר", שאינו מתורגם ליחסים כלכליים, תרבותיים ופוליטיים, אך הוא משמש בסיס לפיתוח יחסים כאלה בעתיד. הסיבה העיקרית לאי פיתוח היחסים הללו היום הוא היעדר הסכם לדו קיום ושלום עם הרשות הפלסטינית לשם הקמת מדינה פלסטינית.

המצב האזורי שברירי כתוצאה מפעילות טרוריסטית של אירן השיעית, הנשלטת על ידי אייתוללות קנאים ואכזריים, ושל ארגוני טרור אסלאמיים קיצוניים ורצחניים, הרוצים לחסל מדינות ערביות קיימות. מצב זה מחייב ערנות והיערכות מודיעינית וצבאית שונה מאלה אשר הורגלנו להם עד כה. סכנה נוספת מאירן היא קיומם של נשק אטומי וטילים בליסטיים ארוכי טווח. הדבר מסכן לא רק את אזורנו אלא את העולם כולו.

מעורבותם המסוכנת של ארגונים אסלאמיים פנטיים באזורנו משתקפת בלחימה בסוריה ובעירק וברצח של עשרות אלפים חפים מפשע. הם שואפים להרחיב את המהפכה האסלאמית לעבר לבנון וירדן, וישראל היא הבאה בתור. הם גם

מתסיסים את האוכלוסייה נגד השלטונות בחלק מהארצות הערביות, במצרים ובעיקר בסעודיה, וכן ברשות הפלסטינית.

לצערי, ישראל אינה מנצלת במידה נאותה את המצב השברירי שנוצר. אחד הצעדים האפשריים הוא: **בחינה אוהדת של היוזמה הסעודית לשלום בין ישראל לארצות ערב והפלסטינים.** הממשלה בנויה, ברובה, ממפלגות "נציות" וגורמת לבידודה של מדינת ישראל. היא אינה יוזמת הידברות ואינה מקדמת את תהליך השלום עם הפלסטינים ועם יתר המדינות הערביות, ומעודדת התנחלויות ביהודה ושומרון בניגוד לחוק הבינלאומי.

לאור כל זאת, היה רצוי שמדיניות החוץ הישראלית תחתור להסכמים מדיניים עם מעצמות וברית הגנה עמן. ברית כזו היא חיונית לאור עוינות האסלאם הקיצוני ובראשו: אירן, חיזבאללה, חמאס ודעאש.

כושרה הכלכלי של מדינת ישראל

אפשר להגדיר את מצבה הכלכלי של מדינת ישראל כטוב, וזאת לא רק להפתעת העולם אלא גם להפתעת מרבית אזרחיה. אך מצב זה עלול להשתנות בעקבות הלחימות בעזה ובלבנון, המתרחשות אחת לכמה שנים, ובעקבות האטה בכלכלה העולמית.

חוסנה הלאומי של מדינת ישראל

בשנים האחרונות חלה ירידה משמעותית בחוסנה של מדינת ישראל. ירידה זו היא תוצאה של שקיעה מתמדת – השכלתית, חינוכית וערכית – במערכת החינוך הישראלית. מצב זה הוא תוצאה של הגורמים הבאים: היעדר אכיפת הלימוד של מקצועות הליבה על מערכת החינוך החרדית; היעדר חינוך אזרחי לסובלנות והכרת הדתות המונותאיסטיות; היעדר חינוך ציוני, חברתי והומני (מערכת החינוך מעודדת דור אגוצנטרי וקרייריסטי); שכר מורים נמוך המונע פיתוח מורות ומורים בעלי מטען השכלתי ורוחני גבוה; רכישת השכלה אקדמית אינה זמינה לכל נפש כתוצאה משכר לימוד גבוה. חוסנה הלאומי של מדינת

ישראל, לטווח ארוך, מותנה בטיב ההוראה והחינוך. ללא שינוי במדיניות בנושאי חינוך, השכלה וערכים הומניים, עשוי החוסן הלאומי להתדרדר באופן חד בשנים הקרובות.

פגיעה נוספת בחוסן הלאומי היא תוצאה של מערכת שלטונית רעועה וממשלה המתחלפת כל שנתיים. יש חמש סיבות להיעדר המשילות ולאובדן חוסנה הלאומי של מדינת ישראל:

1. חוק הבחירות הכלליות, שאינו יוצר קשר בין הבוחרים לנבחרים.

2. אחוז החסימה הנמוך, שהוביל לריסוקן של המפלגות הציוניות הגדולות, מפא"י וחירות (לגלגוליהן), שבזכות האידיאולוגיה שלהן ופעילותן קמה מדינת ישראל. רשימות קטנות וזמניות נכנסו לכנסת הודות לאחוז החסימה הנמוך. להלן נתונים ביחס לאחוז החסימה שהיה נהוג במדינת ישראל: משנת 1949 עד 1988 – אחוז אחד; משנת 1992 עד 2003 – 1.5 אחוז; משנת 2005 עד 2013 – שני אחוזים; משנת 2014 – 3.25 אחוז. את המקומות ששתי המפלגות הציוניות הגדולות איבדו בכנסת תפסו קומץ מפלגות, רובן אופורטוניסטיות וזמניות, וחלקן אנטי ציוניות.

3. התנהגותם האגוצנטרית של מספר רב של פוליטיקאים והשחיתות שפשתה בכל רמות השלטון.

4. אופיו הפלגני של העם היהודי, המאפיין אותנו משחר ההיסטוריה ועד ימינו אלה (שנים-עשר שבטים; קורח ועדתו; מתייוונים, פרושים, צדוקים ואיסיים; חסידים ומתנגדים; אשכנזים וספרדים; מערבים ומזרחים; אורתודוקסים, קונסרבטיבים, רפורמים, חילונים ועוד).

5. היעדרה של חוקה המגדירה נורמות להתנהגות פוליטית ויוצרת שוויון הזדמנויות לכל האזרחים. השוויון מופר כתוצאה מהסכומים הגבוהים הדרושים להתמודדות פוליטית.

הסיבות לעיל הביאו לכך ששום מפלגה לא השיגה לבדה רוב בכנסת במרוצת שישים ושש שנה, ונזקקה לקואליציות לשם הרכבת ממשלה. דבר זה הביא לכהונתם של עשרים פרלמנטים ושלושים ושלוש ממשלות!

הירידה בחוסנה הלאומי של המדינה נובעת גם מקיומה של עוינות למדינה ולציונות מצדן של המפלגות החרדיות הקיצוניות, שהגבירו את כוחן בכנסת ומעת לעת גם בממשלה. לעוינות זו אפשר לצרף את המפלגות הערביות ונציגיהן בכנסת. המיעוט הערבי לא משולב בשירות הצבאי ובמוסדות המדינה.

קואליציה שבה מצהירה אחת המפלגות (הבית היהודי) בגלוי על אי הסכמה עם הצעדים שנוקט ראש הממשלה לשם השגת הסדר שלום (הקמת מדינה פלסטינית), מערערת את אמון האזרחים ברצונה הכן של הממשלה ביחס לשלום עם הפלסטינים.

הפגיעה בחוסנה החברתי של מדינת ישראל

חוסנה החברתי של מדינת ישראל נפגע כתוצאה מהגדלת הפער בין עניים לעשירים. שיעור העוני בשנת 2012 הציב את מדינת ישראל במקום השלושים וארבעה (האחרון) בין מדינות ה-OECD. שיעור העוני מקיף 20.9 אחוז מאוכלוסיית ישראל, ביניהם 905 אלף ילדים!

קיים פער בין נתוני דוח העוני המעודכנים של המוסד לביטוח לאומי לשנת 2014 לבין נתוני ארגון "לתת" המעודכנים לאותה שנה. על פי נתוני המוסד לביטוח לאומי חיים בישראל מיליון ו-600 אלף עניים, 750 אלף מהם ילדים, ועל פי ארגון "לתת" יש שני מיליון ו-500 אלף עניים, 932 אלף מהם ילדים. **שני הנתונים מצביעים על שיעור עוני גבוה היוצר שסע חברתי חמור!**

סיבה נוספת לפגיעה בחוסן החברתי היא היעדר חוקה המבטיחה שוויון זכויות וחובות של כל אזרחי המדינה. הדוגמה הבולטת להיעדר שוויון בנשיאה בנטל היא השירות הביטחוני. נושא השותפות בנטל צריך לקבל טיפול שורש. רק 50 אחוז מהגברים בגילים 40-18, החייבים בגיוס, משרתים בצה"ל. 25 אחוז מהנערים המתגייסים לצה"ל אינם מסיימים שירות מלא. 42.6 אחוז מהבנות החייבות גיוס אינן מתגייסות. 55 אלף נערים חרדים אינם משרתים בצה"ל ומוגדרים מטעמים קואליציוניים-פוליטיים כ"תורתם אומנותם". החוק בנושא זה אינו משתנה כתוצאה מאינטרסים קואליציוניים.

גם היעדרה של חוקה מקורו בניסיון בלתי נלאה למשוך מפלגות דתיות וחרדיות לקואליציה. **החרדים רוצים לאכוף את חוקי התורה כחוקתה של מדינת ישראל, ובכך אינם שונים מהתנועות הפונדמנטליסטיות האסלאמיות.** אין כל סיכוי לשנות את עמדת החרדים הקיצונים. הם לעולם לא יכירו בזכות קיומה של מדינת ישראל, ובוודאי לא יכבדו את חוקתה, גם אם תחוקק.

כיווני פעולה

לשם שמירת כוח ההרתעה והשרידות של מדינת ישראל, חובה עליה לפעול בכמה מישורים.

המישור הצבאי

יש להתמיד בפיתוח טכנולוגי ולהגביר את עוצמת האש המדויקת, בעלת הטווח הארוך, כדי להעביר את המלחמה, במקרה שנותקף, אל שטחי המדינה התוקפת. פגיעה אנושה בעורף האויב תביא להרתעה ולהגנה יעילה על העורף הישראלי, וכך נשרוד.

צריך לארגן מחדש את מערכת הביטחון ולהטיל את האחריות לסדר הציבורי ולפעילות הבקרה בגבולות המדינה על משטרת ישראל ומשמר הגבול. עם זאת, ראייה מקפת של המודיעין, מבחינה אופרטיבית ומדינית, תתרום טוב יותר לביטחון המדינה. יש להטיל על שירותי המודיעין את הביטחון באזורים שמתגוררת בהם אוכלוסייה עוינת ולתגבר את השירותים האלה ביחידות ללחימה בטרור (לרבות הטרור היהודי). ארגון מחדש של המערכת יאפשר לצה"ל להתמקד בהכנתו לתרחישי המלחמה החזויים.

יש לעודד את הצטרפותה של מדינת ישראל לברית הגנה עם ארצות ערב הממלכתיות ועם נאט"ו. כדי להשיג זאת יש לשאוף להשגת הסכם שלום אזורי עם הפלסטינים ועם מדינות ערב, גם אם נידרש לפשרות טריטוריאליות. צעד זה אפשרי היום יותר מאשר בעבר בעקבות התעצמותם של אירן השיעית ושל

הארגונים הרצחניים השיעיים והסוניים. הסכנה הנשקפת מצדם היא לא רק למדינת ישראל אלא גם לארצות ערב ולעולם כולו.

לכידות חברתית

כדי להביא ללכידות חברתית צריך לצמצם את פערי השכר במגזר הממלכתי ובחברות המגייסות הון מהציבור על ידי קביעת שכר מרבי שיהיה מכפלה של שכר המינימום במשק.

המשבר החברתי והלאומי מחייב חוקה שבה יוגדרו זכויותיהם וחובותיהם של כל האזרחים והתושבים וגם חובת המדינה ומוסדותיה למתן שירות נאות לכל אזרחיה ותושביה. תהא זאת הזדמנות **להשוות את החובות והזכויות** החלות על אזרחים ללא הבדל לאום, דת, גזע ומין. אחד הפתרונות להשוואת החובות הוא מתן אפשרות לאדם לבחור את השירות הממלכתי, שיכלול לא רק שירות צבאי אלא גם שירותי חירום והצלה, חינוך, בריאות ורווחה.

לאחר מכן, **יש לאפשר ויתור מרצון על אזרחות ישראלית** לאנשים המסרבים להכיר במדינת ישראל כמדינת העם היהודי. הוויתור על אזרחות ישראלית והפיכתו של אדם לתושב קבע, לא יפגעו בזכויותיו כאדם, בחופש תנועתו ובקניינו.

לשם מניעת התפוררותה הפנימית של מדינת ישראל דרושה פעילות נמרצת גם בנושאים הבאים: **צמצום מספר המפלגות** במדינת ישראל על ידי הגדלת אחוז החסימה ל-5 אחוזים; **הכרה בכל זרמי היהדות** ומניעת חקיקה דתית כלשהי על ידי כנסת ישראל **והבטחת קיום בכבוד לכל אזרח** שאינו יכול להשתלב במעגל העבודה בגלל מגבלה רפואית. הקיום צריך להקיף את חמש המ"מים של ז'בוטינסקי: מזון, מלבוש, מעון, מרפא ומחנך.

דורי, שעבר שואה וזכה לתקומה, **רואה בציונות את הפתרון היחיד להמשך קיומו של העם היהודי, ורואה בתורת המוסר של דת משה וישראל, שהטיפו לה נביאי ישראל, דרך התנהגות שנהלך לאורה.**

התופעות החמורות של המשבר החברתי מצביעות על חשרת הסופה העלולה להתחולל על עם ישראל במדינתו. מקורן: **אובדן האידיאולוגיה של המפלגות הציוניות;** היעדר חתירה מתמדת לשלום אזורי; **כניעתן של המפלגות הציוניות,**

מטעמים קואליציוניים, למפלגות החרדיות והלאומיות-משיחיות; שחיתות שפשתה בכל רובדי השלטון.

רבים מתנחמים בעובדה שהאשמים עומדים לדין, **אך אין די בכך**: **דרושה חוקה נאורה אשר תצמצם, ככל האפשר, את השתלבותם של חסרי ערכים ויושר במגזר הציבורי!**

בעניין השחיתות

תורת משה מזהירה מפני לקיחת שוחד, ככתוב בספר דברים: **"ולא תיקח שוחד כי השוחד יעוור עיני חכמים ויסלף דברי צדיקים" (טז יט).**

השחיתות פשתה בכל רובד חברתי: נשיא המדינה, ראש הממשלה, השרים, חברי הכנסת, ראשי הרשויות המקומיות, בכירי המשטרה, רבנים וראשי ישיבות, ראשי מוסדות פיננסיים ושופטים. מה קרה לדורות האחרונים של פוליטיקאים ואנשי ציבור? מה מניע אותם? האם זו תופעה אנושית שיחידים נכנעים לחולשותיהם – רדיפת כבוד, תאוות שלטון ורדיפת בצע – או יש פגם אחר הגורר רבים, ואולי אפילו טובים, ליפול בפח העבריינות, השוחד והשחיתות?

בבואי לתור אחר הגורמים שהכשילו כה רבים בתאוות השלטון, הבצע, השוחד ואובדן הערכים, אני נעזר בדברי חז"ל: **"לאו עכברא גנב אלא חורא גנב"** (בבלי, גיטין מה ע"א). ניתן להקשות על יצירת קשר בין אנשי הון לאנשי שלטון על ידי נקיטת הצעדים הבאים:

1. שינוי שיטת הבחירות כך שמחצית מחברי הכנסת ייבחרו בבחירות אזוריות והמחצית השנייה בבחירות כלליות יחסיות.
2. קיום פריימריז למועמדים האזוריים, ועדה מסדרת למועמדים ברשימה המפלגתית.
3. חברי כנסת וכל אדם בעל תפקיד ציבורי, שיוגדר בחוק, יפרסמו הצהרת הון שנתית ויגלו את האינטרסים הכלכליים שלהם.
4. שימוע פומבי לאנשי ציבור.

בהמשך אדון בארגונה הקלוקל של המערכת הפוליטית הישראלית, הגורמת לחלשי האופי לחטוא בשחיתות ובעבריינות פלילית.

בעניין הלאומנות

אנו, בני העם היהודי, ואני אישית, סבלנו מדיכוי גזעני על חטאנו היחיד: היותנו יהודים. **לא האמנתי שהגזענות המכוערת, שהעם היהודי סבל ממנה עשרות דורות, תדבק בחלק מאתנו במדינתנו העצמאית.**

אם כך אנו נוהגים במולדתנו, **כיצד נוכל לבקש שוויון זכויות לבני עמנו בפזורה?!** האם שכחו הלאומנים המשיחיים שיותר משבעה מיליון יהודים עדיין חיים בפזורה?!

כל אלה הקוראים לעצמם "יהודים לאומיים" ו"פטריוטים" מן הראוי שילמדו את תורת זאב ז'בוטינסקי ואת יחסו למיעוטים החיים בתוכנו. והרי ציטוט מדברי ז'בוטינסקי:

> "כותב שורות אלה אמור להיות שונאם של הערבים, אדם המבקש לדחוק אותם מארץ-ישראל וכו' וכו'. אין זו אמת. מבחינה רגשית – יחסי אל הערבים הוא ממש כיחסי אל שאר האומות: שוויון-נפש אדיב.

> "מבחינה מדינית – נקבע יחסי אליהם על-ידי שני עקרונות. ראשית, אני סבור בהחלט, כי לא ייתכן מלדחוק את הערבים מארץ ישראל: תמיד יישארו שם שני עמים. שנית, גאוותי על שנמנה אני עם אותה קבוצה, שבעבר חיברה את תכנית הלסינגפורס, תכנית של מתן זכויות לאומיות לכל בני-הלאומים המתגוררים באותה מדינה. בעת שנתחברה תכנית זאת, התכוונו לא ליהודים בלבד. אלא לכל העמים ובכל מקום: ויסודה של התכנית הוא שוויון זכויות.

> "הריני נכון להישבע, בשמנו ובשם נכדינו, כי לעולם לא ננסה לדחוק מישהו מארצנו. כפי שהקורא נוכח לדעת, הרי זה אני מאמין החדור שאיפה של שלום.

"אך שאלה אחרת היא, אם ניתן תמיד להשיג מטרה שוחרת שלום בדרכים של שלום. כי על כן התשובה לשאלה זאת תלויה לא ביחסינו אל הערבים, כי אם אך ורק ביחסם של הערבים אלינו ואל עניין הציונות."[60]

60 "בדרך למדינה", עמ' 253.

פרק י

יוזמה ישראלית לשלום אזורי – ניפגש באמצע הדרך

אני מאמין שאנחנו יכולים להיפגש באמצע הדרך: יהודים עם מוסלמים, ישראלים עם פלסטינים. אני בטוח שקיימים בקרב שני העמים רבים המאמינים באפשרות זו. אחד מהם, בקרב הפלסטינים, הוא המשורר מחמוד דרוויש, שכתב את השיר הקצר הבא:

> "אני או הוא",
>
> כך מתחילה המלחמה. אבל היא
>
> נגמרת בפגישה מביכה:
>
> "אני והוא". [61]

פרופסור סרי נוסייבה – פלסטיני, נשיא אוניברסיטת אל-קודס במזרח ירושלים, דמות בולטת בהנהגה הפלסטינית – כתב יחד עם מרק הלר, עמית מחקר בכיר במכון למחקרי ביטחון לאומי, את הספר "בלי תופים וחצוצרות", ושם נתן הצהרה אישית:

> "הייתי רוצה להוסיף עוד כמה מילים, לפני שאסיים את הערותיי האישיות. ראשית, אני מקווה שהמאמץ שהשקעתי בספר זה יהיה לתועלת לא רק לאנשי אקדמיה ולאינטלקטואלים, אם בכלל. אינני

---

61   מחמוד דרוויש, "מצב מצור", תרגם: מחמד חמזה ע'נאים, 2002, הוצאת אנדלוס, עמ' 62.

מציין זאת בכוונה להפחית מערכם של אינטלקטואלים ואנשי אקדמיה, אלא כדי להביע את שאיפתי היותר עמוקה: שהספר ישפיע לחיוב על המציאות הפוליטית באזור שאני חי בו. אני מעז לומר שלא הייתי משקיע את המאמץ הדרוש, לולא הייתה בי התקווה הזו. בשבילי אין זה תרגיל אקדמי, אלא שאלה קיומית מרכזית.

"שנית, אני יודע שספר זה יעורר מחלוקת גם בקרב הפלסטיניים וגם בקרב הישראליים. אם יש בי תקווה כלשהי בקשר זה, הרי שהרעיונות והפתרונות המוצעים יידונו במידת החסד האינטלקטואלית. על הקורא להביא בחשבון את העובדה, שהטקסט הזה משקף אינטרסים טהורים יותר משהוא משקף עניינים שיש להם נגיעה לצדק.

"שלישית, אני מכיר בכך שהספר איננו יכול להיות טיוטה אחרונה להסדר פרי משא ומתן בין ישראלים לפלסטינים. אף-על-פי-כן אני מקווה, שהבאתו לכלל גמר תשמש 'עדות חיה' לכך, שפלסטינים וישראלים יכולים לנהל משא ומתן כזה – על הפשרות הכואבות הכרוכות בו – עדיין תיתכן ידידות בין הנושאים והנותנים עצמם."[62]

פרופסור נוסייבה כותב בספר גם בעניין מקומה של המדינה הפלסטינית:

"מדינה עצמאית אין פירושו להיות מדינה בודדת באזור. מדינה פלסטינית עצמאית צריכה, ואינה יכולה להיות, ישות בלתי תלויה מבחינה כלכלית, או מדינה סגורה הרמטית. ואכן מדינות רבות, אם לא רובן, אינן בלתי תלויות כלכלית ואינן מסוגלות להיסמך על עצמן בלבד מבחינה חברתית ותרבותית. ההיפך הוא הנכון: פלסטין צריכה לשאוף להתערות בארצות השכנות לה ולחבור אליהן במפעל אזורי, שישאף לנצל בצורה הטובה ביותר את המשאבים הקיימים ואת הפוטנציאל הכלכלי. עצם קיומה של פלסטין צריך להיות גורם מייצב באזור, המקל על צמיחה ושגשוג כלכליים."[63]

---

62   סרי נוסייבה ומרק א' הלר, "בלי תופים וחצוצרות", תרגמה: דפנה עמית, הוצאת שוקן,
       1991, עמ' 43.

63   "בלי תופים וחצוצרות", עמ' 131.

מהניסיון שרכשנו מהסכמי השלום עם מצרים ועם הממלכה ההאשמית הירדנית, אנו למדים ששלום אין פירושו יחסים הדוקים בכל התחומים והיעדר מחלוקות, **אלא שחילוקי דעות, ואף סכסוכים, פותרים בדרכי הידברות ושלום** ולא בכוח הזרוע הצבאית או במעשי טרור.

הזכרתי בספר זה את ההסכם שחתמו עליו האמיר פייסל, כנציגם של עמי ערב, וד"ר חיים ויצמן, כנציג ההסתדרות הציונית. ההסכם יכול להוות מסגרת לפתיחת משא ומתן לשלום אזורי בין ארצות ערב לישראל. מי שיקרא את ההסכם המלא יוכל לשים לב לכמה עובדות:

1. המונח "עם פלסטיני" לא מופיע בו מאחר שהערבים בכללם, ותושביה הערבים של ארץ ישראל בפרט, ראו עצמם חלק מהמדינה הערבית הגדולה העתידה לקום או לפחות חלק מסוריה ומן "הסהר הפורה".

2. הערבים ראו בחיוב את פעילותה של התנועה הציונית והבינו את התועלת שתצמח למזרח התיכון כולו מעליית היהודים לארץ ישראל.

3. השאיפות האימפריאליות של בריטניה וצרפת גרמו לאי קיום ההבטחות הבריטיות שניתנו לשריף חוסיין, אבי המשפחה ההאשמית, ולא אפשרו הקמתה של מדינה ערבית גדולה, ובכך ניתן פתח לאמיר פייסל לצאת מההסכם שחתם עליו עם ד"ר חיים ויצמן.

4. האמיר פייסל, שהוכתר למלך עירק בשנות העשרים של המאה הקודמת לאחר שגורש על ידי הצרפתים מסוריה, שיגר, בעידוד בריטי, כוחות עירקיים ללחום במדינת ישראל כמה חודשים לפני הקמתה. הכוחות האלה החזיקו עמדות בצפון מערב השומרון אך הובסו על ידי צה"ל. למעשה, זו המדינה היחידה שעמה אין לנו עד עצם היום הזה הסכם הפסקת אש, למרות החלפות השלטון בעירק. בשנת 1958 נרצח המלך פייסל בעקבות מהפכה צבאית.

יוזמה ישראלית לוועידת שלום אזורית

המנהיג הישראלי הראשון שהעז להתמודד עם הקורבן הנדרש מעמנו להשגת שלום עם ארץ ערבית היה ראש הממשלה מנחם בגין. הוא התמודד עם שאלת

מחיר השלום תוך כדי ייסורים נפשיים קשים והתנגדות שבאה מקרב אנשי מפלגתו, שצעדו עמו עשרות שנים. אך בשעת מבחן השלום השאירוהו לנפשו. אומץ לבו, שעמד לו במלחמתו נגד האימפריה הבריטית, עמד גם במבחן השלום. בנאום שנשא ב-20 בנובמבר 1977, בעת ביקור אנואר סאדאת בכנסת, הוא טווה את מלאכת המשא ומתן שהייתה עתידה להיפתח בארצות הברית בקמפ דיוויד:

"הנשיא סאדאת יודע, וידע לפני בואו לירושלים, כי לנו יש עמדה שונה מזו שלו לגבי גבולות הקבע בינינו ובין שכנינו. אולם אני קורא לנשיא מצרים ולכל שכנינו: אל-נא תגידו – אין, לא יהיה, משא ומתן על דבר כלשהו. אני מציע על דעת הרוב המכריע של הפרלמנט הזה, שהכול יהיה נתון למשא ומתן. אחריות חמורה נוטל על עצמו מי שאומר: ביחסים בין העם הערבי או העמים הערביים בסביבה לבין מדינת ישראל יש דברים שצריך להוציא אותם ממשא ומתן. הכול ניתן למשא ומתן. שום צד לא יגיד ההפך. שום צד לא יגיש תנאים מוקדמים. בכבוד ננהל את המשא ומתן. אם יש בינינו חילוקי דעות, אין זה דבר יוצא דופן. מי שלמד את תולדותיהן של מלחמות ואת קורותיהם של חוזי שלום, יודע שכל משא ומתן על חוזה שלום החל מחילוקי דעות ותוך משא ומתן בין הצדדים הם הגיעו להסכם שאפשר את האקט של חתימת הסכם או חוזה שלום. בדרך הזאת אנחנו מציעים ללכת. ננהל את המשא ומתן כשווים עם שווים. אין מנוצחים ואין מנצחים. כל עמי האזור שווים וכולם יתייחסו איש אל רעהו בכבוד. וברוח של פתיחות, של נכונות להקשיב איש לרעהו, לעובדות, נימוקים והסברים, עם כל ניסיון השכנוע האנושי המקובל – הבה ננהל משא ומתן כפי שאני ביקשתי ומציע לפתוח בו, להמשיך בו, להמשיך בו בהתמדה עד אשר נגיע לשעת הרצון של חתימת חוזה שלום."[64]

---

64 "בגין", עמ' 140.

צר לי שממשלות הליכוד ומפלגת הליכוד נטשו את דרכו ומורשתו של בגין. הם מערימים קשיים על ניהול המשא ומתן ודורשים תנאים מוקדמים, וגם הפלסטינים נוהגים באותה הדרך, שאינה מובילה לשלום אלא להנצחת הסכסוך בן המאה ועשרים שנה.

האיש שהמשיך את דרך השלום שפרץ מנחם בגין היה ראש הממשלה יצחק רבין, איש מפלגת העבודה. בנאום לקראת הסכם השלום עם ירדן, שנשא בקונגרס האמריקאי ב-26 ביולי 1994 בנוכחות חוסיין מלך ירדן, אמר רבין דברים שצריכים להיות אבני יסוד בדרכנו להשגת שלום עם הפלסטינים:

"באתי מירושלים בשמם של נערים שהחלו חייהם בתקווה גדולה – ועכשיו הם שמות על מצבות אבן ועל לוחות הזיכרון, תמונות ישנות באלבום, בגדים מיותמים בארון. ומול ההורים שמשפחותיהם אומרות 'קדיש' מהדהדים באוזניי עוד מדבריו של מקליש בפי החיילים הצעירים שמתו...

הם אומרים:

'הנה ציווינו לכם את מיתותינו,

תנו להן את משמען...'

תנו למותם משמעות.

תנו לנו קץ למלחמה.

תנו לשלום אמת.

תנו לנו היום ניצחון הגומר מלחמות...

"גבירותיי ורבותיי, באנו היום מירושלים לוושינגטון כי אנחנו חייבים לומר – ובאנו לומר לכם – אנחנו חולמים שלום. אנחנו רוצים שלום...

אני מספר אישי שלוש-אפס-שבע-ארבע-שלוש, רב-אלוף במילואים, יצחק רבין, חייל צבא ההגנה לישראל וחייל בצבא השלום, אני שלחתי גייסות אל האש וחיילים אל מותם, אומר לך מלך ירדן, אומר לכם ידידים אמריקנים: אנו יוצאים היום למלחמה שאין בה הרוגים ופצועים

ולא דם ולא סבל, וזו מלחמה שתענוג להשתתף בה – המלחמה על השלום..."[65]

רבין עצמו ורבים מאתנו לא שיערו שהוא ישלם בחייו על כמיהתו לשלום. שנה ושבעים יום לאחר נאומו, ב-4 בנובמבר 1995, נרצח ראש הממשלה יצחק רבין בידי מתנקש יהודי לאומני-משיחי. לרצח קדמה הסתה פרועה, שבראשה עמדו אנשי ליכוד שפרסמו תמונות של רבין במדי אס-אס ותמונות נוספות שלו עם כפייה בנוסח יאסר ערפאת.

הממשלות שבאו לאחר רצח יצחק רבין – ובראשן עמדו חברי ליכוד, העבודה וקדימה – נעדרו את האומץ והנחישות של בגין ורבין להביא להסכם שלום עם הפלסטינים. **האם אנו, אזרחי ישראל שבחרנו בהם, לא נושאים באחריות להמשך מצב הלוחמה ולשפיכות הדמים?! אני חש אשמה, בין שבחרתי בהם ובין שלא בחרתי בהם. ואתה, הקורא, מה אתה חש?**

עלינו לחתור באומץ ובהתמדה לסיום הסכסוך עם הפלסטינים ולהשיג שלום לעמנו ולכל עמי האזור. שלום זה ניתן להשגה רק לאחר השגת הסכם בנושא הר הבית והמקומות הקדושים לאסלאם וליהדות. על מדינת ישראל ליזום כינוסה של ועידת שלום אזורית ואליה יוזמנו: מצרים, ירדן, סעודיה והרשות הפלסטינית.

הסיבות להזמנת המדינות האלה הן: **מצרים** – היא מנהיגת העולם הערבי, ועמה יש לישראל הסכם שלום; **ירדן** – יש לישראל הסכם שלום עמה, ובו נקבע בסעיף 9 כי לירדן מעמד מיוחד בהר הבית, והיא שהחזיקה בשטח שממערב לירדן לפני 1967; **סעודיה** – היא המרכז הדתי הסוני, ובה נמצא המסגד הקדוש הראשון במעלה למוסלמים הסונים והכעבה הקדושה למוסלמים; **הרשות הפלסטינית** – כנציגת הגדה המערבית ועזה. הוועידה תכונס בפורום ראשי המדינות במקום שיוסכם על חבריה, ורצוי במצרים, מנהיגת העולם הערבי.

65 "מפי מנהיגים", הוצאת המועצה להנצחת נשיאי וראשי ממשלת ישראל, עורכת: תמר ברוש, עמ' 166–170.

החלטות ראשונות

רצוי לנהל שיחות הכנה על מנת שכבר בכנס הפתיחה של הוועידה תצא הצהרה על הכרה הדדית בין מדינת ישראל למדינת פלסטין, חינוך הדור הצעיר לשלום, הפסקת פעולות האיבה ותיאום ביטחוני. נוסף על כך, תצא הצהרה על תמיכה ישראלית לקבלתה של פלסטין כחברה מהמניין בארגון האומות המאוחדות. מיד גם ייחתם הסכם שלום עם ערב הסעודית, שאין לה ניגוד אינטרסים עם מדינת ישראל.

כנס הפתיחה יסתיים בהקמת ועדות משנה שתעסוקנה בנושאים קונקרטיים: מעמדה של ירושלים; קביעת גבולות והחלפת שטחים; מעמד אזרחיה של מדינת ישראל שיתגוררו בפלסטין ומעמד אזרחי פלסטין שיתגוררו בישראל; כלכלה, מיסוי ופיתוח מפעלים משותפים; תחבורה יבשתית, ימית ואווירית; ניצול מושכל של אנרגיה וניצול מושכל של מים באמצעות מִחזור מים והתפלת מי ים; אקולוגיה, בריאות וטיפול משותף באסונות טבע; תקשורת קווית ואלחוטית; שיתוף פעולה מדעי, תרבותי וספורטיבי; פיצוי על רכוש העקורים הפלסטינים ופיצוי על רכוש היהודים שעקרו מארצות ערב.

הדיונים בכל ועדות המשנה יקוימו ללא תנאים מוקדמים וברציפות. הכלל היסודי שיעמוד לנגד עיני כל המשתתפים: **"לא שוברים את הכלים"**. לאחר שוועדת משנה תגיע להסכם, יובא ההסכם לאישור המוסדות בשתי המדינות וישמש נספח להסכם השלום שייחתם בין שתי המדינות.

רצוי לשתף את נציגי המעצמות כמשקיפים בדיוני ועדות המשנה ואף כמתווכים במקרה שיתעוררו נושאים העלולים להגיע למבוי סתום. רשימת המעצמות שישותפו צריכה להיות מקובלת על כל משתתפי ועידת השלום האזורי. המעצמות שתשתתפנה צריכות להיות מוכנות לסייע כלכלית ומדינית בגיבוש הפתרונות.

מליאת הוועידה תקבע את משך הזמן הדרוש להגיע להסכם לכל ועדת משנה. יש לסיים את כל הדיונים ולהגיע להסכם שלום בין מדינת ישראל למדינת פלסטין לא יאוחר מארבעים חודשים מפתיחת הוועידה האזורית.

פרק יא

הזדמנות גאו-פוליטית לשיתוף פעולה אזורי

העולם המוסלמי במזרח התיכון נמצא במשבר פנימי חריף. קיים מאבק דתי בין שיעים לסונים. בראש השיעים עומדת אירן, המעורבת בהתססה בסוריה ונותנת תמיכה צבאית מסיבית לתנועת החיזבאללה בלבנון, למורדים החות'ים בתימן, השולטת בכניסה לים סוף, במצר באב אל-מנדב, ולתנועת החמאס ברצועת עזה. אירן מפתחת נשק אטומי וטילים ארוכי טווח והיא עלולה להביא למרוץ חימוש גרעיני בכל האזור.

נוסף על כך פועלים בזירה סונים הרוצים להקים מדינת הלכה אסלאמית טוטליטרית רחבת ידיים, והם רוצים לחסל את המדינות הערביות הממלכתיות. תנועה זו מוצאת היום אחיזה בעירק, בלוב, בניגריה ובמצרים (בעיקר בחצי האי סיני) ומטיפה לרצח כל מי שאינו מזדהה עמם. כמו כן, תנועה זו מגייסת מוסלמים מכל רחבי תבל תוך ניצול החופש הניתן בעולם הנאור, מפעילה טרור רצחני באירופה ובארצות הברית, ומאיימת על כל המדינות בחצי האי ערב לרבות סעודיה, ירדן ונסיכויות המפרץ הפרסי.

מצב זה מביא לפגיעה כלכלית באזור כולו, הנמצא כבר היום בקשיי קיום ובעוני חמורים. העוני הוא המאיץ לכניסתן של תנועות פונדמנטליסטיות וטוטליטריות, שיעיות וסוניות כאחת. האיום על עצם קיומן של מדינות ערביות ממלכתיות ועצמאיות הוא מוחשי, במיוחד במצב הכלכלי הקשה שהן נתונות בו היום.

נשק גרעיני עלול ליפול לידי ארגונים אסלאמיים טוטליטריים. הם לא יהססו להשתמש בו ועלולים להביא לאסון עולמי, ולא רק אזורי.

ארצות הברית מנהלת מדיניות של "הסתגרות" ו"אי התערבות צבאית" בסכסוכים המאיימים על עתיד העולם הנאור, ולכן **רצוי לחפש דרך לשילובה הכלכלי, הפוליטי ואף הצבאי של סין בנעשה באזורנו לשם דיכוי התנועות האסלאמיות הקיצוניות.** סין, המעצמה המתהווה, מגלה אדישות מדהימה לנעשה באזורנו, כנראה בגלל תלותה בנפט המגיע מאירן, מאפריקה וממדינות ערב. לעומת האדישות המזהירה לגבי הנעשה באזורנו, סין ערה לסכנת האסלאם הטוטליטרי המנסה להתעורר במערבה, במחוז שינג'יאנג, ופועלת נגדו בתקיפות וביד קשה. מספר המוסלמים בסין מוערך ב-22 מיליון, רובם איגורים שמוצאם תורכי.

אילו המדינות הערביות הממלכתיות ומדינת ישראל היו מוצאות שפה משותפת שתתורגם לפנייה למעורבות סינית, בטוחני שסין הייתה נענית מתוך הכרתה בסכנת האסלאם הקיצוני, שנגדו היא נאבקת במערבה. אני חושש שברגע שסין תמצא מקורות אנרגיה באוקיאנוס שסביבה (דבר העשוי לקרות בשנים הקרובות), יפחת גם עניינה בנעשה באזורנו. חשוב להגיע לשלום אזורי בין ישראל לארצות הערביות הממלכתיות ולקדם את מעורבותה של סין.

מבטה של מדינת ישראל חייב להתמקד מזרחה, אל אסיה. מלבד הידוק הקשרים עם סין על מדינת ישראל להשקיע מאמצים להידוק הקשרים עם אינדונזיה, המדינה המוסלמית הגדולה ביותר, שחיים בה 213 מיליון מוסלמים.

מדינות אירופה אינן מעוניינות, ואולי גם אינן מסוגלות, להתערב צבאית באזורנו – היות שכולן מאוימות על ידי האסלאם הטוטליטרי, שמצא לו אחיזה באוכלוסייה המוסלמית שחיה בארצות המערב. **בארצות מערב אירופה חיים כ-38 מיליון מוסלמים.** החלופה הרצויה להתערבותן הצבאית של מדינות אירופה היא מעורבות כלכלית להטבת מצבן הכלכלי של מדינות ערב הממלכתיות.

גיבוש מדיניות אזורית

הפוליטיקאי הראשון שייחס חשיבות לגיבושה של מדיניות אזורית המשלבת את מדינת ישראל במדינות ערב, הוא שמעון פרס. בפרק הרביעי של ספרו "המזרח התיכון החדש", מפרט פרס את ארבעת היסודות שעליהם יש לבנות את המסגרת האזורית:[66]

"ייצוב המערכת: הזרמים נושאי בשורת הקנאים הפונדמנטליסטים חודרים ועוברים ממדינה למדינה, תוך שהם מסכנים את השלום באזור ואת יציבות השלטון הפנימי ברוב המדינות... מסגרת מערכתית אזורית תוכל להוות מוקד חדש, מייצב, באזור, שתזרים תקווה אמיתית, כלכלית וחברתית, שתביא לכיבוי אש הקנאות הדתית, ולצנן את הלהט המהפכני שלה.

"ההיבט הכלכלי: תנאי להורדת רמת המתח בין מדינות האזור ובתוך כל אחת מהן, הוא העלאת רמת החיים של הפרט... אין משק לאומי בימינו יכול לחלץ עצמו ממצוקותיו בלי סיוע, או השתלבות במשק רחב יותר, ולכן ארגון אזורי של שיתוף פעולה בין מדינות ושל פעילות על-לאומית הוא התשובה הממשית היחידה לפונדמנטליזם.

"הביטחון הלאומי: אין כל אפשרות להבטיח רמה סבירה של ביטחון לאומי, בעידן של טילי קרקע-קרקע וערב גרעונו של המזרח התיכון, אלא אם תיכון מסגרת אזורית של פיקוח ובקרה.

"דמוקרטיזציה: גם הפונדמנטליזם, שמהותו אנטי דמוקרטית גם כשהוא משתמש בסיסמאות דמוקרטיות, תורם לקושי לתהליכי דמוקרטיזציה נפרדים בכל מדינה בפני עצמה. מאידך גיסא, מסגרת אזורית קהילתית תבטל חלק מהנימוקים שבקיום מתחים צבאיים ותסייע לתהליכי הדמוקרטיזציה, גם בשיתוף הבין-אזורי."

---

66 "המזרח התיכון החדש", עמ' 62-64.

בספרו מתאר פרס את המטרות של גיבוש מדיניות לשלום אזורי בצורה ציורית על ידי יצירת ארבע חגורות צבעוניות:[67]

"החגורה הירוקה: תעסוק בענייני מים, ביוטכנולוגיה והמלחמה במדבר. מטרתה תהיה להעניק למזרח התיכון צבע ירוק, שיספק מזון בשפע לתושביו הרבים.

"החגורה התכולה: פיתוח תיירות אזורית. התיירות היא תעשייה חשובה בימינו, היכולה להצמיח במהירות יחסית מקורות הכנסה ותעסוקה... לתיירות יש גם ערך פוליטי, משום שהיא זקוקה לרגיעה ובו בזמן יוצרת רגיעה, יוצרת אינטרס קבוע אמיתי ברגיעה. לתיירות שופעת וקבועה יש גם ערך ביטחוני, שחשיבותו אינה נופלת בעיני מחשיבותו של כוח שיטור רב-לאומי.

"החגורה האפורה: תעסוק ביצירת תשתית תחבורה ותקשורת במזרח התיכון. כל שוק משותף בנוי על היתרון היחסי של ניצול הקרבה הגיאוגרפית, אך סמיכות מקום בלי תשתית מתאימה היא קירבה תיאורטית בלבד, משוללת יתרון של ממש. רק קירבה המנוצלת היטב על-ידי תשתית מתאימה נהפכת ליתרון כלכלי בפועל.

"החגורה הלבנה: היא צמצום החימוש. המזרח התיכון מוציא עכשיו [בשנת 1993] 50-60 מיליון דולר בשנה על חימוש. אם נצליח לצמצם הוצאה זו בחמישים אחוז, כבר יצרנו קרן אדירה לפיתוח האזור כולו, מבלי לפגוע אף כהוא זה בביטחון הלאומי של כל מדינותיו."

הליך מוצע ליישום מדיניות אזורית

על מדינת ישראל ליזום ועידה אזורית שישתתפו בה בתחילה מצרים וירדן, עמן יש לנו הסכם שלום, והרשות הפלסטינית. אין כל מניעה, כמובן, להשתתפותן של מדינות ערביות נוספות ובהן סעודיה ומרוקו.

---

67 "המזרח התיכון החדש", עמ' 72.

רצוי לשלב בשיחות האלה מדינות נוספות שתהיינה מעוניינות להשקיע בפיתוח "שלוש החגורות": הירוקה, התכולה והאפורה.

הצעת פרס ניתנת ליישום על ידי הקמתן של ועדות משנה, כפי שהצעתי בגיבוש הסכם השלום בין ישראל לפלסטין.

פרק יב

מאפייניה הדמוגרפיים של ישראל ויחס האזרחים למדינה

לפילוג הדמוגרפי, מבחינת לאום ודת, יש השפעה ישירה על מבנה הדמוקרטיה הישראלית. שלטון דמוקרטי חייב לאפשר ייצוג יחסי הולם של כלל האזרחים, ללא הבדל לאום, דת, גזע ומין, בכל מוסדות המדינה, לרבות בכנסת, בממשלה, במוסדות הממשלתיים ובאוניברסיטאות. בשלטון דמוקרטי כל אזרחי המדינה הם שווי זכויות וחובות. לצערי, אין זה המצב במדינת ישראל היום.

מדינת ישראל היא המדינה היחידה בעולם המעניקה מעמד של אזרח לאוכלוסיות המתנגדות לקיומה, ואינה אוכפת את החוק עליהם. אוכלוסיות אלה מורכבות מיהודים חרדים שאינם מכירים בזכות קיום המדינה, ערבים הרואים עצמם פלסטינים, ודרוזים החיים ברמת הגולן ורואים עצמם כאזרחים סורים.

שום דמוקרטיה אינה צריכה להעניק לגורמים המתנגדים לקיום המדינה מעמד אזרחי שווה לאלה שמזדהים עם קיומה ומשרתים אותה בנאמנות. הפתרון לנושא זה נמצא בחופש בחירה לכל אדם בוגר לבחור בין מעמד של אזרח למעמד של תושב קבע.

המאפיין הראשון: הפילוג הלאומי

במדינת ישראל חיים שני לאומים עיקריים: יהודים וערבים. כמו כן, קיימים לאומים נוספים (דרוזים, צ׳רקסים, קראים ושומרונים), אך שיעור כל אלה יחד באוכלוסייה נע סביב 4 אחוזים.

התפלגות האוכלוסייה בישראל לפי לאום

שנה	סה"כ אוכלוסייה	יהודים	באחוזים	ערבים	באחוזים	אחרים	באחוזים
1995	5,612.3	4,522.3	80.5	1,004.9	17.9	85.1	1.6
2005	6,990.7	5,313.8	76	1,337.1	19.6	299.9	4.4
2010	7,695.1	5,802.4	75.4	1,573.1	20.4	319.5	4.2
2013	8,130	6,104.5	75	1,683.2	20.7	346.8	4.3
2025 (תחזית)	9,844.9	7,269.3	73.8	2,168.8	22	410.8	4.2
2035 (תחזית)	11,395.6	8336.6	73.1	2614.8	22.9	444.2	4

*הנתונים נלקחו מהשנתון הסטטיסטי לשראל לשנת 2014 של הלמ"ס, טבלאות 2.10. הנתונים באלפים.

מן הנתונים הנזכרים לעיל עולה כי שיעור האוכלוסייה היהודית יקטן במרוצת ארבעים שנה מ-80.5 אחוז ל-73.1 אחוז שיעור האוכלוסייה הערבית יגדל מ-17.9 אחוז ל-22.9 אחוז ויתרת האוכלוסייה (דרוזים, צ׳רקסים ואחרים) תגדל מ-1.6 אחוז ל-4 אחוזים.

אם נתחשב במרכיב הלאומי בלבד, ניתן לקבוע אחוז חסימה של חמישה אחוזים בבחירות הכלליות לכנסת בלי לפגוע בייצוגם ההולם של הערבים בכנסת. אדגיש: במדינות דמוקרטיות רבות עומד אחוז החסימה על חמישה אחוזים.

המאפיין השני: מידת הדתיות של יהודים וערבים במדינת ישראל

ערכתי את הטבלה "מידת הדתיות בישראל" לשם הנוחיות לבחון את שיעור הדתיות של אזרחי ישראל מעל גיל שנה. הנתון מובא באלפי אזרחים.

מידת הדתיות בישראל

מידת הדתיות	סה"כ	באחוזים	יהודים	באחוזים	אחרים	באחוזים
סה"כ	4,815.8	100	3,905.7	81.1	910.1	18.9
חרדים, דתיים מאוד	413.4	8.6	346	8.9	67.4	7.4
דתיים	851.6	17.6	393.1	10	458.5	50.4
מסורתיים / לא כל כך דתיים	1,708.1	35.5	1,500.2	38.4	207.9	22.8
לא דתיים / חילונים	1,842.7	38.3	1666.4	42.7	176.3	19.4

* הנתונים נלקחו מהשנתון הסטטיסטי לישראל לשנת 2013 של הלמ"ס, טבלה 7.3; הנתונים באלפים ומתייחסים לאזרחי ישראל מעל גיל עשרים שנה.

מהנתונים בטבלה אנו למדים ש-81.1 אחוז מהאזרחים היהודים הם חילונים, מסורתיים ולא כל כך דתיים, ואילו 57.8 אחוז מהאזרחים שאינם יהודים (רובם מוסלמים סונים) מגדירים את עצמם דתיים ודתיים מאוד.

היהודים החרדים והדתיים אינם עשויים ממקשה אחת: יש מתנגדים וחסידים והם מתחלקים בין חצרות של רבנים, ויש אשכנזים וספרדים. בין החרדים יש כאלה שאינם מזדהים עם קיומה של מדינת ישראל, ולמרות זאת חלקם אינם בוחלים להשתלב בכנסת ובממשלה. הם עושים זאת מתוך שתי מטרות עיקריות: ליהנות מתקציבים להרחבת השפעתם ופיתוח מוסדותיהם הדתיים עם כל המשתמע מכך; להשפיע על החקיקה בכנסת ובעיקר למנוע הכרה בזרמים הדתיים האחרים, הקונסרבטיבי והרפורמי, ובכך להגביר את תלות המפלגות הציוניות במפלגות החרדיות.

השוואה בין שיעור היהודים החרדים והדתיים מאוד באוכלוסייה ובין ייצוגם בכנסת מצביעה על עליית כוחם היחסי בכנסת התשע-עשרה והעשרים.

המאפיין השלישי: ריבוי רשימות פוליטיות המקשה על המשילות

במרוצת שישים ושבע שנות קיומה של מדינת ישראל התקיימו עשרים מערכות בחירות לכנסת. כלומר משך הזמן הממוצע לקיומה של כנסת הוא כשלוש וחצי. שנים באותה תקופה כיהנו שלושים ושלוש ממשלות. כלומר זמן ממוצע לקיומה של ממשלה הוא כשנתיים בלבד. מצב עגום זה הוא תוצאה ישירה של העובדה שבמרוצת כל שנות קיומה של מדינת ישראל שום מפלגה לא זכתה לרוב בכנסת, ומרבית הקואליציות התפרקו זמן קצר לאחר הקמת הממשלה.

הרכבת קואליציה ממשלתית, והמשך קיומה, מתאפשרים רק אם המועמד לראשות הממשלה נכנע לדרישות הסקטוריאליות של המפלגות הקטנות והארעיות, ובעיקר למפלגות הדתיות. ראשי הממשלה שכיהנו באו לרוב מקרב המפלגות הציוניות, העבודה והליכוד. באופן זמני וחד-פעמי כיהן ראש ממשלה מקרב מפלגת קדימה, מפלגת ציונית חדשה שנעלמה כעבור שלוש קדנציות.

מספר המנדטים שקיבלו רשימות נבחרות לכנסת מאז קום המדינה

הכנסת	1	2	3	4	5	6	7	8	9	10	11	12	13	14	15	16	17	18	19	20
העבודה	46	45	40	47	42	45	56	51	32	47	44	39	44	34	26	19	19	13	15	24
הליכוד	21	28	28	25	34	26	26	39	43	48	41	40	32	32	19	38	12	27	31	30
דתיים לאומיים	16	8	11	12	12	11	12	10	12	9	5	5	6	9	5	6	9	7	12	8
חרדים	-	5	6	6	6	6	6	10	5	4	8	13	10	14	22	16	18	16	18	13
ד"ש	-	-	-	-	-	-	-	-	15	-	-	-	-	-	-	-	-	-	-	-
שינוי	-	-	-	-	-	-	-	-	-	2	3	2	-	-	6	15	6	-	-	-
ישראל ביתנו	-	-	-	-	-	-	-	-	-	-	-	-	-	-	-	-	11	15	*	6
קדימה	-	-	-	-	-	-	-	-	-	-	-	-	-	-	-	-	29	28	2	-
צומת	-	-	-	-	-	-	-	-	-	-	5	2	8	-	-	-	-	-	-	-
גמלאים	-	-	-	-	-	-	-	-	-	-	-	-	-	-	-	-	7	-	-	-
יש עתיד	-	-	-	-	-	-	-	-	-	-	-	-	-	-	-	-	-	-	19	11
התנועה	-	-	-	-	-	-	-	-	-	-	-	-	-	-	-	-	-	-	6	*
כולנו	-	-	-	-	-	-	-	-	-	-	-	-	-	-	-	-	-	-	-	10

* שמות שתי המפלגות הגדולות שונו עם השנים: מפא"י הפכה למערך ואחר כך לעבודה; חירות הפכה לגח"ל ואחר כך לליכוד. בבחירות לכנסת התשע-עשרה הופיעו הליכוד וישראל ביתנו ברשימה משותפת. בבחירות לכנסת העשרים התמזגה מפלגת התנועה עם העבודה; המפלגות החרדיות כוללות את אגודת ישראל, פועלי אגודת ישראל, ש"ס, דגל התורה וכו'; הנתונים מובאים מארכיון הכנסת.

בטבלה כללתי מפלגות שזכו מדי פעם למספר משמעותי של מושבים הודות לתקוות הבוחרים שהן יביאו לשינוי באופי השלטון בישראל, **תקוות שהתבדו.** למסקנה זו קל להגיע: המפלגות הללו פשוט נעלמו מהמפה הפוליטית.

עיון בטבלה מראה כי הפעם האחרונה שבה עברו שתי המפלגות הגדולות יחדיו את רף שישים המנדטים הייתה בבחירות לכנסת הארבע-עשרה, שהתקיימו בשנת 1996. כלומר לוּ מפא"י וחירות היו מוצאות דרך לשיתוף פעולה במרוצת השנים, **הן היו יכולות לקבע את אופייה הציוני של המדינה, ולא היו חייבות להיכנע לתכתיביהן של מפלגות סקטוריאליות ודתיות.**

עד הבחירות לכנסת הארבע-עשרה קיבלו הליכוד והעבודה (יחדיו) בממוצע 66.1 מושבים בכנסת, והמפלגות החרדיות קיבלו בממוצע 6.71 מושבים. מהבחירות לכנסת החמש-עשרה מקבלות המפלגות החרדיות בממוצע 17.2 מושבים, והליכוד והעבודה (יחדיו) מקבלות בממוצע 45.5 מושבים. **מצב זה מחייב את איחודן של המפלגות הציוניות ברשימה בעלת אידיאולוגיה ציונית, ממלכתית ודמוקרטית.**

נשאלות שתי שאלות עיקריות. **השאלה הראשונה:** האם אכן הייתה אפשרות ששתי המפלגות הציוניות הגדולות תשתפנה פעולה עד הכנסת החמש-עשרה?

מועמד המפלגה שזכתה ביותר מושבים היה עומד בראשות הממשלה, ומועמד המפלגה האחרת היה משמש ממלא מקום לראש הממשלה, יחד עם חלוקה יחסית של מספר השרים. מצב כזה אינו הזוי, היות שהוא התקיים בארצות שונות כגון אוסטריה. לוּ היו נוהגות כך, הייתה נמנעת היווצרותן של רשימות קיקיוניות וזמניות, וממשלות היו מתפקדות ארבע שנים רצופות. כמו כן, הייתה

מתגבשת הסכמה על שמירת אופייה היהודי של מדינת ישראל, ללא מתן עדיפות לזרם החרדי וללא התעלמות מהזרמים הקונסרבטיביים והרפורמיים, המהווים רוב ביהדות הפזורה. התייחסות שוויונית לכל הזרמים ביהדות הייתה מביאה לקירוב יהדות הפזורה למדינת ישראל ולהגברת העלייה.

את התשובה לשאלה הראשונה נתן בעיקר דוד בן-גוריון, שסירב לשתף שתי מפלגות בקואליציה: חירות והמפלגה הקומוניסטית הישראלית. עמדתו זו ביחס לחירות תמוהה בעיניי לאור ההסכמים שהשיגו בן-גוריון וז'בוטינסקי בלונדון בשנת 1934, הסכמים שאושרו על ידי ברית הציונים הרוויזיוניסטית, אך נדחו במשאל בקרב חברי ההסתדרות. תימהוני גובר כאשר אני קורא את מכתבו של בן-גוריון אל ז'בוטינסקי. ב-24 באפריל 1935, כחודש לאחר שנחל מפלה במשאל בין חברי ההסתדרות, הוא כותב לו:[68]

"ז'בוטינסקי היקר,

> ייתכן שעמלנו המשותף בלונדון עלה בתוהו – מבחינה ציבורית, אבל מעבר לציבוריות ולמדיניות יש עוד 'גם' בני אדם... אולי יוטל עלינו שוב לעמוד בשתי מערכות. אולם בכל אשר יהיה – פרק לונדון לא ימחק מלבי... ואם נגזר עלינו להילחם – תדע שבין 'אויביך' יש אדם המוקיר אותך וכואב את כאבך. היד שחשבת בפגישתנו הראשונה שאיני רוצה להושיטה לך – תהא מושטת לקראתך גם בסערת הקרב, ולא רק היד."

על כך השיב ז'בוטינסקי:

> "היה שלום. אם תוכל להפציר בעוזריך שלא ימרירו את ה'מלחמה' בלי צורך... לך והצלח. על כל פנים – כשכתבת כן יהא: חיזיון שטרם היה כמוהו בישראל – מלחמה ושתי ידיים פרושות מעבר לשדה הקטל!"

השאלה השנייה: מה הפגם בשיטת הבחירות הישראלית המונעת מכל מפלגה להשיג רוב בכנסת? התשובה לשאלה השנייה צריכה לכלול שני גורמים

68 שבתאי טבת, "קנאת דוד", הוצאת שוקן, 1987, כרך 3, עמ' 111-112.

עיקריים. הגורם הראשון: רשימות חדשות "צצות" לקראת הבחירות וגורמות
לבזבוזם של קולות רבים.

בזבוזי קולות בשלוש הבחירות האחרונות לכנסת

אחוז החסימה	מספר מנדטים פוטנציאליים	מספר קולות המפלגות שלא עברו	מפלגות שלא עברו אחוז חסימה	מפלגות שעברו אחוז החסימה	סה"כ מפלגות שהשתתפו	כנסת
2	4	103,904	19	12	31	18
2	10	247,967	20	12	32	19
3.25	9.6	182,865	15	9	24	20

הגורם השני: הנהגת הפריימריז במפלגות הגדולות גורמת לרפיון הלכידות
המפלגתית ולשימת דגש על יריבויות פנימיות במקום על השוני האידיאולוגי
בין המפלגות. כתוצאה מהנהגת הפריימריז איבדו שתי המפלגות הציוניות
הגדולות, הליכוד והעבודה, את המסד האידיאולוגי שלהן. הקמפיינים של
המתמודדים הפכו לאישיים ורדודים. האזרח הישראלי מהשורה, שאינו חבר
במפלגה (וכך רובם), אינו נותן עדיפות למפלגה שמתקיימים בה פריימריז.
אני מבסס טענתי זו על העובדה שמרבית חברי הכנסת בכנסת התשע-עשרה
והעשרים לא נבחרו בפריימריז, לרבות ברשימות כגון יש עתיד, כולנו, ישראל
ביתנו, ש"ס ואגודת ישראל.

התופעות השליליות העיקריות של שיטת הפריימריז הנהוגה בישראל הן:

1. היא מאפשרת קיום מפקד להצטרפות חברים חדשים למפלגה סמוך
   לפריימריז. אפשרות זו מביאה לגיוס תומכים למועמד מסוים. גיוס זה
   כרוך בתשלום כספי של המצטרף למפלגה. את התשלום מכסה לעתים

קרובות (באופן לא חוקי) המתמודד ממקורותיו העצמיים או באמצעות גיוס כספים מתורמים שונים.

2. השיטה מאפשרת למתפקדים להשפיע מי יעמוד בראש המפלגה בלי שיהיו פעילים בה ובלי שיצביעו למפלגה בעת הבחירות לכנסת.

3. השיטה מעודדת את היווצרותם של "קבלני קולות". הם מסייעים למועמד להיבחר תמורת תשלום כספי או תמורת קבלת טובות הנאה ותפקידים אחרי הבחירות. זאת אחת הסיבות לשחיתות הפושה בפוליטיקה הישראלית!

4. מערכת הבחירות בפריימריז הפכה להיות יקרה. רק בעלי הון יכולים לעמוד בה, ובכך אינה שוויונית.

5. יצירת פתח ליחסי "הון-שלטון". מועמדים חסרי הון מקבלים סיוע כספי מבעלי הון, ומשיבים לבעלי ההון בהטבות שלטוניות לאחר בחירתם. אמנם קיימת חקיקה הבאה להגביל גיוס תרומות, אך הפוליטיקאים הישראלים, ובעלי ההון, למדו כיצד לעקוף גם את המגבלות האלה.

המאפיין הרביעי: הרגשות המעורבים ביחס לשייכות האזרח למדינת ישראל

את תחושת השייכות למדינה אומדים באמצעות הנתונים הבאים: מידת שביעות הרצון של האזרחים, היהודים והערבים, מתפקוד הדמוקרטיה במדינת ישראל; האם קיים שסע בין מרכיבי האוכלוסייה השונים; מידת הגאווה על היות האדם אזרח מדינת ישראל.

המכון לדמוקרטיה ערך סקר של המדד הדמוקרטי בשנת 2013. בסקר נשאלו יהודים וערבים באיזו מידה הם מרוצים או לא מרוצים מהאופן שבו מתפקדת הדמוקרטיה הישראלית.

סקר שביעות רצון מהדמוקרטיה הישראלית

מידת שביעות הרצון	כלל האוכלוסייה	יהודים	ערבים
מרוצה מאוד ומרוצה	49.7	54.3	24.8
לא מרוצה ומאוד לא מרוצה	46.7	42.7	68.2
לא יודע / מסרב לענות	3.6	3	7

* עמ' 32 לסקר (תרשים 4); הנתונים באחוזים.

מהנתונים בטבלה זו אנו למדים שקרוב ל-70 אחוז מהערבים אינם מרוצים מהאופן שבו מתפקדת הדמוקרטיה הישראלית. לדעתי, אי שביעות הרצון נובעת מהיעדר ייצוג יחסי הולם בתפקידי ממשל ומוסדות ממלכתיים, לרבות מוסדות אוניברסיטאיים.

באותו סקר נשאלו גם יהודים וערבים האם הפוליטיקאים דואגים לאינטרסים האישיים שלהם יותר מאשר לאינטרס הציבור. עיון בתוצאות מצביע על חוסר אמון בולט של הציבור היהודי בפוליטיקאים: **71.5 אחוז מהיהודים חושבים שהפוליטיקאים דואגים לאינטרס האישי שלהם יותר מאשר לציבור.** לעומתם, רק **55.2 אחוז מהערבים** חושבים שהפוליטיקאים דואגים לאינטרס האישי שלהם יותר מאשר לציבור.[69] מניסיוני בעיר לוד למדתי שחברי הכנסת הערבים שומרים על קשר עם בוחריהם יותר מאשר חברי הכנסת היהודים.

השסע בין האזרחים הערבים לאזרחים היהודים במדינת ישראל מקבל ביטוי נוסף בתשובות שנתנו יהודים וערבים לשאלה: "באיזו מידה אתה מרגיש את עצמך חלק מהמדינה ובעיותיה?"

69 עמ' 49 בסקר, תרשים 15.

סקר תחושת שייכות למדינה

מידת ההרגשה כחלק ממדינת ישראל	יהודים	ערבים
במידה רבה מאוד	36.5	15.4
במידה רבה	30.1	12.8
סה"כ תחושת שייכות	**66.6**	**28.2**
במידה מסוימת	19.1	32.1
במידה מועטה	8.5	14.1
במידה מועטה מאוד	4.1	19.9
סה"כ תחושת שייכות מסויגת	**31.7**	**66.1**
לא יודע או מסרב לענות	1.7	5.7

*הנתונים באחוזים.

עיון בנתונים מצביע על מגמה הפוכה אצל יהודים וערבים: לשני שלישים מהיהודים יש תחושת שייכות למדינת ישראל, ואילו לפחות משליש מהערבים יש תחושת שייכות למדינת ישראל. **בחינת נתון זה לאורך עשור מצביע על ירידה בתחושת השייכות אצל ערבים ויהודים כאחת.**

סקר תחושת שייכות למדינה לאורך עשור

שנה	יהודים	ערבים	העומד בראשות הממשלה ואירועים מיוחדים
2003	83.3	42.1	אריאל שרון
2005	82.4	50.5	אריאל שרון; ההתנתקות מעזה
2007	63	32.6	אהוד אולמרט; מלחמת לבנון השנייה
2009	68.3	34.3	בנימין נתניהו נבחר לראשות הממשלה
2011	75.6	35	בנימין נתניהו
2013	66.6	28.2	בנימין נתניהו; שיחות עם הפלסטינים בלחץ אמריקאי

*הנתונים באחוזים.

בעשור האחרון ירד שיעור היהודים שמרגישים שייכות למדינת ישראל ב-20
אחוז, ואילו שיעור הערבים המרגישים שייכות למדינת ישראל ירד ב-33 אחוז.

בהמשך לשאלות הקודמות נשאלו יהודים וערבים, עד כמה הם גאים להיות
ישראלים. מן התוצאות מתברר כי 83.3 אחוז מהיהודים הם בעלי גאווה ישראלית,
ואילו רק 39.8 אחוז מהערבים הם בעלי גאווה ישראלית. התשובות שהתקבלו
מאששות את הממצאים הקודמים ביחסם של יהודים וערבים למדינת ישראל.

סקר הגאווה

ערבים	יהודים	עוצמת הגאווה כישראלי
13.5	64.4	מאוד גאה
26.3	18.9	די גאה
39.8	**83.3**	**בעלי גאווה ישראלית**
14.7	8.9	לא כל כך גאה
41.7	5.8	כלל לא גאה
56.4	**14.7**	**ללא גאווה ישראלית**
3.8	2	לא יודע או מסרב לענות

*הנתונים באחוזים.

שאלה נוספת התייחסה למתיחות השורה בין יהודים לבין ערבים. היהודים העריכו
את המתח בין יהודים לערבים כהרבה יותר גבוה מכפי שהעריכו אותו הערבים.

שיעור המתח בין יהודים לערבים

ערבים	יהודים	עוצמת המתח
47.4	**71.8**	חזקה
36.5	21.5	בינונית
2.6	3.3	חלשה
13.5	3.4	לא יודע

*הנתונים באחוזים.אין ספק שיהודים וערבים כאחד חווים את המתח בין שני הלאומים: 93.3 אחוז מהיהודים ו-83.9 אחוז מהערבים. גם אם יש פער של עשרה אחוזים בין היהודים לערבים צריך להביא בחשבון ששיעור הערבים אשר השיבו "לא יודע" גדול פי ארבעה משיעור היהודים שנתנו תשובה זו.

בבחירות לכנסת העשרים התאחדו הרשימות הערביות לרשימה אחת. מעשה זה הביא לעלייה של עשרה אחוזים בשיעור ההצבעה בציבור הערבי ולתוספת של מושב בכנסת, ובכך הפכה הרשימה הערבית לסיעה השלישית בגודלה בכנסת.

הערבים מחפים על התנגדותם להיותה של המדינה "מדינה יהודית" על ידי דרישה שזו תהיה "מדינת כל אזרחיה", כדרישתו של חבר הכנסת לשעבר עזמי בשארה, שנמלט מישראל לאחר שריגל למען החיזבאללה.

לעומתם, רובו של הציבור היהודי חש בעוינות הערבית להיותה של מדינת ישראל מדינת העם היהודי, ודוחק, ככל יכולתו, את הציבור הערבי לשולי הפעילות המוסדית והממשלתית. יחס זה הוא פסול בכך שאיננו מאפשרים לבני המיעוטים השתלבות אזרחית שוויונית. צר לי שלא למדנו את הלקח מסבלנו אנו כמיעוטים במדינות הגויים. מדינת ישראל היא מולדתם של כל בני הלאום הדתי היהודי, ובה בעת צריכה להעניק שוויון אזרחי מלא לכל אזרחיה.

פרק יג

יסודות המשטר המוצע למדינת ישראל

1. מדינת ישראל – מולדתו של העם היהודי

מדינת ישראל היא מולדתם של כל בני העם היהודי, ושעריה יהיו פתוחים לקיבוץ גלויות.

2. שוויון אזרחי מלא

א. כל אזרחי המדינה יהיו שווי זכויות וחובות, יהיו לאומיותם, דתם, מוצאם, גזעם ומינם אשר יהיו.

ב. אזרח שלא יזדהה עם קיום המדינה כמדינת העם היהודי, יהיה רשאי, בהגיעו לגיל שמונה-עשרה, לוותר על מעמדו כאזרח ולבחור במעמד של תושב קבע. עיקרון זה מבוסס על מעמדו המועדף של הפרט לעומת המדינה, או כדברי זאב ז'בוטינסקי: **"כל יחיד הוא מלך!"**

3. חוקה

א. תחוקק חוקה נאורה. היא תבטיח את קיומה הנצחי של מדינת ישראל כמדינת העם היהודי ותבטיח את זכויות האדם של כל אזרחי המדינה ותושביה ברוח האמנה של האומות המאוחדות. שוויון אזרחי מלא יוענק לכל אזרחיה של המדינה.

ב. החוקה תבטיח שהמדינה ומוסדותיה ישרתו נאמנה את כל אזרחיה ותושביה וידאגו לאושרם, לביטחונם, לחופש תנועתם ולשמירת קניינם.

ג. החוקה תבטיח את הפרדתן ועצמאותן של שלוש רשויות השלטון: המחוקקת, המבצעת והשופטת.

ד. החוקה, ותיקונים לחוקה, יאושרו ברוב של שמונים חברי כנסת.

ה. בחלוף שני דורות מיום הקמת המדינה, **הגיעה העת לחוקק חוקה למדינת ישראל.**

4.   אופי המשטר

א. המשטר במדינה יהיה דמוקרטיה פרלמנטרית. מחצית מחברי הכנסת ייבחרו בבחירות אזוריות, אישיות, ישירות וחשאיות, ומחציתם ייבחרו בבחירות מפלגתיות, יחסיות וחשאיות.

ב. הבחירות לכנסת תקוימנה אחת לחמש שנים, אלא אם הכנסת תחליט על פיזור לפני המועד הקבוע בחוק.

ג. בית הדין הגבוה לצדק יכהן כבית משפט עליון לחוקה בישיבה מיוחדת ובהרכב מינימלי של תשעה שופטים במינוי מלא.

ד. בראש המדינה יעמדו:

1. **נשיא המדינה:** ייצג את המדינה ואת העם ויפעל להאדרת הערכים הלאומיים, המוסריים, היהודיים והאנושיים ברוח נביאי ישראל. הוא יהיה אחראי לקיום הצדק במדינת ישראל על ידי מינוי שופטים מבקשי אמת וישרי דרך. נשיא המדינה יכנס, לפחות אחת לחודש, את הנהגת המדינה לגיבוש עמדות בנושאים ובאתגרים העומדים בפני המדינה. הנשיא ייבחר בבחירות כלליות, אישיות, ישירות וחשאיות שיתקיימו אחת לשבע שנים. נשיא המדינה לא יכהן יותר משתי קדנציות רצופות.

2. **יושב ראש הכנסת:** יעמוד בראש הרשות המחוקקת, יוודא את קיום חוקתה, יגלה ערנות לצרכים של אזרחי המדינה ותושביה

ולעמדותיהם, ויפעל לחקיקה נאורה והומנית ההולמת את רצון האוכלוסייה וצרכיה ברוח המוסר שהטיפו לו נביאי ישראל. יושב ראש הכנסת ייבחר על ידי חברי הכנסת בבחירות אישיות, ישירות וחשאיות לא יאוחר משבועיים ממועד כינוסה של הכנסת. זקן חברי הכנסת ישמש ממלא מקום יושב ראש הכנסת עד בחירתו.

3. **ראש הממשלה:** יעמוד בראש הרשות המבצעת ויישא באחריות לביטחונה של המדינה, של אזרחיה ותושביה. הוא יפעל לשגשוגה של המדינה ולמתן מיטב השירותים לאזרחיה ולתושביה, ויעשה זאת ביעילות ובשקיפות מרבית.

יושב ראש הרשימה אשר זכתה במספר המנדטים הגבוה ביותר בכנסת ישמש כראש ממשלה.

5. הרשות המבצעת

א. יושב ראש הרשימה שזכתה במספר המנדטים הגבוה ביותר יושבע על ידי הכנסת כראש ממשלת ישראל ויעמוד בראש הרשות המבצעת. ראש הממשלה ימשיך לכהן כחבר כנסת והוא רשאי להביע את עמדת הממשלה בכנסת, כל אימת שיידרש או יבקש זאת.

ב. הממשלה תורכב מתשעה-עשר שרים, שיהיו בעלי הכשרה, ידע ומומחיות בתחום המרכזי שמשרדם עוסק בו. המועמדים לתפקידי שר יאושרו על ידי הכנסת לאחר שיעברו שימוע פומבי, ובו יצהירו על הונם, על העניינים הכלכליים שהם מעורבים בהם או שיש להם בהם עניין וכן על עברם הציבורי ועל עמדותיהם העקרוניות בעניינים הנוגעים למשרדם.

ג. חבר כנסת שייבחר לתפקיד שר יהיה חייב להתפטר מהכנסת, וזאת לשם קיום הפרדה ברורה בין הרשות המבצעת לרשות המחוקקת. את מקומו בכנסת יתפוס החבר הבא ברשימת המפלגה לכנסת. אם מסיבה כלשהי יחדל אותו חבר כנסת מלשמש כשר, יחזור לחברותו

בכנסת וחבר הכנסת שנכנס במקומו יפנה את מקומו תוך שלושים
יום מקבלת ההודעה.

ד. הממשלה תורכב מהמשרדים הבאים:

1. משרד האוצר.

2. משרד ההגנה והביטחון (לרבות ביטחון פנים).

3. משרד המודיעין והלחימה בטרור.

4. משרד הפנים, הבינוי והשיכון.

5. משרד הכלכלה, התעשייה והמסחר.

6. משרד התחבורה.

7. משרד לפיתוח תשתיות ואנרגיה.

8. משרד לשילוב חברתי (רווחה, הכשרה תעסוקתית וגמלאים).

9. משרד הבריאות והאקולוגיה.

10. משרד המשפטים.

11. משרד לעידוד עלייה, קליטה וקשר עם יהדות הפזורה.

12. משרד לקשרי חוץ ולהסברה.

13. משרד לעידוד חקלאות, ייעור ומחקר ימי.

14. משרד לעידוד תיירות.

15. משרד הדתות, הארכיאולוגיה ושימור האתרים הקדושים לכל
הדתות.

16. משרד לתקשורת, מחשוב ובקרה.

17. משרד לחינוך, תרבות והשכלה.

18. משרד למדעים, חקר החלל וננו-טכנולוגיה,

19. משרד נוסף יוקם בהוראת ראש הממשלה לנושא בעל חשיבות
בעיניו, כגון משרד לתכנון לטווח ארוך או העברת נושא מאחד
המשרדים המצוינים לעיל.

6. דת ומדינה

א. מדינת ישראל היא מדינת הלאום היהודי אבל מוסדותיה, לרבות הכנסת, לא יעסקו בחקיקה ובתקנות דתיות ולא באכיפתן. יהדותה תקבל ביטוי בכך שהשבת ומועדי ישראל יהיו ימי מנוחה לכלל אזרחי מדינת ישראל ותושביה. מי שאינם יהודים יוכלו לחוג את ימי מנוחתם וחגיהם כמצוות דתם.

ב. מעמדן ועצמאותן של כל הדתות, לרבות כל אחד מזרמיהן, יזכו ליחס הולם ממוסדות המדינה, והסיוע התקציבי יהיה בהתאם לשיעורם באוכלוסייה.

ג. **איש באמונתו יחיה.** חובת המדינה לספק את כל השירותים החיוניים לאזרח ולתושב מיום היוולדו ועד מותו, **ולא יחייבוהו בחוק** לקבל את שירותיה של אחת הדתות באף אחד מתחומי חייו.

ד. המדינה לא תמנע מתן שירות דתי ותסייע במימון כל הדתות והזרמים בהתאם לנקבע בחוקה ובחוק התקציב, כך שכל החפץ ובוחר בקבלת השירות מהממסד הדתי שהוא שייך לו, יוכל לקבלו ללא כל מכשול. המעמד האישי שייקבע לו על פי דתו או על פי הזרם הדתי שהוא שייך אליו, יוכר על ידי מוסדות המדינה.

ה. מדינת ישראל תישא באחריות לחופש הגישה לאתרים קדושים ותסייע לכל הדתות בשמירת המקומות הקדושים להן, ותנהג כמתחייב בהחלטת האומות המאוחדות מס' 181, פרק 1, הדנה במקומות הקדושים, הבניינים והמקומות הדתיים, ותמלא את כל התפקידים השלטוניים הנובעים מהחלטה זו.

פרק יד

חיוניותה של חוקה לדעתו של פרופסור מאיר שמגר

ב פתח הצעת המכון הישראלי לדמוקרטיה **לחוקה בהסכמה**, שפורסמה בשנת 2005, מביע נשיא בית המשפט העליון בדימוס, השופט מאיר שמגר, את "האני מאמין" שלו בנושא ועומד על חשיבותה של החוקה. והרי תמצית דבריו:

1. נורמות ערכיות עליוניות

"החוקה מאפשרת קביעה של נורמות מחייבות, החשובות בעיקר בתחום זכויות היסוד וחירויות היסוד של האדם והמהוות הנחיה לכל רשויות השלטון ולאזרחי המדינה...

"כאמור, החוקה קובעת את עקרונות-העל הערכיים בכל תחום ותחום, לרבות בתחום זכויות היסוד ובתחומי המשטר, המחייבים כל רשות ורשות, לרבות הרשות המחוקקת...

"יש לזכור כי כיום אין לאף גורם, כולל בית המשפט לרמותיו, סמכות להצהיר על חוק כסותר חירות יסוד, כגון חופש הביטוי..."

2. שוויון

"ההגדרה של הזכויות בחוקה מבטיחה את התחולה השווה על כל אדם ואדם, דהיינו היא מעמידה את כולם על בסיס שוויוני...

"עליונותן של ההוראות החוקתיות מונעת מראש חקיקה נוגדת ובלתי דמוקרטית לחוקה. הזכויות המוגדרות מראש חולשות על תחומי המותר והאסור, לרבות המותר והאסור בחקיקה, והן יוצרות חומת מגן אשר מאחוריה יכול כל אדם לחסות בבטחה."

3. בהירות

"החוקה מגדירה את החירויות ואת עיקרי המשטר ותושביה. הגדרתן של אלו בחוקה מבטיחה ודאות ובהירות באמצעות ניסוחן באופן הנהיר לכל אדם ואדם."

4. עצמאות שלוש הרשויות

"החוקה מאפשרת שקידה על ייחודן ועל הגדרתן של סמכויותיהן של רשויות השלטון. מכך נובעת הפרדת הרשויות המונעת שלטון ריכוזי טוטליטרי והַשוֹנָה במימושה בכל שיטת ממשל, החל בהפרדה המלאה והבלתי מסויגת בארצות הברית וכלה בשיטה הנוהגת בבריטניה, קרי סטייה של השיטה הפרלמנטרית מן ההפרדה המלאה (שיטת וסטמיניסטר האנגלית מתירה את כהונתם של השרים כחברי פרלמנט או הבית העליון).

"העצמאות של הרשויות המחוקקת והשופטת תינק מן ההגדרה החוקתית של תחומיה של כל רשות ורשות. עצמאות זו יוצרת את יציבותו של המשטר, וכך תימנע פלישתה של רשות אחת לתחומה של רעותה... המילה האחרונה נותרת לרשות המחוקקת, המעצבת את החוק בהתאם לנורמות החוקתיות."

5. זכויות המיעוט

"החוקה מגדירה את זכויותיהם של הפרט ושל המיעוטים: הגנת זכויות המיעוט (כל מיעוט: אתני, דתי או חברתי) היא, לצד העיקרון הדמוקרטי של שלטון הרוב, רכיב יסודי שבלעדיו אין משטר דמוקרטי.

"יש לשוב ולהזכיר כאן כי עקרונות המגִנים על המיעוט יכולים למנוע שינויי פתע בידי רוב מזדמן, שינויים הפוגעים בהסדר הכללי והעקרוני שנקבע בחוקה..."

6. נוסח כתוב מול נוסח דָבור

"כאמור, החוקה משקפת את כוחו של נוסח כתוב בהשוואה להסדרים בעל-פה או להסדרים המעוגנים רק בחקיקה רגילה שניתן לשנותם ברוב רגיל..."

7. הגבלת סמכויות הרשויות

"החוקה מגבילה את כוחן של רשויות השלטון ומחזקת בכך את זכויותיו של הפרט. אין לשלטון סמכות אלא אם זו הוקנתה לו בחוקה. היעדר הענקה של סמכות, פירושה מבחינת הרשות שאין היא רשאית להפעילה. לעומת זאת, האדם-הפרט רשאי לעשות כל דבר שלא נאסר עליו בחוקה או בחוק."

8. ריכוז לעומת פיזור

"החוקה מאפשרת ריכוז הנורמות החוקתיות לעומת פיזורן בחוקים שונים. בכך מתחזק מעמדן, ונמנע שינוי אקראי ובלתי מודע."

9. ערך מלכד

"מדינת ישראל היא כיום, לצערנו, חברה רבת פיצולים וניגודים, והדברים ידועים. חוקה בהסכמה תגביר את הקשר בין חלקי העם, משום שכל אחד ואחד מחלקיו העיקריים יראה בחוקה, החלה על כולי עלמא, מסגרת המחייבת את כל הציבור, מסגרת שהתקבלה ברוב מכריע..."

10. ערך חינוכי

"לחוקה כתובה יש ערך חינוכי רב. כמו בארצות אחרות, כוחה הדידקטי של חוקה, המאפשר את חינוכה של החברה בכללותה, על ערכיה ותפיסותיה, ושל הנוער בפרט, מהווה תשתית לחינוך המלווה את התושב, ובעיקר את הנוער, מצעירותו. כוח זה מגביר את האמון ביציבות המשטר, בקיומן של החירויות וביכולת להישען בבטחה על הסדרי המשטר ועל חירויות היסוד..."

11. ההיבט הבינלאומי

"העולם הדמוקרטי מגלה כיום תשומת לב רבה ורגישות רבה לקיום חירויות האדם. חקיקת חוקה תשלב אותנו במשפחת העמים בעלי החוקה, תגביר את יציבות משטרנו בעיני העולם ותסיר חשדות וחששות בעניין קיומן הלכה למעשה של חירויות האדם, חששות הנובעים מהיעדרה של חוקה, אצלנו...

"חלפו כבר שנים מקום המדינה. עם כל בעיותיה, משבריה וטלטוליה, היא הגיעה לבגרות ולבשלות, והאוכלוסייה בה התייצבה...

"אין לדחות עוד את העשייה החקיקתית בתחום זה..." (ההדגשה שלי)

פרק טו
הסבר החוקה שלי

מגילת העצמאות קבעה שעד ה-1 באוקטובר 1948 תיקבע חוקה ותאושר על ידי האספה המכוננת של מדינת ישראל. ב-13 ביוני 1950 התקבלה החלטה הנושאת את שם מציעה, יזהר הררי, והיא פשרה בין חקיקת חוקה בשלמות לבין הכנת חוקה כביכול בשלבים. והרי נוסח ההחלטה:

"הכנסת הראשונה מטילה על ועדת חוקה, חוק ומשפט להכין הצעת חוקה למדינה. החוקה תהיה בנויה פרקים-פרקים באופן שכל אחד מהם יהווה חוק יסודי בפני עצמו. הפרקים יובאו בפני הכנסת, במידה שהוועדה תסיים את עבודתה, וכל הפרקים יחד יתאגדו לחוקת המדינה."[70]

מהאמור במגילת העצמאות ובחוק זה ברור שמסמכותה של הכנסת לחוקק חוקה למדינת ישראל. אולם שיקולים קואליציוניים מנעו כינונה של חוקה, בעיקר בגלל דרישתן של המפלגות הדתיות שהשתתפו בקואליציה, שחששו שמא יינתן מעמד חוקי במדינת ישראל לזרם הקונסרבטיבי והרפורמי. ואף יותר מכך: הם ראו בתורת משה וישראל, על פי ההלכה האורתודוקסית, חוקה שלפיה צריכה מדינת ישראל להתנהל.

---

70   אמנון רובינשטיין, "המשפט הקונסטיטוציוני של מדינת ישראל", הוצאת שוקן, 1991, עמ' 447-478.

במרוצת שנות קיומה של מדינת ישראל נעשו ניסיונות רבים לכונן חוקה למדינת ישראל, אך לצערי כל הניסיונות כשלו מטעמים קואליציוניים. ב-1 באוגוסט 1978 הוצע להקים בית משפט לחוקה בהרכב של תשעה שופטים, אך נושא זה נמשך חזרה על ידי הממשלה, בלחצן של המפלגות הדתיות.[71]

הנושא הפוגע באופן החמור ביותר בדמוקרטיה הישראלית הוא היעדר הפרדת רשויות. החקיקה נתונה בידי הממשלה והיא קובעת לכנסת מה תחוקק ומה לא תחוקק. בהצעתי לחוקה קיימת הפרדת רשויות הולמת המאפשרת תיאום, בקרה ואיזון וללא התערבות גסה של רשות אחת בתחום של רעותה.

שני ניסיונות לכונן חוקה ראויים לציון מיוחד:

1. "הצעת חוקה לישראל", שחיברו בשנת 1986 הפרופסורים אוריאל רייכמן, ברוך ברכה, אריאל רוזן-צבי ועמוס שפירא.

2. "חוקה בהסכמה", שפרסם המכון הישראלי לדמוקרטיה בשנת 2005, נכתבה בהנהגת השופט שמגר ובגיבושה השתתפו הפרופסורים ירון אזרחי, אשר אריאן, אבי בן בסט, אריק כרמון, ברוך נבו, מרדכי קרמניצר, אביעזר רביצקי, ידידיה צ' שטרן וכן עו"ד שלמה גוברמן ומר אורי דרומי.

בשנת 1986, עת כיהנתי כראש עיריית ראשון לציון והייתי חבר לשכת מפלגת העבודה, פעלתי לקידום יוזמת החוקה של פרופסור אוריאל רייכמן. קיימנו בראשון לציון כינוס תמיכה בחוקה בהשתתפות ח"כ בנימין בן אליעזר (עבודה) וח"כ מיכה רייסר ז"ל (ליכוד), תושבי ראשון לציון שתמכו בחוקה ודיברו בשבחה. לצערי, פעילותנו לא צלחה.

הסעיף היחיד שאומץ מהחוקה המוצעת היה בחירה ישירה של ראש ממשלה. הבחירות הישירות לראשות הממשלה נערכו בשנים 1996 ו-1999, אך בוטלו בעת הקמת הקואליציה בין הליכוד לעבודה בשנת 2001.

מקום המדינה ועד היום נחקקו שנים-עשר חוקי יסוד:

1. הכנסת (1958).

2. מקרקעי ישראל (1960).

71   "המשפט הקונסטיטוציוני של מדינת ישראל", עמ' 463.

3. נשיא המדינה (1964).

4. הממשלה (1968, 1992 ו-2001).

5. משק המדינה (1975).

6. הצבא (1976).

7. ירושלים – בירת ישראל (1980).

8. השפיטה (1984).

9. מבקר המדינה (1988).

10. חופש העיסוק (1992 ו-1994).

11. כבוד האדם וחירותו (1992).

12. משאל עם (2014).

אף על פי שנחקקו שנים-עשר חוקי יסוד, שגם את תוכנם יש מקום לבחון ולשנות, עדיין חסרה חקיקתם של חוקי יסוד אחרים שבלעדיהם לא ייתכן לכונן חוקה:

1. חוק יסוד הזכויות החברתיות.

2. חוק יסוד זכויות האדם.

3. חוק יסוד החקיקה.

4. חוק יסוד מניעת כפייה דתית.

אחד הפגמים הראשיים בחוקי היסוד הוא שניתן לשנותם בקלות ברוב רגיל בכנסת. אמנם שינוי חלק מחוקי היסוד או סעיפים מסוימים בחוקי היסוד מחייבים רוב של שישים ואחד קולות, אך גם רוב זה קל להשגה. הדמוקרטיה הישראלית פגומה בכך שהממשלה יכולה ליזום חקיקה ולהעביר אותה בנקל, שהרי הממשלה נשענת על לפחות שישים ואחד חברי כנסת. **המשמעות החמורה: אין הפרדה בין הרשות המחוקקת לרשות המבצעת; הממשלה שולטת בכנסת הודות למשמעת הקואליציונית המחייבת את חבריה.**

במהלך הכנסת השש-עשרה דנה ועדת חוקה, חוק ומשפט של הכנסת ביצירת חוקה. דיונים אלה תורגמו לדוח שהונח על שולחן הכנסת כ"מבוא לחוקה". ב-13 בפברואר 2006 החליטה הכנסת, על בסיס עבודה זו, כי הכנסת השבע-עשרה תשלים את הליך הגיבוש של החוקה. **חלפו תשע שנים וכעת מכהנת הכנסת העשרים, ודבר לא קרה!** הממשלה היא זו שמושלת בכנסת ואין דרג שמנהל מעקב יעיל אחר החלטות הכנסת ומוודא את ביצוען. וזאת בעקבות החלטה שהתקבלה בכנסת הקובעת: **"...דין הרציפות אינו חל מעבר לכנסת אחת."**[72]

72 "המשפט הקונסטיטוציוני של מדינת ישראל", עמ' 474.

פרק טז

הצעת חוקה למדינת ישראל[73]

חוקת מדינת ישראל מושתתת על העקרונות אשר בהכרזת העצמאות.

מבוא – הכרזת העצמאות

ביום ה' באייר התש"ח הכריזה מועצת העם על הקמת המדינה וזה דבר ההכרזה:

"בארץ-ישראל קם העם היהודי, בה עוצבה דמותו הרוחנית, הדתית והמדינית, בה חי חיי קוממיות ממלכתית, בה יצר נכסי תרבות לאומיים וכלל-אנושיים והוריש לעולם כולו את ספר הספרים הנצחי.

"לאחר שהוגלה העם מארצו בכוח הזרוע שמר לה אמונים בכל ארצות פזוריו, ולא חדל מתפילה ומתקווה לשוב לארצו ולחדש בתוכה את חירותו המדינית.

"מתוך קשר היסטורי ומסורתי זה חתרו היהודים בכל דור לשוב ולהיאחז במולדתם העתיקה; ובדורות האחרונים שבו לארצם בהמונים, וחלוצים, מעפילים ומְגִנים הפריחו נשמות, החיו שפתם העברית, בנו כפרים וערים, והקימו יישוב גדל והולך, השליט על משקו ותרבותו, שוחר שלום ומגן על עצמו, מביא ברכת הקִדמה לכל תושבי הארץ ונושא נפשו לעצמאות ממלכתית.

"בשנת תרנ"ז (1897) נתכנס הקונגרס הציוני לקול קריאתו של הוגה חזון המדינה היהודית, תאודור הרצל, והכריז על זכות העם היהודי לתקומה לאומית בארצו.

---

73 החוקה המוצעת בהמשך מושפעת מהצעה שפרסם המכון הישראלי לדמוקרטיה, אך אינה העתק שלה ושונה ממנה באופן מהותי.

"זכות זו הוכרה בהצהרת בלפור מיום ב' בנובמבר 1917 ואושרה במנדט מטעם חבר הלאומים, אשר נתן במיוחד תוקף בינלאומי לקשר ההיסטורי שבין העם היהודי לבין ארץ-ישראל ולזכות העם היהודי להקים מחדש את ביתו הלאומי.

"השואה שנתחוללה על עם ישראל בזמן האחרון, בה הוכרעו לטבח מיליונים יהודים באירופה, הוכיחה מחדש בעליל את ההכרח בפתרון בעיית העם היהודי מחוסר המולדת והעצמאות על ידי חידוש המדינה היהודית בארץ-ישראל, אשר תפתח לרווחה את שערי המולדת לכל יהודי, ותעניק לעם היהודי מעמד של אומה שוות-זכויות בתוך משפחת העמים.

"שארית הפליטה שניצלה מהטבח הנאצי האיום באירופה ויהודי ארצות אחרות לא חדלו להעפיל לארץ-ישראל, על אף כל קושי, מניעה וסכנה, ולא פסקו לתבוע את זכותם לחיי כבוד, חירות ועמל-ישרים במולדת עמם.

"במלחמת העולם השנייה תרם היישוב העברי בארץ את מלוא חלקו למאבק האומות השוחרות חירות ושלום נגד כוחות הרשע הנאצי, ובדם חייליו ובמאמצו המלחמתי קנה לו את הזכות להימנות עם העמים מייסדי ברית האומות המאוחדות.

"ב-29 בנובמבר 1947 קיבלה עצרת האומות המאוחדות החלטה המחייבת הקמת מדינה יהודית בארץ-ישראל. העצרת תבעה מאת תושבי ארץ-ישראל לאחוז בעצמם בכל הצעדים הנדרשים מצדם הם לביצוע ההחלטה. הכרה זו של האומות המאוחדות בזכות העם היהודי להקים את מדינתו אינה ניתנת להפקעה.

"זוהי זכותו הטבעית של העם היהודי להיות ככל עם ועם עומד ברשות עצמו במדינתו הריבונית.

"לפיכך נתכנסנו אנו חברי מועצת העם, נציגי היישוב העברי והתנועה הציונית, ביום סיום המנדט הבריטי על ארץ-ישראל, ובתוקף זכותנו הטבעית וההיסטורית ועל יסוד החלטת עצרת האומות המאוחדות אנו מכריזים בזאת על הקמת מדינה יהודית בארץ-ישראל, היא מדינת ישראל.

"אנו קובעים שהחל מרגע סיום המנדט, הלילה, אור ליום שבת, ו' אייר תש"ח, 15 במאי 1948, ועד להקמת השלטונות הנבחרים והסדירים של המדינה בהתאם לחוקה שתיקבע על-ידי האספה המכוננת הנבחרת לא יאוחר מ-1

באוקטובר 1948 – תפעל מועצת העם כמועצת מדינה זמנית, ומוסד הביצוע שלה, מִנהלת-העם, יהווה את הממשלה הזמנית של המדינה היהודית, אשר תיקרא בשם ישראל.

"מדינת ישראל תהא פתוחה לעלייה יהודית ולקיבוץ גלויות; תשקוד על פיתוח הארץ לטובת כל תושביה; תהא מושתתת על יסודות החירות, הצדק והשלום לאור חזונם של נביאי ישראל; תקיים שוויון זכויות חברתי ומדיני גמור לכל אזרחיה בלי הבדל דת, גזע ומין; תבטיח חופש דת, מצפון, לשון, חינוך ותרבות; תשמור על המקומות הקדושים של כל הדתות; ותהיה נאמנה לעקרונותיה של מגילת האומות המאוחדות.

"מדינת ישראל תהא מוכנה לשתף פעולה עם המוסדות והנציגים של האומות המאוחדות בהגשמת החלטת העצרת מיום 29 בנובמבר 1947 ותפעל להקמת האחדות הכלכלית של ארץ-ישראל בשלמותה.

"אנו קוראים לאומות המאוחדות לתת יד לעם היהודי בבניין מדינתו ולקבל את מדינת ישראל לתוך משפחת העמים.

"אנו קוראים – גם בתוך התקפת-הדמים, הנערכת עלינו זה חודשים – לבני העם הערבי תושבי מדינת ישראל לשמור על השלום וליטול חלקם בבניין המדינה על יסוד אזרחות מלאה ושווה ועל יסוד נציגות מתאימה בכל מוסדותיה, הזמניים והקבועים.

"אנו מושיטים יד שלום ושכנות טובה לכל המדינות השכנות ועמיהן, וקוראים להם לשיתוף פעולה ועזרה הדדית עִם העם העברי העצמאי בארצו. מדינת ישראל מוכנה לתרום חלקה במאמץ משותף לקדמת המזרח התיכון כולו.

"אנו קוראים אל העם היהודי בכל התפוצות להתלכד סביב היישוב בעלייה ובבניין ולעמוד לימינו במערכה הגדולה על הגשמת שאיפת הדורות לגאולת ישראל.

"מתוך ביטחון בצור ישראל הננו חותמים בחתימת ידנו לעדות על הכרזה זו, במושב מועצת המדינה הזמנית, על אדמת המולדת, בעיר תל אביב, היום הזה, ערב שבת, ה' אייר תש"ח, 14 במאי 1948."

שער ראשון: עיקרים

1. יסודות

א. שם המדינה: ישראל.

ב. ישראל היא מדינה יהודית ודמוקרטית.

ג. המדינה תנהג בשוויון מלא כלפי כל אזרחיה, ללא הבדל לאום, גזע, דת ומין.

ד. מדינת ישראל תכבד את תושביה המתגוררים בה שהחליטו לוותר על אזרחותם הישראלית ולהיות אזרחים של מדינה אחרת, ותיתן להם זכות לחופש תנועה, לקניין, לצדק חברתי ולשמירת מצוות דתם, אך לא תאפשר להם להשפיע על דרכה של מדינת ישראל ומדיניותה, היות שבחרו מרצונם החופשי לא להיות אזרחיה ולא לשרתה במסגרת שירות ממלכתי חובה.

ה. אזרח מדינת ישראל יוכל להחזיק, אם רצונו בכך, גם באזרחות של מדינה אחרת.

ו. משטר המדינה הוא דמוקרטיה פרלמנטרית, ובראש המדינה יעמוד ראש ממשלה שייבחר בבחירות כלליות, חשאיות ודמוקרטיות. הנהגת המדינה תהא מורכבת מנשיא המדינה, ראש הממשלה ויושב ראש הכנסת.

2. ריבונות

מקור הסמכות של השלטון הוא רצונם הריבוני של אזרחי המדינה, כפי שבא לידי ביטוי בחוקה ובבחירות חופשיות.

3. דגל, סמל, המנון

א. דגל המדינה צבעו לבן עם שני פסי תכלת מאוזנים סמוך לשוליו, למעלה ולמטה, ומגן דוד תכול במרכזו.

ב. סמל המדינה הוא מנורה בת שבעה קנים, על פי הדגם החרות על שער טיטוס ברומא, שני ענפי זית בצדה, והמילה "ישראל" למרגלותיה.

ג. המנון המדינה הוא "התקווה". מילות ההמנון חוברו שנים רבות לפני הקמת המדינה ומקור הלחן הוא בשיר עממי רומני. הוא היה להמנון התנועה הציונית והמדינה שבדרך. הכנסת רשאית, ברוב של שמונים קולות, לאמץ המנון חדש אשר ייתן ביטוי להיותה של מדינת ישראל מדינה יהודית ודמוקרטית, בתנאי שהמילים והלחן יהיו של מחברים ישראלים.

4. הבירה

א. ירושלים היא בירת ישראל.

ב. ירושלים היא לבו של העם היהודי, מוקד געגועיו, מחוז חלומותיו וערש תפילותיו, ולכן היא תהיה מקום משכנם של נשיא המדינה, ראש הממשלה, משרדי הממשלה, כנסת ישראל, בית המשפט העליון, מבקר המדינה ומקומן הרצוי של השגרירויות הזרות.

5. שפה

א. עברית היא שפת המדינה.

ב. ערבית היא השפה הרשמית השנייה במדינת ישראל. השימוש בשפה הערבית כשפה רשמית שנייה והסדרת לימוד השפה בבתי ספר ובמוסדות ממלכתיים ייקבעו בחוק.

6. שבת ומועדי ישראל

א. שבת וחגי ישראל, על פי דת משה וישראל, ומועדים אחרים שעליהם החליטה כנסת ישראל, הם ימי מנוחה ממלכתיים במדינת ישראל.

ב. למי שאינם יהודים תישמר הזכות לימי מנוחה גם ביום שבתם ובחגיהם.

7. הלוח השנתי

לוח השנה העברי הוא הלוח הרשמי במדינת ישראל. מתחתיו יירשם הלוח הגרגוריאני הנהוג בעולם הרחב. בני דת האסלאם רשאים לציין, נוסף ללוח השנה העברי והגרגוריאני, תאריכים על פי לוח האסלאם.

8. שבות

זכאי לעלות לישראל:

א. כל מי שנולד לאב יהודי או לאם יהודייה ולא המיר דתו מרצון.

ב. מי שגויר על ידי אחד הזרמים היהודיים: האורתודוקסי, הקונסרבטיבי או הרפורמי.

ג. אדם בעל זיקה מוכחת לעם היהודי, אדם שהושיט יד להצלת יהודים ללא קבלת תמורה ואדם שזכה בתואר "חסיד אומות העולם".

9. אזרחות

א. האזרחות הישראלית תוקנה למי שנולד לאב או אם אזרחי ישראל או תושבי ישראל המתגוררים בה, וכתובתם הקבועה נמצאת בגבולות מדינת ישראל וכן ליהודים המתגוררים בארץ הגובלת במדינת ישראל ומבקשים אזרחות ישראלית.

ב. תינתן אזרחות למי שעלה מכוח חוק השבות, לבן זוגו ולילדיו.

ג. חוק יכול לקבוע מתן אזרחות ישראלית לקרוביו של מי שזכאי לעלות לישראל.

ד. ויתור על אזרחות ישראלית מותר לכל אדם שהגיע לגיל שמונה-עשרה שנה והוא בעל אזרחות של מדינה אחרת. הוויתור הוא אישי ופרטני, ויש לנמק את הסיבה העיקרית לוויתור (דתית, לאומית או השקפה פילוסופית).

ה. התארגנותם ופעילותם של המתנגדים לקיומה של מדינת ישראל תיאסר בחוק.

ו. מדינת ישראל לא תשלול את אזרחותו של אף אדם אלא בהליך שייקבע בחוק, בהליך משפטי ולאחר קבלת החלטה של בית משפט ישראלי.

10. מיעוטים

א. מדינת ישראל לא תבחין בין אזרחיה, לא תפלה אותם ותיתן יחס שווה לכל אזרחיה ללא הבדל של לאום, דת, זרם דתי, גזע ומין.

ב. מעמדם של המיעוטים הלאומיים והדתיים יובטח בחוק במסגרת זכויותיהם כאזרחים וכתושבים.

11. דתות

א. מדינת ישראל ומוסדותיה לא יעסקו בחקיקה דתית או באכיפה דתית של דת כלשהי.

ב. מדינת ישראל תספק את כל השירותים החיוניים שנזקק להם אזרח או תושב לאורך כל חייו, ולא תכריח אותו בחוק לקבל שירות כלשהו מאחת הדתות או מאחד המוסדות הדתיים.

ג. כל מי שיבחר לקבל שירות כלשהו מדת או ממוסד דתי, רשאי לעשות זאת, ומדינת ישראל לא תעמיד כל מכשול לקבלת השירות הדתי, כפי שבחר האדם מרצונו החופשי. מוסדות המדינה יכירו במעמד האישי שניתן על ידי כל אחד מן המוסדות הדתיים, בתנאי שאינו נוגד את החוק או פסיקה מפורשת של בית משפט ישראלי.

ד. מדינת ישראל היא מדינה יהודית של כל בני הלאום היהודי באשר הם, אך תבטיח את מעמדם ואת עצמאותם של כל הדתות, הזרמים הדתיים והכתות הדתיות, ללא העדפת האחד על פני האחר, לרבות הכתות והזרמים בדת היהודית.

ה. מדינת ישראל תסייע לדתות, לזרמים הדתיים ולכתות הדתיות לממן את פעילותם במסגרת תקציב מאושר שיחולק באופן יחסי בין כולם על פי שיעור ההשתייכות הדתית של כל הפרטים באוכלוסייה. הסיוע ייגזר באמצעות קביעת שיעור ממס ההכנסה של כל נישום כפרט, ויופנה לשירותי הדת שהוא זקוק להם, כפי שייקבע בחוק.

ו. כל המקומות הקדושים לכל הדתות יהיו שמורים מפני חילול וכל פגיעה אחרת ומפני כל דבר העלול לפגוע בחופש הגישה של בני הדתות אל המקומות המקודשים להם או ברגשותיהם כלפי אותם מקומות.

12. שמירה על הארץ ופיתוחה

המדינה תשמר את האתרים ההיסטוריים והארכיאולוגיים, את ערכי הנוף,
את איכות הסביבה ואת ניצולם המושכל של משאבי הטבע, ותפעל
למניעת פגיעה בהם תוך כדי שמירה על איזון עם הצורך בפיתוח הארץ.

שער שני: זכויות היסוד של האדם

13. עקרונות יסוד

זכויות היסוד של האדם בישראל מושתתות על קדושת החיים, על כבוד
האדם, על חירות האדם, על שוויון הזדמנויות ועל השאיפה להשגת צדק
חברתי ברוח הצהרת זכויות האדם שקבעה עצרת האומות המאוחדות.

14. הזכות לחיים, לשלמות הגוף ולכבוד

א. לכל אדם יש הזכות לחיים, לשלמות הגוף ולכבוד.

ב. נאשם שהורשע בטרור רצחני, אינו מביע חרטה ואינו מבטיח כי לא
יחזור על מעשה הטרור, לפני מתן גזר הדין במשפטו, רשאי בית
המשפט, בהרכב של שלושה שופטים, להטיל עליו עונש מוות. אם
יביע הנאשם חרטה בתקופת ההמתנה להוצאת גזר הדין מהכוח אל
הפועל, רשאי בית המשפט שדן אותו למיתה להמיר את עונשו לעונש
מאסר ממושך, לאחר שישמע את חרטת הנידון.

ג. אין לענות אדם באופן אכזרי, בלתי אנושי או הפוגע בצלמו.

ד. לכל אדם יש הזכות לא להשתתף בניסוי רפואי או מדעי בגופו ללא הסכמתו.

15. חירות

א. לכל אדם יש הזכות לחירות.

ב. לא יהא אדם נתון לעבדות, לשעבוד, לעבודת כפייה או לכפייה רוחנית
שמקורה באיומי קללה או כתנאי לקבלת ברכה.

16. שוויון בפני החוק ואיסור אפליה

הכול שווים בפני החוק: אין מפלים בין אדם לאדם מטעמי גזע, דת, לאום, מין, עדה, ארץ מוצא, מוגבלות, מעמד ציבורי או כל טעם אחר.

17. חופש הדעה והביטוי

לכל אדם יש חופש הדעה והביטוי ברשות היחיד וברשות הרבים לרבות החופש לפרסם דעות ומידע, בתנאי שאינם מכילים הטפה ועידוד לגזענות, לשנאת זרים ולאומים אחרים או לשלילת זכות הקיום של מדינת ישראל כמדינת העם היהודי.

18. חופש המידע

לכל אזרח או תושב יש הזכות לקבל מידע מרשות ציבורית.

19. חופש האספה, התהלוכה וההפגנה

א. לכל אדם יש החופש לקיים אספות, תהלוכות והפגנות בתיאום עם משטרת ישראל לשם הבטחת הביטחון והסדר הציבורי.

ב. יאסר קיום אספה, תהלוכה והפגנה שנועדו להביע עידוד לגזענות, לשנאת זרים או לאומים אחרים או לשלילת זכות קיומה של מדינת ישראל כמדינת העם היהודי.

20. חופש האמונה והמצפון

לכל אדם יש חופש האמונה והמצפון.

21. חופש הדת ואיסור פגיעה מטעמי דת

א. לכל אדם יש חופש דת. איש באמונתו יחיה.

ב. לא יישללו זכויות מאדם ולא יבוטלו חובות שחלות עליו מטעמי דת.

22. חופש האמנות והמדע

לכל אדם יש חופש האמנות, היצירה, המחקר והוראת המדעים.

23. פרטיות ושם טוב

כל אדם זכאי לפרטיות, לצנעת חייו ולשמו הטוב.

24. חופש התנועה

א. כל אדם הנמצא כדין בישראל, אזרח או תושב, חופשי לנוע בארץ כרצונו מלבד בשטחים הסגורים לציבור מטעמי ביטחון.

ב. כל אדם, אזרח או תושב, חופשי לצאת מישראל, אך אסור לו לנסוע לארץ אויב או לבוא במגע עם נציג של ארץ אויב.

25. זכויות במשפט

א. לכל אדם יש הזכות לפנות לרשויות שיפוטיות.

ב. לכל אדם יש הזכות למשפט הוגן.

ג. לכל אדם יש הזכות לייצוג משפטי. המדינה תעמיד לאדם ייצוג משפטי במקרים ובתנאים שייקבעו בחוק.

ד. לכל אדם יש הזכות להתגונן מפני אשמה שהוטלה בו.

ה. כל אדם הוא בחזקת זכאי כל עוד לא הורשע בדין. לא יישא אדם באחריות פלילית לעֲברה אלא אם כן הוכחה מעל לספק סביר. אין להרשיע או להאשים אדם בשל מעשה או מחדל שבגינו הורשע או זוכה בעבר.

ו. אין עֲברה ואין עונש עליה אלא אם כן נקבעו בחוק או על פיו. אין אדם חייב בפלילים בשל מעשה או מחדל שלא היו עֲברה על פי חוק בשעת המעשה או המחדל, ואין עונשין אדם בעונש חמור מזה שהיה צפוי לו לפי החוק בעת ביצוע העֲברה.

26. זכויות העציר

א. לכל אדם שנעצר יש הזכות שיודיעוהו עם ביצוע המעצר את עילת המעצר; להיפגש ללא דיחוי בלתי סביר עם עורך דין לפי בחירתו

ולהתייעץ עמו. חובתו של הגורם העוצר היא להודיע לנעצר על זכויותיו אלו.

ב. אדם שנעצר בשל חשד לביצוע עבֵרה זכאי להיות מובא בפני רשות שיפוטית לבחינת מעצרו מוקדם ככל האפשר.

ג. מאסר או מעצר של אדם יהיו בדרך שתבטיח שמירה מרבית על כבוד האדם ועל שאר זכויותיו.

ד. המשטרה לא תעביר בכל דרך שהיא הודעה לכלי התקשורת על המעצר אלא אם תובא ההודעה מראש לידיעת העציר ותינתן לו הזכות להגיב בגוף הודעת המשטרה.

27. הזכות לקניין

א. לכל אדם יש הזכות לקניין.

ב. אין מפקיעים קניינו של אדם מלבד הפקעת שיעור מסוים מהקרקע לצורכי ציבור, כפי שייקבע בחוק. הפקעה לצורכי ציבור מעל לשיעור שייקבע בחוק, תהיה תמורת פיצוי הולם.

28. חופש העיסוק

א. כל אזרח או תושב של המדינה זכאי לעסוק בכל עיסוק, מקצוע או משלח יד.

ב. מקצועות המחייבים הכשרה, כגון רופא, רוקח, מהנדס יוגדרו בחוק לרבות ההסמכה הדרושה.

29. חופש ההתאגדות

א. לכל אזרח של המדינה יש החופש להתאגד, לרבות הזכות להקים מפלגות והתאגדויות פוליטיות.

ב. לכל אזרח או תושב של המדינה יש החופש להתאגד באיגודים מקצועיים.

ג. לא תותר התאגדות פוליטית של תושבי המדינה, היות שאינם אזרחיה ולא שירתוה.

30. שביתה

עובדים זכאים לשבות בשל סכסוך עבודה על פי החלטת ארגון העובדים שלהם, ומעבידים זכאים להשבית בשל סכסוך עבודה, ובלבד שלא ייפגעו באופן ניכר תפקודם הסדיר של שירותים חיוניים לציבור. זכות השביתה, כולל למי שאינם מאוגדים בארגון עובדים, תוסדר בחוק.

31. זכויות חברתיות

א. מדינת ישראל תפעל לקידום הרווחה האישית והכלכלית של אזרחיה ושל תושביה מתוך הכרה בכבוד האדם.

ב. מדינת ישראל תקדם את ההכשרה המקצועית של בוגרות ובוגרים מעל גיל שמונה-עשרה ואת השתלבותם בעבודה.

ג. המדינה תספק את הצרכים הבסיסיים של בעלי מוגבלויות גופניות ואחרות, מוכי גורל וגמלאים חסרי מקורות הכנסה. זאב ז'בוטינסקי הגדיר צרכים אלו בחמש המ"מים: מזון, מלבוש, מעון, מרפא ומחנך.

32. הזכות לביטחון סוציאלי

מדינת ישראל תפעל לקידום הביטחון הסוציאלי של אזרחיה ותושביה.

33. הזכות לבריאות

מדינת ישראל תפעל להבטחת בריאות הציבור ותדאג להספקת שירותי בריאות לאזרחיה ולתושביה.

34. הזכות לחינוך

א. מדינת ישראל תשקוד על קידום החינוך, ההשכלה וההכשרה המקצועית מתוך הכרה בערכם ובחשיבותם לפיתוח רוח האדם וכישוריו ולהבטחת שוויון הזדמנויות לכל אזרחיה ולכל תושביה.

ב. מדינת ישראל תבטיח שלוש-עשרה שנות לימוד חובה חינם. אחת-עשרה השנים הראשונות יוקדשו לחינוך ערכי והומני ולרכישת ידע בסיסי להשתלבות בחברה ובמדינה. השנתיים האחרונות יוקדשו להכשרה להשתלבות בלימודים אקדמיים או במעגל העבודה והיצירה למען מתן כלים לחיים עצמאיים וכדי לא להפוך לנטל על החברה.

ג. מדינת ישראל תאפשר רכישת השכלה אקדמית לכל אזרחיה על ידי מתן סיוע כספי והלוואה ארוכת טווח, שתיפרע לאחר השתלבותם במעגל העבודה.

35. זכויות בעבודה

מדינת ישראל תפעל לקיום תנאי עבודה הוגנים ובטוחים מתוך הכרה בערך העבודה.

36. זכויות הילד

א. לכל ילד זכות לתנאי חיים בסיסיים להתפתחותו, ככל האפשר במסגרת המשפחה.

ב. ההורים, האפוטרופוסים הטבעיים של ילדם, וכל אפוטרופוס אחר על פי דין, יישאו באחריות, ולהם החובה והזכות להבטיח את טובת הילד.

ג. לא מילאו ההורים או כל אפוטרופוס אחר על פי דין את חובותיהם כלפי ילדם, תפעל המדינה למילוי החובות ההוריות כמוגדר בחוק.

37. זכויות הקבוצה

לכל אדם המשתייך לקבוצה לאומית-אתנית, דתית, תרבותית או לשונית, הזכות – לבדו או עם שאר חברי הקבוצה – לשמר ולפתח את תרבותו, את דתו, את לשונו ואת מורשתו.

38. פגיעה בזכויות

אין פוגעים בזכויות הקיימות בחוקה אלא באמצעות חוק ההולם את ערכיה של מדינת ישראל, שנועד לתכלית ראויה, ואינו עולה על הנדרש.

39. נציבות זכויות אדם

א. תוקם בחוק נציבות זכויות אדם שתפעל לקידום ההכרה בזכויות האדם המוקנות לפי חוקה זו או לפי חוק אחר ולקידום השמירה עליהן, ותטפל בתלונות בנושא זה.

ב. נציב זכויות האדם ימונה על ידי נשיא המדינה ויהיה חלק מסגל משכן הנשיא.

שער שלישי: רשויות השלטון

40. סמכויות רשויות השלטון

אין סמכויות לרשויות השלטון אלא מכוח החוקה או החוק.

41. חובות נבחרי הציבור ומשרתי הציבור

א. נבחרי הציבור ועובדי הציבור הם משרתי הציבור ולא אדוניו.

ב. עליהם לפעול לקידום טובת הציבור ולשמירה על זכויות היסוד של האדם ולמניעת פגיעה בהן, ולמלא את תפקידם בנאמנות, ביושר, בשקיפות ראויה ובנשיאה באחריות.

ג. כל תפקיד מהתפקידים השלטוניים המצוין בלשון זכר, הכוונה היא גם לאישה.

פרק הנשיא

42. מעמד

בראש המדינה וההנהגה יעמוד נשיא המדינה והוא יבטא את עצמאותה, את ריבונותה ואת הערכים והמוסר של מדינת ישראל.

43. תקופות כהונה

א. תקופת כהונה אחת של נשיא המדינה תהא שבע שנים.

ב. נשיא המדינה לא יכהן יותר משתי כהונות רצופות.

44. כשירות ואישור מועמדות

א. כל אזרח ישראלי המתגורר קבע בישראל ולא נידון לעונש מאסר או לקלון, והוא בן יותר מארבעים שנה, כשיר להיות מועמד לכהונת נשיא המדינה.

ב. המגיש מועמדות לתפקיד נשיא המדינה יצהיר על הונו ועל רכושו ויעמוד בפני ועדה לבחינת התאמה. הדיונים בוועדה יהיו פומביים והיא תורכב מנשיא לשעבר, נשיא בית המשפט העליון המכהן, ראש ממשלה לשעבר, יושב ראש הכנסת לשעבר ונשיא בית המשפט העליון לשעבר.

ג. הוועדה תמונה שמית על ידי נשיא המדינה, יושב ראש הכנסת וראש הממשלה.

45. בחירת נשיא המדינה

א. נשיא המדינה ייבחר בבחירות כלליות, אישיות, ישירות וחשאיות.

ב. הבחירות יערכו אחת לשבע שנים במועד שייקבע על ידי כנסת ישראל.

ג. אם יתמודדו יותר משני מועמדים לתפקיד נשיא המדינה, ייבחר המועמד אשר יזכה למספר הקולות הרב ביותר, בתנאי שהוא קיבל יותר מ-40 אחוז מקולות הבוחרים.

ד. והיה אם איש מהמועמדים לא זכה ליותר מ-40 אחוז מקולות הבוחרים, ייערכו תוך ארבעה-עשר יום בחירות בין שני המועדים שזכו למספר הקולות הרב ביותר. המועמד שיקבל בהצבעה זו את רוב הקולות הוא הנבחר לכהן כנשיא המדינה.

46. תחילת כהונה והצהרת אמונים

א. הנשיא הנבחר יתחיל בכהונתו עם תום כהונת הנשיא הקודם ולאחר שיצהיר אמונים בכנסת.

ב. ואלה דברי ההצהרה: "אני מתחייב לשמור אמונים למדינת ישראל, לאזרחיה ולתושביה, להגן על חוקתה וחוקיה, לנהוג על פיהם ולמלא באמונה, ביושר ובמסירות את תפקידי כנשיא המדינה."

47. תפקידים וסמכויות

א. הנשיא יעמוד בראש הנהגת המדינה ויפעל לתיאום עמדות בין חברי ההנהגה תוך שמירת החוקה וחוקיה של המדינה.

ב. הנשיא יקבע מדיניות לטיפול בפניות הציבור אל לשכתו או אליו, וינחה את נציב זכויות האדם בפעולותיו.

ג. הנשיא יאשר בחתימת ידו כל תיקון לחוקה ויחתום על כל חוק.

ד. הנשיא יקיים, לפחות אחת לחודש, דיון הנהגה בלשכתו. בדיון יקבל דיווח על פעולות החקיקה של הכנסת ודוח על החלטות הממשלה ופעולותיה. הנשיא יעלה לדיון נושאים המחייבים טיפול בכנסת או בממשלה ונוגעים לזכויות אדם ולשירות הניתן לאזרחים ולתושבים.

ה. הנשיא יאמין את הנציגים הדיפלומטיים שמדינות חוץ שיגרו לישראל, יסמיך את הנציגים הקונסולריים של המדינה.

ו. הנשיא יחתום על אמנות עם מדינות חוץ שאושרו ואושררו בהתאם להוראות החוקה.

ז. לנשיא המדינה נתונה הסמכות לחון עבריין או להקל בעונשו על ידי הפחתת העונש או המרתו בעונש אחר בנסיבות שייקבעו בחוק. בטרם הפעיל הנשיא את סמכותו לחון עבריין או להקל בעונשו בנסיבות שיפורטו בחוק, ייוועץ בוועדה מיוחדת אשר בראשה יעמוד שופט בית המשפט העליון בדימוס.

ח. נשיא המדינה ימלא את תפקידיו ונתונות לו הסמכויות שייוחדו לו בחוקה או בחוק.

48. חתימת קיום

חתימתו של נשיא המדינה על מסמך רשמי, במילוי תפקידו, טעונה חתימת קיום של ראש הממשלה או יושב ראש הכנסת, בליווי חותמת הנשיא, שעליה ייחרט סמל המדינה במרכז ובחלק העליון ייכתב "נשיא מדינת ישראל", ובחלק התחתון ייכתב בשפה האנגלית "THE PRESIDENT OF ISRAEL."

49. הדחה

נשיא המדינה יודח מתפקידו אם יוגש נגדו כתב אישום בעוון בגידה, קבלת שוחד, פשעים או עוונות חמורים אחרים, לאחר שימוע בפני בית הדין העליון בהרכב מינימלי של אחד-עשר שופטים בעלי מינוי קבוע.

50. ייחוד כהונה

לא יכהן נשיא המדינה במשרה ולא ימלא תפקיד, זולת משרתו ותפקידו כנשיא המדינה.

51. תום כהונה

נשיא מדינה שסיים כהונתו לא יהיה מועמד לכנסת ולא יתמנה כשר בממשלה, אלא אם עברו שבע שנים מיום שתמה כהונתו. כהונת נשיא המדינה מסתיימת באחת מאלה:

א. בתום תקופת כהונתו.

ב. הנשיא התפטר על ידי הגשת כתב התפטרות ליושב ראש הכנסת.

ג. הנשיא נפטר.

ד. הכנסת החליטה ברוב של שמונים חברי כנסת כי מטעמי בריאות, בהמלצת שלושה רופאים, נבצר מנשיא המדינה, דרך קבע, למלא את תפקידו.

ה. הכנסת החליטה ברוב של שמונים חברי כנסת להעביר את הנשיא מכהונתו לאחר שמצאה כי התנהג בתקופת כהונתו או לפניה בצורה שאינה הולמת את מעמד הנשיאות.

52. נבצרות זמנית של נשיא המדינה למלא את תפקידו

נשיא המדינה יפסיק זמנית למלא את תפקידו ולהשתמש בסמכויותיו במקרים הבאים:

א. אם הודיע ליושב ראש הכנסת כי נבצר ממנו זמנית למלא את תפקידו, וועדת הכנסת אישרה את הודעתו ברוב חבריה לתקופה שאינה עולה על תשעים יום.

ב. אם החליטה הכנסת ברוב של שמונים מחבריה, לאחר חוות דעת של שלושה רופאים, כי מטעמי בריאות נבצר מהנשיא באופן זמני למלא את תפקידו לתקופה שאינה עולה על תשעים יום.

53. נשיא בפועל

א. אם נבצר זמנית מנשיא המדינה למלא את תפקידו – ימלא יושב ראש הכנסת את מקומו עד חזרתו של הנשיא. ואם התפנה מקום הנשיא באופן קבוע, ימלא יושב ראש הכנסת את מקומו עד בחירתו של נשיא חדש.

ב. התפנה מקומו של הנשיא באופן קבוע – תוך תשעים יום תיערכנה בחירות לנשיא חדש.

פרק הכנסת

54. מהות

הכנסת היא בית הנבחרים והרשות המחוקקת של מדינת ישראל.

55. הרכב חברי הכנסת ובחירתם

א. הכנסת בהיבחרה תהיה בת מאה ועשרים חברים.

ב. יושב ראש הכנסת ייבחר בבחירות אישיות, ישירות וגלויות על ידי חברי הכנסת.

ג. שישים מחברי הכנסת ייבחרו במסגרת רשימות מאושרות, בבחירות כלליות, שוות, חשאיות ויחסיות.

ד. שישים חברי כנסת ייבחרו במסגרת שנים-עשר אזורי בחירה הבנויים מנפות המוגדרות בחוק, על פי הטבלה דלהלן. הבחירות יהיו אישיות, ישירות וחשאיות. מספר המושבים לנפה יעודכן על ידי הלשכה המרכזית לסטטיסטיקה שנה לפני מועד הבחירות לכנסת.

מספר הנפה	אזורי הבחירה	מספר בעלי זכות הבחירה	מספר המושבים לאזור
1	ירושלים ויהודה	526,139	**6**
2	צפת, אזור הכנרת ועמק יזרעאל	474,227	**5**
3	עכו	379,685	**4**
4	חיפה והקריות	454,047	**5**
5	חדרה והשרון	523,736	**6**
6	פתח תקווה	494,686	**6**
7	רמלה ורחובות	591,489	**7**
8	תל-אביב יפו	383,585	**4**
9	דן צפון	360,357	**4**
10	דן דרום	330,019	**4**
11	אשקלון ואשדוד	357,473	**4**
12	באר שבע ואילת	403,137	**5**
סה"כ		5,278,985	**60**

56. הזכות לבחור

כל אזרח ישראלי מעל גיל שמונה-עשרה שנה המתגורר במדינת ישראל זכאי לבחור לכנסת. כמו כן, ניתנת זכות הבחירה לאזרחים ישראלים הנמצאים בשליחות המדינה בחו"ל ולימאים בתפקיד.

57. ייחוד הכהונה כחבר כנסת

לא יכהן חבר כנסת במשרה ולא ימלא תפקיד, זולת משרתו ותפקידו כחבר כנסת.

58. תקופת הכהונה בכנסת

א. תקופת הכהונה בכנסת תהיה חמש שנים מיום השבעת חברי הכנסת.

ב. מועד הבחירות יהיה ביום שלישי האחרון לפני תום חמש השנים.

ג. הכנסת לא תדון בהארכת תקופת כהונתה אלא אם תהיה אליה פנייה של הנהגת המדינה.

ד. הכנסת רשאית לאמץ את פניית הנהגת המדינה להארכת כהונתה לאחר שציינה את תקופת ההארכה כמתחייב מהנסיבות.

59. כשירות ואישור מועמדות להיבחר לתפקיד יושב ראש הכנסת

א. כל חבר כנסת שהוא בן יותר מארבעים שנה כשיר להיות מועמד לכהונת יושב ראש הכנסת.

ב. המגיש מועמדות לתפקיד יושב ראש הכנסת יצהיר על הונו ועל רכושו ויעמוד בפני ועדה לבחינת התאמה. הדיונים בוועדה יהיו פומביים, והיא תורכב מנשיא לשעבר, נשיא בית המשפט העליון המכהן, ראש ממשלה לשעבר, יושב ראש הכנסת לשעבר ונשיא בית המשפט העליון לשעבר.

ג. הוועדה תמונה שמית על ידי הנהגת המדינה.

60. בחירת יושב ראש הכנסת

א. כל חבר כנסת רשאי להציג מועמדותו בתנאי שיצרף רשימה של שלושים חברי כנסת התומכים בו.

ב. יושב ראש הכנסת ייבחר על ידי חברי הכנסת בישיבה מיוחדת של הכנסת, בבחירות אישיות, ישירות וחסויות.

ג. הבחירות תיערכנה תוך ארבעה-עשר יום מיום השבעת חברי הכנסת. זקן חברי הכנסת ישמש כיושב ראש הכנסת עד בחירתו של יושב ראש הכנסת ברוב קולות של חברי הכנסת.

ד. אם יתמודדו יותר משני מועמדים לתפקיד יושב ראש הכנסת, ייבחר המועמד אשר יזכה למספר הקולות הרב ביותר, בתנאי שהוא קיבל יותר מ-40 אחוז מקולות הבוחרים.

ה. והיה אם איש מהמועמדים לא זכה ליותר מ-40 אחוז מקולות הבוחרים, יערכו תוך ארבעה-עשר יום בחירות בין שני המועמדים שזכו למספר הקולות הרב ביותר. המועמד שיקבל בהצבעה זו את רוב הקולות הוא הנבחר לכהן בתפקיד יושב ראש הכנסת.

61. תחילת כהונה והצהרת אמונים

א. יושב ראש הכנסת יתחיל בכהונתו לאחר שיצהיר אמונים בכנסת.

ב. ואלה דברי ההצהרה: **"אני מתחייב לשמור אמונים למדינת ישראל, לאזרחיה ולתושביה, לכנסת ישראל, להגן על חוקתה וחוקיה, לנהוג על פיהם, ולמלא באמונה, ביושר ובמסירות את תפקידי כיושב ראש בית המחוקקים של מדינת ישראל."**

62. התפטרות יושב ראש הכנסת

א. התפטרות יושב ראש הכנסת גורמת להתפטרות הכנסת כולה ולעריכת בחירות חדשות לכנסת ולתפקיד יושב ראש הכנסת תוך שישים יום מיום ההתפטרות.

ב. יושב ראש הכנסת וחברי הכנסת ימשיכו במילוי תפקידם עד בחירת כנסת חדשה.

63. תפקידים וסמכויות של יושב ראש הכנסת

א. יושב ראש הכנסת הוא ראש הרשות המחוקקת.

ב. יושב ראש הכנסת יהיה חלק מהנהגת המדינה ויתרום לתיאום עמדות בין חברי ההנהגה תוך שמירת החוקה וחוקיה של המדינה.

ג. יושב ראש הכנסת ייצג את הכנסת.

ד. יושב ראש הכנסת יפעל להקמת ועדת כנסת לכל אחד ממשרדי הממשלה ולהקמת ועדות נוספות: הוועדה לביקורת המדינה; הוועדה לאתיקה וליושרה של חברי הכנסת והממשלה; ועדת אד-הוק לבחינת נושא מוגדר ומיוחד, שתאושר על ידי הכנסת.

ה. הרכב ועדות הכנסת ומינוי יושבי ראש הוועדות הם מסמכותו של יושב ראש הכנסת. הרכב הוועדות יהלום, ככל האפשר, את כוחן היחסי של סיעות הכנסת.

ו. יושב ראש הכנסת יעקוב אחר עבודת הוועדות וינחה אותן בעבודתן. הוועדות תדונה בהצעות חוק המוגשות על ידי משרדי הממשלה ובהצעות חוק של חברי הכנסת. הוועדות תעקובנה אחר ביצוע חוקי הכנסת במשרד שמולו הן פועלות ותגשנה דוח על פעילותן ליושב ראש הכנסת.

ז. יושב ראש הכנסת יפרסם תוכנית עבודה ותוכנית דיונים לכל מושב של הכנסת ושל כל ועדותיה. כמו כן ידאג להשאיר זמן פנוי לדיונים מיוחדים ודחופים במליאת הכנסת.

ח. יושב ראש הכנסת, או בהיעדרו אחד מסגניו, ינהל את ישיבות הכנסת.

ט. חוק יוגש לקריאה שלישית בכנסת רק לאחר אישורו של יושב ראש הכנסת.

י. יושב ראש הכנסת יאשר בחתימת ידו כל תיקון לחוקה וכל חוק שהתקבל בקריאה שלישית בכנסת.

יא. מחובתו של יושב ראש הכנסת לוודא את צמצום הפער בין הרבדים החברתיים-כלכליים במדינה, ומתפקידו יהיה ליזום חוק הקובע את עדכון המכפלה בין שכר המינימום לשכר המקסימום במגזר הציבורי.

יב. יושב ראש הכנסת רשאי לאשר קיזוז בין סיעות. הוא גם רשאי לדרוש נוכחות מלאה של חברי הכנסת בדיון חקיקה אשר לדעתו הוא בעל חשיבות עליונה או עקרונית.

יג. יושב ראש הכנסת רשאי להטיל סנקציות על חבר כנסת בשל התנהגות לא ראויה או על היעדרות מדיון שבו הוגדרה חובת נוכחות. סנקציות אלה יכללו: הרחקה מכמה דיונים בכנסת ובוועדותיה; מניעת שכר בזמן ההרחקה.

יד. במקרים של הפרה חוזרת ונשנית של תקנון האתיקה של הכנסת, רשאי יושב ראש הכנסת לדרוש מוועדת האתיקה של הכנסת להכריז על חבר כנסת כ"חבר כנסת מורד" ולהרחיקו מדיוני הכנסת ומוועדותיה למושב שלם.

64. הדחה

יושב ראש הכנסת יודח מתפקידו אם יוגש נגדו כתב אישום בעוון בגידה, קבלת שוחד, פשעים או עוונות חמורים אחרים, לאחר החלטת בית המשפט העליון בהרכב של אחד-עשר שופטים בעלי מינוי קבוע.

65. ייחוד כהונה

לא יכהן יושב ראש הכנסת במשרה ולא ימלא תפקיד, זולת משרתו ותפקידו כיושב ראש הכנסת.

66. תום כהונה

כהונת יושב ראש הכנסת תסתיים באחד מהמקרים האלה:

א. בתום תקופת כהונתו.

ב. יושב ראש הכנסת הגיש כתב התפטרות לנשיא המדינה.

ג. יושב ראש הכנסת נפטר.

ד. הכנסת החליטה ברוב של שמונים חברי כנסת כי מטעמי בריאות, בהמלצת שלושה רופאים, נבצר מיושב ראש הכנסת, דרך קבע, למלא את תפקידו.

ה. הכנסת החליטה ברוב של שמונים חברי כנסת להעביר את יושב ראש הכנסת מכהונתו, לאחר שמצאה כי התנהג בתקופת כהונתו או לפניה בצורה שאינה הולמת את מעמד יושב ראש הכנסת.

67. נבצרות זמנית של יושב ראש הכנסת

יושב ראש הכנסת יפסיק זמנית למלא את תפקידו ולהשתמש בסמכויותיו:

א. אם הודיע לנשיא המדינה ולראש הממשלה כי נבצר ממנו זמנית למלא את תפקידו, וועדת הכנסת אישרה את הודעתו ברוב חבריה לתקופה שאינה עולה על תשעים יום.

ב. אם החליטה הכנסת ברוב של שמונים מחבריה, לאחר חוות דעת של שלושה רופאים, כי מטעמי בריאות נבצר ממנו למלא את תפקידו באופן זמני, לתקופה שאינה עולה על תשעים יום.

68. יושב ראש הכנסת בפועל

א. נבצר זמנית מיושב ראש הכנסת למלא את תפקידו, תבחר הכנסת את אחד מסגניו למלא את מקומו עד חזרתו של יושב ראש הכנסת. ואם התפנה מקום יושב ראש הכנסת באופן קבוע, ייבחר אחד מסגניו על ידי הכנסת למלא את מקומו עד בחירתו של יושב ראש כנסת חדש.

ב. התפנה מקומו של יושב ראש הכנסת באופן קבוע, תיערכנה תוך תשעים יום בחירות לתפקיד יושב ראש כנסת חדש.

69. בחירת שישים חברי כנסת במסגרת רשימות מפלגתיות (בחירות כלליות)

א. רשימת מועמדים לכנסת תוגש על פי התנאים והסדרים להגשת רשימות מועמדים על ידי מפלגה הרשומה ופועלת לפחות שנתיים לפני מועד הבחירות שקבעה הכנסת.

ב. רשימת מועמדים לא תשתתף בבחירות לכנסת, ולא יהיה אדם מועמד בבחירות לכנסת, אם יש במטרותיהם או במעשיהם של הרשימה או של האדם, במפורש או במשתמע, כדי לסכן את עצם קיומה של מדינת ישראל כמדינת העם היהודי, או שהם מטיפים לאפליה לאומית, גזעית או דתית.

ג. פסילת מפלגה או מועמד טעונה את אישור בית המשפט העליון, בהרכב של חמישה שופטים בעלי מינוי קבוע.

ד. שישים חברי כנסת ייבחרו במסגרת רשימות מפלגתיות (בחירות כלליות) שאושרו על ידי ועדת הבחירות המרכזית של הכנסת.

ה. המושבים בכנסת יחולקו בין המפלגות שקיבלו לפחות חמישה אחוזים מקולות הבוחרים וביחס למספר הקולות שקיבלה כל מפלגה.

ו. עודפי קולות יחולקו בין המפלגות על פי הנוסחה הקרויה "הסכם בדר-עופר".

ז. חברי הכנסת שנבחרו מטעם מפלגה מייצגים את סיעת המפלגה בכנסת.

ח. חברי כנסת שנבחרו ברשימה מפלגתית חייבים במשמעת סיעתית.

ט. אם חבר כנסת שנבחר ברשימה מפלגתית ימרוד בהחלטות הסיעה, רשאית הסיעה לבקש את החלפתו במועמד הבא ברשימת המפלגה על ידי פנייה של יושב ראש הסיעה, בתמיכת רוב הסיעה, ליושב ראש הכנסת. יושב ראש הכנסת יקיים שימוע לחבר הכנסת המורד תוך ארבעים ושמונה שעות מקבלת ההודעה. השימוע ייערך בנוכחות יושב ראש סיעתו. החליט יושב ראש הכנסת לקבל את החלטת המפלגה, יפנה חבר הכנסת המורד את מקומו תוך ארבעים ושמונה שעות, והבא בתור ברשימת המפלגה יתפוס את מקומו.

70. בחירת שישים חברי כנסת בבחירות אזוריות

א. כל אזרח ישראלי מעל גיל עשרים ואחת שנה שלא נגזר עליו עונש מאסר או קלון, והוא תושב אזור הבחירה, רשאי להגיש מועמדות לתפקיד נציג האזור בכנסת.

ב. המועמדות תוגש לוועדת בחירות אזורית, שתורכב משופט בית משפט מחוזי, ראש עירייה לשעבר וחבר כנסת לשעבר. הרכבה השמי של הוועדה ייקבע על ידי ועדת הבחירות המרכזית של הכנסת.

ג. על מועמד לכנסת מטעם אזור להגיש: קורות חיים, הצהרת הון, פירוט העסקים שהוא מעורב בהם, וכן להציג את תמיכתם של חמש מאות בוחרים מזוהים מהאזור.

ד. לתפקיד חבר כנסת מטעם אזור בחירה ייבחר מי שזכה במספר הקולות הרב ביותר, אך לא פחות ממחמישה אחוזים מקולות הבוחרים.

ה. כל בוחר רשאי להצביע למספר מועמדים, על פי מספר חברי הכנסת המוקצים לאזור. טופס שיכלול יותר שמות ממספר הנבחרים חברי הכנסת המוקצים לאזור ייפסל.

ו. והיה אם רשימת הזוכים לתמיכת בוחרי האזור אינה מממשת את הקצאת המושבים לאזור, יועברו המושבים שנותרו לחלוקה לרשימות הארציות. המפלגה שתזכה במושבים הנוספים תיקבע על ידי ועדת הבחירות המרכזית של הכנסת.

ז. חבר כנסת אשר נבחר מטעם אזור חייב את נאמנותו לבוחרי אזורו, ולא למפלגה שהוא שייך לה או שזכה בתמיכתה, ולכן: **על חבר כנסת מטעם אזור לא חלה משמעת סיעתית** והוא רשאי להצביע כפי שהבטיח לבוחריו ולפי מצפונו. למרות האמור, הוא רשאי להמשיך בפעילות מפלגתית וסיעתית.

ח. סדר העדיפויות בקביעת הצבעתו של חבר כנסת מטעם אזור הוא כלהלן: עדיפות ראשונה: **טובת המדינה.** עדיפות שנייה: **טובת האזור שמטעמו נבחר.** עדיפות שלישית: **תמיכה בעמדת מפלגתו.**

ט. היה וחבר כנסת שנבחר מטעם אזור התפטר מהכנסת או נבצר ממנו
למלא את תפקידו או נפטר, יבוא במקומו המועמד מהאזור שזכה
למספר הקולות הרב ביותר, בתנאי שאחוז הקולות שזכה בו אינו
פחות מחמישה אחוזים מקולות הבוחרים בפועל.

י. אם לא יימצא באזור מועמד שייענה לתנאים האמורים, יועבר המקום
למפלגתו. אם חבר הכנסת שפינה את מקומו היה עצמאי, יחליט
יושב ראש הכנסת איזו מפלגה תקבל את המקום בהתחשב בעודפי
הקולות בבחירות לכנסת מטעם המפלגות.

71. כינוס הכנסת והצהרת אמונים של חברי הכנסת

א. הכנסת תתכנס לישיבתה הראשונה בתוך שבועיים מיום פרסום
תוצאות הבחירות.

ב. מי שנבחר ייכנס לתפקידו כחבר כנסת לאחר שיצהיר אמונים בנוסח
זה: "אני מתחייב לשמור אמונים למדינת ישראל, לאזרחיה ולתושביה,
לכנסת ישראל, להגן על חוקתה וחוקיה, לנהוג על פיהם, ולמלא
באמונה, ביושר ובמסירות את תפקידי כחבר בית המחוקקים של
מדינת ישראל."

72. עבודת הכנסת

א. הכנסת תקיים שני כנסים בשנה.

ב. הכנסת תשב בפומבי ודיוני המליאה ישודרו בעת התרחשותם בערוץ
הטלוויזיה של הכנסת.

ג. הוועדות תעקובנה אחר ביצוע חוקי הכנסת במשרד שמולו הן פועלות
ותגשנה דוח על פעילותן ליושב ראש הכנסת.

ד. הכנסת תחליט ברוב דעות של המשתתפים בהצבעה, כשהנמנעים
אינם באים במניין המשתתפים בהצבעה; והכול כשאין בחוקה הוראה
אחרת לעניין זה.

ה. את סדר הדוברים בדיוני המליאה יקבע יושב ראש הכנסת. בנושאי חקיקה תינתן זכות קדימה לדובריהם של שתי הסיעות הגדולות.

73. הכנסת והרשות המבצעת

א. הכנסת וועדותיה ינהלו פיקוח ובקרה על פעולות הרשות המבצעת על ידי הקמת ועדת כנסת לכל משרד ממשלתי.

ב. השרים ימסרו לכנסת ולוועדותיה כל מידע שבידם הנחוץ לוועדות במילוי תפקידיהן. סייגים מטעמים של ביטחון המדינה, יחסי חוץ, קשרי מסחר בינלאומיים ועניינים אחרים החיוניים למדינה, ייקבעו בחוק.

ג. הכנסת רשאית לחייב שר להופיע בפניה, בהודעה של שבעים ושתיים שעות מראש. ראש הממשלה רשאי להופיע במקום השר שהוזמן.

ד. ראש הממשלה רשאי להשמיע את דברו בפני הכנסת. כמו כן, יכול שר להשמיע דברו בפני הכנסת, אם ראש הממשלה אישר את הופעת השר.

74. ועדות הכנסת והממשלה

ועדה מוועדות הכנסת רשאית, במסגרת מילוי תפקידיה ובאמצעות השר הנוגע בדבר, לחייב עובד ציבור או כל מי שנקבע בחוק, להתייצב בפניה. ואולם רשאי העובד לא להופיע בפני הוועדה, אם אישר יושב ראש הכנסת שהשר הממונה יופיע במקומו.

75. ועדות חקירה

א. יושב ראש הכנסת רשאי להקים ועדת חקירה שהכנסת המליצה עליה.

ב. הגדרת נושא החקירה ומטרתה ייקבעו על ידי יושב ראש הכנסת.

ג. הרכב הסיעות בוועדת החקירה יהלום את גודלן היחסי של סיעות הכנסת.

76. חסינות בנייני הכנסת

לבנייני הכנסת תהיה חסינות.

77. חסינות חברי הכנסת

לחברי הכנסת תהיה חסינות.

78. התפטרות של חבר כנסת

חבר כנסת רשאי להתפטר מתפקידו.

79. פקיעת מועמדות לחברות כנסת

עובד ציבור המגיש מועמדות לכנסת חייב להתפטר מיד מעבודתו הציבורית, ולא, לא תאושר הכללתו ברשימת המועמדים לכנסת.

80. הפסקת כהונתו של חבר כנסת שהורשע בפסק דין סופי

א. בית משפט שהרשיע חבר כנסת בעבֵרה פלילית, יקבע פסק דינו אם יש באותה עבֵרה משום קלון. קבע בית המשפט שיש קלון, תיפסק כהונתו של חבר הכנסת ביום שפסק הדין יהיה סופי. עניין זה יחול גם על חבר כנסת שפסק הדין נעשה סופי רק לאחר שהחל לכהן כחבר כנסת.

ב. ועדת הכנסת רשאית להמליץ ליושב ראש הכנסת על הפסקת כהונתו של חבר כנסת שהורשע בפלילים, גם אם ההחלטה אינה סופית. החלטתו של יושב ראש הכנסת תהא החלטה סופית ותקפה עד מועד קבלת ההחלטה הסופית. והיה אם חבר הכנסת זוּכּה, יחזור למלא את תפקידו כחבר כנסת, וחבר הכנסת שהחליפו יפנה את מקומו.

81. השעיה של חבר כנסת שהורשע

ועדת הכנסת רשאית להשעות מכהונתו חבר כנסת שהורשע בעבֵרה פלילית שיש עמה קלון למשך הזמן שפסק הדין אינו סופי.

82. החלפתו של חבר כנסת

א. התפנה מקומו של חבר כנסת שנבחר במסגרת רשימה מפלגתית, יבוא במקומו המועמד ששמו נקוב ראשון אחרי שמו של אחרון הנבחרים באותה רשימה.

ב. התפנה מקומו של חבר כנסת שנבחר מטעם אזור, יבוא במקומו המועמד הבא מהאזור שקיבל את מספר הקולות הרב ביותר, בתנאי ששיעור הקולות עולה על חמישה אחוזים מקולות הבוחרים באזור.

ג. אם לא יימצא מועמד שיענה לתנאים הנ"ל, יחליט יושב ראש הכנסת מאיזו רשימה לכנסת יבוא מחליפו, וזאת בהתחשב בעודף הקולות הגבוה ביותר לקבלת מקום בכנסת.

83. התפזרות הכנסת

הכנסת תתפזר לפני תום תקופת כהונתה במקרים הבאים:

א. נותרו יותר מ-550 יום לתום כהונתה והתקבל חוק לעניין זה ברוב של שישים ושישה חברי כנסת. בחוק ייקבע מועד הבחירות לכנסת שלא יהיה מאוחר מתשעים יום לאחר קבלת החוק.

ב. אם לא יאושר חוק התקציב עד ה-1 בפברואר באותה שנת כספים

שער רביעי: חקיקה

84. חוקים

חוקים נחקקים על ידי הכנסת מכוח סמכותה כרשות מחוקקת.

85. עליונות החוקה

הוראת חוק תתיישב עם עליונות החוקה.

86. קביעת פרטי ביצוע בחוק

חוק יכול לקבוע פרטים הדרושים לביצוע הוראה בחוקה.

87. הצעת חוק

א. הצעת חוק תוגש לכנסת על ידי הממשלה או על ידי ועדה של הכנסת.

ב. הצעת חוק של הממשלה או של ועדה של הכנסת תפורסם ברשומות ותונח על שולחן הכנסת.

ג. הצעת חוק טרומית של חבר כנסת תובא לדיון מקדמי במליאת הכנסת. החליטה הכנסת לאשר את הצעת החוק הטרומית, תועבר ההצעה לוועדה של הכנסת. אישרה הוועדה את הצעת החוק הטרומית, תפורסם ברשומות הצעת חוק בנוסח שקבעה הוועדה ותונח על שולחן הכנסת.

ד. הכנסת לא תתחיל לדון בהצעת חוק לפני עבור שבעה ימים מפרסומה ברשומות, זולת אם אישר יושב ראש הכנסת, מטעמים מיוחדים שעליהם הודיע לכנסת, מועד מוקדם יותר.

ה. הוראות בדבר הגשת הצעות חוק והצעות חוק טרומיות וסדרי הדיון בהן, ככל שנקבעו בפרק זה, ייקבעו בחוק או בתקנון הכנסת.

88. שלבי החקיקה

א. חוק יתקבל בשלוש קריאות במליאת הכנסת.

ב. חוק יתקבל במליאת הכנסת ברוב קולות של חברי הכנסת שהצביעו, והנמנעים לא יבואו במניין הקולות.

89. נוסח חדש ונוסח משולב

העקרונות לקביעת נוסח עברי חדש של דברי חקיקה שהיו קיימים ערב הקמת המדינה ואשר עודם בני תוקף והעקרונות לקביעת נוסח משולב של חוקים והדרכים לעריכתם, ייקבעו בחוק (בחוקה זו, "דבר חקיקה" – חוק או תקנה).

90. תקנות

תקנות הן חקיקת משנה על פי חוק, והן בנות פועל תחיקתי.

91. עליונות החוקה והחוק

תקנה תתיישב עם הוראות החוקה או עם הוראה בחוק. בחוקה זו "תקנה" – לרבות הוראה שבתקנה.

92. התקנת תקנות

א. חוק יכול שיסמיך את הממשלה ואת השרים, רשות מקומית או רשות שלטונית אחרת או רשות על פי דין, להתקין תקנות לביצוע החוק או להגשמת התכליות הקבועות בו.

ב. מי שהוסמך להתקין תקנות רשאי לקבוע בהן כי דינו של המפר הוראה מהוראותיהן הוא קנס שלא יעלה על הסכום שנקבע לכך בחוק, ורשאי הוא, אם הוסמך לכך במפורש בחוק, לקבוע בהן עונש מאסר שלא יעלה על שישה חודשים.

93. פיקוח הכנסת על תקנות

א. הכנסת תפקח על התקנת תקנות.

ב. תקנה הקובעת עבֵרות ועונשים טעונה אישור ועדה מוועדות הכנסת

94. פרסום ברשומות

א. חוקים ותקנות יפורסמו ברשומות.

ב. נוסחם של חוקים ותקנות כפי שפורסם ברשומות הוא הנוסח המחייב.

ג. הוראות בדבר סדרי הפרסום ותיקון טעויות בניסוח שפורסם ייקבעו בחוק.

95. תחילה

א. תחילתם של חוקים ותקנות היא בתחילת יום הפרסום ברשומות, זולת אם יש בהם הוראה אחרת לעניין זה, והכול בכפיפות לאמור בסעיף 25.

ב. על אף האמור בסעיף הקודם, לא תהיה תחילתה של תקנה לפני פרסומה, אלא אם כן הסמיך החוק להתקינה כאמור או לצורך תיקון טעות דפוס.

ג. אפשר להתקין תקנות מכוחו של חוק עוד לפני תחילתו, אם הדבר דרוש להפעלתו.

96. הארכת תוקפם של חוקים ושל תקנות

כל חוק או תקנה שתוקפם היה פוקע בחודשיים האחרונים לתקופת כהונתה של הכנסת היוצאת, או תוך ארבעה חודשים לאחר שהכנסת החליטה להתפזר או תוך שלושת החודשים הראשונים לתקופת כהונתה של הכנסת הנכנסת, יעמדו בתוקפם עד תום מספר החודשים האמורים.

שער חמישי: התקשרות באמנות בינלאומיות

97. הגדרות

א. "אמנה" – הסכם בינלאומי שנכרת בכתב בין מדינת ישראל לבין מדינת חוץ, ארגון בינלאומי או ישות מוכרת על ידי המשפט הבינלאומי, והמוסדר על ידי המשפט הבינלאומי, יהיה כינויו של ההסכם אשר יהיה.

ב. "אשרור" – לרבות הצטרפות לאמנה.

98. סמכות

הסמכות להתקשר באמנות נתונה בידי הנהגת המדינה.

99. אישור הכנסת

א. ההנהגה לא תאשרר אמנה הטעונה אשרור ולא תחתום על אמנה שאינה טעונה אשרור אלא לאחר שהאמנה הונחה על שולחן הכנסת ואושרה על ידי הכנסת, למעט אם האמנה היא אחת מאלה: אמנה בעלת אופי טכני; אמנה לביצוע אמנה קודמת; אמנה שעיקרה הצהרתי.

ב. פרטים בדבר דיון הכנסת באמנה האמורה בסעיף הקודם, לרבות מועד הדיון ואופן הפרסום של החלטת הכנסת, ייקבעו בחוק.

ג. הכנסת רשאית לאשר את האמנות שהונחו על שולחנה גם עם הסתייגויות.

100. הוראות מעבר

אמנות שמדינת ישראל הצטרפה אליהן בהתאם לחוקה יונחו על שולחן הכנסת בהתאם לאמור בסעיף 99.

101. אמנות מיוחדות

אישרה ההנהגה בכתב כי מטעמים מיוחדים של ביטחון המדינה ויחסי החוץ שלה לא ניתן להגיש אמנה לכנסת לאישור, תהיה ההנהגה רשאית לאשרר את האמנה או לחתום עליה לאחר קבלת אישור של ועדת החוץ והביטחון של הכנסת או של תת-ועדה של ועדת החוץ והביטחון.

102. חתימה בשם נשיא המדינה

אישרה הכנסת אמנה עם מדינת חוץ או עם ארגון בינלאומי, יחתום נשיא המדינה חתימת קיום על נוסח ההחלטה המאשרת.

103. תוקף במשפט הפנימי

א. אמנה שאושרה על ידי הכנסת תהיה לחלק ממשפט המדינה, ומעמדה כמעמד חוק: לעניין זה אין נפקא מינה אם האמנה טעונה אשרור ואושררה או אם האמנה אינה טעונה אשרור ונחתמה.

ב. על אף האמור בסעיף הקודם, ההנהגה רשאית לדחות את תחילת תוקפה של אמנה במשפט הפנימי לתקופה של עד שנה מיום אשרור האמנה או חתימה על אמנה אם אינה טעונה אשרור.

ג. דברי חקיקה יפורשו ככל הניתן באופן המתיישב עם אמנות שמדינת ישראל התקשרה בהן.

שער שישי: הרשות המבצעת

104. מהות

א. ראש הממשלה עומד בראש הרשות המבצעת. מתוקף תפקידו הוא חבר בהנהגת המדינה.

ב. הרשות המבצעת היא נאמן הציבור: היא תפעל לקידום טובת המדינה,
אזרחיה ותושביה ולשמירה על זכויות יסוד של האדם, ותנהג בנאמנות,
בהגינות, ביושר ובשקיפות.

105. הרכב

א. הרשות המבצעת מורכבת מהממשלה וממשרדיה, מהצבא ומכוחות
הביטחון והמודיעין וכן מכל הגופים הממלאים תפקידים בעלי אופי
ממלכתי ושאינם חלק מרשות אחרת של המדינה.

ב. חוק יכול שיקבע גופים, כאמור, כגופים שאינם חלק מהרשות
המבצעת, אם הם אינם נתונים למרותן הבלעדית של הממשלה או
של רשות מקומית.

ג. חוק יכול שיקבע גופים ציבוריים כגופים שהם חלק מן הרשות
המבצעת, אם הדבר הוא לטובת הציבור.

106. תחילת כהונה והצהרת אמונים

א. ראש הרשימה שמספר המנדטים שלה הוא הגבוה ביותר בכנסת
ישמש כראש ממשלת ישראל.

ב. ראש הממשלה יתחיל בכהונתו עם תחילת כהונת הכנסת הנבחרת
ולאחר שיצהיר אמונים בכנסת.

ג. ראש הממשלה יושבע ויצהיר אמונים בישיבה מיוחדת של הכנסת.
ואלה דברי ההצהרה: **"אני מתחייב לשמור אמונים למדינת ישראל,
לאזרחיה ולתושביה, לכנסת ישראל, להגן על חוקתה וחוקיה, לנהוג
על פיהם ולמלא באמונה, ביושר ובמסירות את תפקידי כראש הרשות
המבצעת, כראש הממשלה של מדינת ישראל."**

107. אחריות

א. ראש הממשלה אחראי בפני הנהגת המדינה, הכנסת ואזרחי המדינה
למילוי תפקידי הממשלה והגופים הכפופים לו בהתאם לחוקה ולפי
החלטות הכנסת.

ב. השרים, כל אחד כפרט, וראש שירותי המודיעין והלחימה בטרור יהיו אחראים בפני ראש הממשלה למילוי תפקידם.

ג. מתוך העיקרון הארגוני שלכל בעל תפקיד יהיה ממונה אחד בלבד, הרמטכ"ל ומפכ"ל המשטרה יהיו אחראים למילוי תפקידם בפני שר ההגנה והביטחון.

108. חברי הממשלה

א. מספר חברי הממשלה לא יעלה על תשעה-עשר שרים ולא יפחת משמונה-עשר שרים.

ב. אחד מחברי הממשלה ימונה על ידי ראש הממשלה כממלא מקום ראש הממשלה.

ג. השרים לא יהיו חברי כנסת.

ד. שר יהיה ממונה על משרד ממשלתי מוגדר, כלומר לא יהיה שר בלי תיק.

ה. ראש הממשלה יוכל לעמוד בראש משרד ממשלתי, נוסף על תפקידו כראש ממשלה.

ו. יכהנו מקסימום חמישה סגני שרים ורק במשרדים הבאים: משרד ראש הממשלה; משרד ההגנה והביטחון; משרד המודיעין והלחימה בטרור; משרד לחינוך, תרבות והשכלה; משרד הפנים, הבינוי והשיכון.

109. המבנה הארגוני של הממשלה

הממשלה תורכב מלפחות שבעה-עשר משרדי ממשלה, ובראש כל אחד מהם יעמוד שר בעל ידע וניסיון מקצועי וציבורי בתחום המרכזי שהמשרד עוסק בו. אלו משרדי הממשלה:

1. משרד האוצר.

2. משרד ההגנה והביטחון (לרבות ביטחון פנים).

3. משרד המודיעין והלחימה בטרור.

4. משרד הפנים, הבינוי והשיכון.

5. משרד הכלכלה, התעשייה והמסחר.

6. משרד התחבורה.

7. משרד לפיתוח תשתיות ואנרגיה.

8. משרד לשילוב חברתי (רווחה, הכשרה תעסוקתית וגמלאים).

9. משרד הבריאות והאקולוגיה.

10. משרד המשפטים.

11. משרד לעידוד עלייה, קליטה וקשר עם יהדות הפזורה.

12. משרד לקשרי חוץ והסברה.

13. משרד לעידוד חקלאות, ייעור ומחקר ימי.

14. משרד לעידוד תיירות.

15. משרד הדתות, הארכיאולוגיה ושימור האתרים הקדושים לכל הדתות.

16. משרד לתקשורת, מחשוב ובקרה.

17. משרד לחינוך, תרבות והשכלה.

18. משרד למדעים, חקר החלל וננו-טכנולוגיה.

19. ראש הממשלה יוכל להקים משרד נוסף לנושא שהוא מייחס לו חשיבות מיוחדת. משרד זה יכול להיווצר על ידי העברת נושא מאחד המשרדים המצוינים לעיל או על ידי הגדרת תחום נוסף, כגון משרד לתכנון לטווח ארוך.

110. מינוי שרים

א. ראש הממשלה ימליץ לכנסת, מיד לאחר השבעתו, על מינוי שרים למשרדי הממשלה הנקובים לעיל.

ב. המומלצים לתפקיד שר יעברו שימוע בוועדות הכנסת. השימוע יהיה פומבי ויכלול: הצהרת הון, עסקים ומניות אשר ברשותו או שהוא שותף להם; פירוט הידע והניסיון שלו בתחום המשרד שימונה אליו; והליכים משפטיים שהיה מעורב בהם בעבר או בהווה.

ג. אם הוועדה לא תאשר את המינוי, לראש הממשלה קיימות שתי אפשרויות: להציע מועמד אחר; לערער על החלטת הוועדה ולבקש שימוע נוסף בהשתתפות שופט בית המשפט העליון, יושב ראש הכנסת ושר לשעבר שימנה נשיא המדינה. השימוע הנוסף יהיה סופי.

111. הצהרת אמונים של שר

מי שנבחר לתפקיד שר ייכנס לתפקידו לאחר שיצהיר אמונים בכנסת בנוסח זה: **"אני מתחייב לשמור אמונים למדינת ישראל, לאזרחיה ולתושביה, לכנסת ישראל, להגן על חוקתה וחוקיה, לנהוג על פיהם ועל פי החלטות ראש הממשלה, ולמלא ביושר ובמסירות את תפקידי כשר בממשלת ישראל."**

112. תוקף החלטות ראש הממשלה

א. ראש הממשלה יקיים דיוני מליאת הממשלה לפחות אחת לחודש, ויקיים דיונים עם כל אחד מהשרים, ביחידות או במסגרת צוותי שרים, לפחות אחת לשבועיים.

ב. החלטות ראש הממשלה יפורסמו בכתב ומחייבות את הממשלה כולה.

ג. שר יהיה רשאי לערער על החלטת ראש הממשלה בפני ראש הממשלה, אם, לדעתו, ההחלטה נוגדת את החוקה, את החוק או את המדיניות שקבע ראש הממשלה עצמו.

113. מילוי מקום ראש הממשלה

א. הודיע ראש הממשלה או קבעה הנהגת המדינה כי נבצר מראש הממשלה, מטעמים הקבועים בחוק, למלא זמנית את תפקידו, ימלא את מקומו ממלא מקום ראש הממשלה.

ב. חלפו תשעים ימים רצופים שבהם כיהן ממלא מקום ראש הממשלה, וראש הממשלה לא חזר למלא את תפקידו, יראוהו כמי שנבצר ממנו דרך קבע למלא את תפקידו.

ג. אם נבצר מראש הממשלה באופן קבע למלא את תפקידו, רשאים נשיא המדינה ויושב ראש הכנסת להמליץ שממלא מקום ראש הממשלה יכהן כראש ממשלה עד הבחירות הקרובות. המלצתם תובא לאישור ברוב קולות במליאת הכנסת.

ד. אישרה הכנסת את מינוי ממלא מקום ראש הממשלה לתפקיד ראש הממשלה, יצהיר ממלא מקום ראש הממשלה אמונים ויכהן כראש ממשלה עד למועד קיום הבחירות הקרובות לכנסת.

ה. לא אישרה הכנסת את המינוי, יתקיימו בחירות במליאת הכנסת לתפקיד ראש הממשלה לתקופת הכהונה הנותרת. הבחירות תיערכנה בין המועמדים, והזוכה בשישים ואחד קולות יצהיר אמונים ויכהן כראש ממשלה עד הבחירות הקרובות לכנסת.

ו. אם איש מהמועמדים לתפקיד ראש הממשלה אינו משיג שישים ואחד קולות בשלוש הצבעות רצופות, פירושו שהכנסת מתפטרת ויערכו בחירות כלליות חדשות תוך שלושים יום.

114. תום כהונת הממשלה

א. הממשלה תסיים את כהונתה באחד מהמקרים האלה: ראש הממשלה הגיש מכתב התפטרות לנשיא המדינה וליושב ראש הכנסת; ראש הממשלה נפטר או נבצר ממנו דרך קבע למלא את תפקידו; בתום ארבעה-עשר יום מיום הגשת כתב אישום נגד ראש הממשלה בעֲבֵרה מסוג פשע או בגידה.

ב. קרה אחד המקרים המפורטים בסעיף הקודם, ימליצו נשיא המדינה ויושב ראש הכנסת לכנסת על מינוי אחד השרים כממלא מקום לראש הממשלה לתקופה שנותרה עד עריכת הבחירות.

ג. אישרה הכנסת ברוב של שישים ואחד קולות את מינוי השר המומלץ לתפקיד ראש הממשלה, יכהן הוא כראש ממשלה עד למועד קיום הבחירות לכנסת. הבחירות בכנסת תהיינה גלויות ופומביות.

ד. לא אישרה הכנסת את מינוי השר לתפקיד ראש הממשלה ולא הצליחה הכנסת לבחור ראש ממשלה אחר, יראו את הכנסת כמתפטרת, ותוך תשעים יום תיערכנה בחירות לכנסת.

115. הכנסת מביעה אי-אמון בשר

א. הכנסת רשאית בכל עת להציע הבעת אי-אמון בשר, בתנאי שתפורט הסיבה או יפורטו הסיבות להבעת אי-האמון, ובתנאי שעל הצעת אי-האמון בשר יהיו חתומים לפחות שישים חברי כנסת.

ב. הבעת אי-האמון תידון במליאת הכנסת. בדיון ישמיעו דבריהם נציגי הסיעות שהביעו אי-אמון וכן אותו השר וראש הממשלה, אם יבקש זאת.

ג. אם הצביעה הכנסת ברוב של שישים ואחד חברים על אי-אמון בשר, חובת ראש הממשלה לפטרו ולהציע מועמד אחר לתפקיד השר שפוטר.

116. הבעת אי-אמון בראש הממשלה

א. הכנסת רשאית, בכל עת, להציע הבעת אי-אמון בראש הממשלה, בתנאי שעל הצעת אי-האמון בראש הממשלה יהיו חתומים לפחות שבעים ושניים חברי כנסת.

ב. הבעת אי-האמון חייבת לפרט את הנושאים והסיבות שהביאו את חברי הכנסת לבקש אותה.

ג. הבעת אי-האמון תידון במליאת הכנסת. בדיון ישמיעו דבריהם ראשי הסיעות, יושב ראש הכנסת, ראש הממשלה ונשיא המדינה, אם יבקש זאת.

ד. הצביעה הכנסת ברוב של לפחות שמונים חברי כנסת על הבעת אי-אמון בראש הממשלה, חובת ראש הממשלה להתפטר. הוא ימשיך לכהן במשרתו עד בחירת ראש ממשלה חדש.

ה. התפטרות ראש הממשלה היא כהתפטרות הממשלה כולה. הממשלה תמשיך לכהן עד בחירת ראש ממשלה חדש ומינוי שרים לממשלה החדשה.

117. תפקוד הממשלה

א. הממשלה רשאית למנות ועדות שרים קבועות וזמניות לגיבוש מדיניות בעניינים מוגדרים. מונתה ועדה, רשאית הממשלה לפעול באמצעותה.

ב. החלטות הוועדות תובאנה לידיעת הכנסת מיד לאחר אימוצן על ידי ראש הממשלה.

ג. ראש הממשלה יקבע בתקנון את סדרי ישיבותיה ועבודתה, את דרכי דיוניה ואת אופן קבלת החלטותיה.

118. אצילת סמכויות

א. ראש הממשלה רשאי לאצול מסמכויותיו לשר.

ב. שר רשאי לאצול מסמכויותיו למנכ"ל משרדו.

ג. האצלת סמכות אינה משחררת את המאציל מאחריותו לצעדים שנקט המואצל, לא מן הפעולות שעשה ולא ממחדליו.

ד. סמכות בעלת אופי שיפוטי אינה ניתנת להאצלה.

119. ועדות חקירה

א. הממשלה אינה רשאית להקים ועדות חקירה היות שהעיקרון המנחה הוא שאין גוף חוקר את עצמו.

ב. מצא ראש הממשלה שיש נושא שראוי כי ייחקר, יבקש מהכנסת למנות ועדת חקירה, ובראשה יעמוד שופט בית המשפט העליון בעל מינוי קבוע.

120. הסמכויות השיוריות של הממשלה

הממשלה מוסמכת לעשות בשם המדינה, בכפוף לכל דין, כל פעולה שעשייתה אינה מוטלת בדין על רשות אחרת.

121. פתיחת מלחמה

א. המדינה לא תפתח במלחמה אלא על פי החלטת ההנהגה.

ב. אין בסעיף זה כדי למנוע מראש הממשלה לצאת למבצע צבאי או ביטחוני הדרוש בדחיפות למטרת הגנה על המדינה או למען ביטחון הציבור.

ג. הודעה על החלטת ההנהגה לפתוח במלחמה או על פעולות צבאיות תימסר לכנסת בהקדם האפשרי.

ד. הכנסת רשאית, בהחלטה על פי הצעה של ועדת החוץ והביטחון של הכנסת ובישיבת מליאה מיוחדת שכונסה לשם כך, להורות לממשלה על הפסקת המלחמה או על הפסקת פעולות צבאיות. החלטת הכנסת תתקבל במינימום שישים וחמישה קולות.

שער שביעי: פרק שירות הציבור

122. הרכב

שירות הציבור כולל את כל נושאי המשרה או ממלאי התפקיד ברשות המבצעת, בין שהם במעמד עובד ובין שהם על פי הסכם, ואולם הוא אינו כולל שרים ונבחרי ציבור.

123. צירוף לשירות הציבור

צירוף אנשים לשירות הציבור ייעשה לשם קידום העניין הציבורי בלבד ואם נתקיימו בהם הכישורים המתאימים למילוי תפקידם. החוק יקבע הוראות שלפיהן לא יתמנו אנשים למילוי משרות פנויות בשירות הציבור – למעט משרות אמון שיפורשו בחוק – אלא על פי מכרז, שבו תינתן הזדמנות לכל אזרח המעוניין להשתתף בו. במכרז ייבחר המועמד הכשיר מבין הכשירים.

124. חובות שירות הציבור

א. שירות הציבור הוא נאמן הציבור **ומשרתו.**

ב. מי שנמנה עם שירות הציבור יפעיל את סמכויותיו על פי תכלית הדין שקבע אותו, לטובת הציבור, בהגינות, בסבירות ותוך כדי שמירה על ערך השוויון. סדרי המִנהל ייקבעו בחוק.

ג. מי שנמנה עם שירות הציבור לא יפגע בזכויותיו של אדם לפני שניתנה לו הזכות לטעון בפניו.

ד. שירות הציבור יהיה נתון לשיפוט משמעתי.

שער שמיני: משק המדינה

125. מסים, מלוות ואגרות

א. מסים, מלוות חובה, אגרות ותשלומי חובה אחרים לא יוטלו, ושיעוריהם לא ישונו, אלא בחוק או על פיו.

ב. ייאסר השימוש במונח "חוק ההסדרים למשק המדינה", הבא לקצר דרכי חקיקה סדורה או לעקוף אותן.

126. נכסי המדינה

א. עסקות בנכסי המדינה, רכישת זכויות מן המדינה וקבלת התחייבויות בשם המדינה ייעשו בשקיפות מלאה בידי מי שהוסמך לכך בחוק או על פיו.

ב. המדינה לא תפקיע מקרקעין או נכסי דלא ניידי יותר מן הנקבע בחוק התכנון והבנייה, אלא אם ניתנה אפשרות לבעל הקרקע או הנכס לעתור בפני ערכאה שיפוטית.

127. תקציב המדינה – עקרונות ויעדים

תכנון ההוצאות הציבוריות ויישומן יכוונן למען צמיחה, למען יציבות כלכלית ולמען צמצום אי-השוויון הכלכלי, וזאת תוך שמירה על אמות מידה של שקיפות, יעילות, הגינות ונשיאה באחריות.

128. תקציב המדינה

א. הצעת תקציב המדינה תוגש על ידי הממשלה לאישור הכנסת.

ב. הצעת התקציב תהיה לשנה קלנדרית אחת, לפי סעיפים ראשיים של כל משרד ממשלתי, כפי שייקבע בחוק על ידי הכנסת.

ג. התקציב יכלול את ההכנסות וההוצאות של הממשלה וכן את השפעתו ומשמעויותיו על הנושאים הבאים: תוצר מקומי גולמי; יעדי צמיחה; תקרת אבטלה; צמצום פער ההכנסות בין בעלי ההכנסה הגבוהה לבעלי ההכנסה הנמוכה; יעדי רמת החיים; צמצום שיעור העוני.

ד. הממשלה תניח על שולחן הכנסת את הצעת חוק התקציב, כמפורט לעיל, לא יאוחר מה-15 בנובמבר מדי שנה, והכנסת תעשה כל שלאל ידה לשם סיום דיוניה ואישור התקציב עד ה-31 בדצמבר, אך לא יאוחר מה-1 בפברואר מדי שנה.

ה. הצעות התקציב המפורטות של משרד ההגנה והביטחון ושל משרד המודיעין והלחימה בטרור לא יונחו על שולחן הכנסת אלא על שולחן ועדה משותפת של ועדת האוצר והרכב מצומצם של ועדות הכנסת העומדות מול המשרדים הנ"ל.

ו. אם הכנסת לא תסיים את דיוניה עד ה-31 בדצמבר באותה שנה, יותר לממשלה להמשיך להוציא מתקציבה את החלק השנים-עשר של התקציב בשנה החולפת.

ז. במקרה הצורך רשאית הממשלה להגיש בתוך שנת התקציב הצעת חוק לתקציב נוסף ותתייחס בה להשפעת התוספת או השינוי על סעיפי המשנה המפורטים בסעיף 128ג.

ח. שר האוצר יגיש לכנסת עד ה-1 באפריל מדי שנה דוח על ביצוע תקציב המדינה בשנה החולפת ויתייחס בו לפרטים שתוכננו ולאלה שהושגו בנושאים המפורטים בסעיף 128ג בשנת התקציב החולפת.

129. תקציב רב-שנתי

א. הממשלה תכין לקראת שנת הכספים תוכנית תקציב רב-שנתית שתכלול את הצעת חוק התקציב לשנה הקרובה וכן תוכנית תקציב לשנים שאחריה ביחס לנושאים הדורשים מימון רב-שנתי.

ב. הממשלה תניח על שולחן הכנסת את תוכנית התקציב הרב-שנתית יחד עם הצעת חוק התקציב.

130. אי-קבלת חוק התקציב

א. לא התקבל חוק התקציב עד ה-1 בפברואר, יראו את הכנסת כאילו החליטה על התפזרותה לפני גמר כהונתה, והבחירות לכנסת יתקיימו תוך תשעים יום מיום התפזרותה.

ב. עד הקמתה של כנסת חדשה והעברת התקציב המוצע על ידי הממשלה, רשאית הממשלה להוציא, מדי חודש, את החלק השנים-עשר מהתקציב בשנה החולפת.

ג. הכנסת שתיבחר תכהן חמש שנים.

131. חקיקה תקציבית

א. הצעת חוק שתוגש על ידי חבר כנסת או סיעה בכנסת ושמחייבת הוצאה תקציבית צריכה להצביע על המקור התקציבי במסגרת חוק התקציב שאושר, לרבות מגבלותיו, כגון שיעור הגירעון, יעדי רמת החיים וצמצום שיעור העוני.

ב. הצעת חוק שתוגש על ידי הממשלה והמחייבת הוצאה תקציבית נוספת תוגש במסגרת ההצעה לשינוי חוק התקציב.

132. שטרי כסף ומטבעות

הדפסת שטרי כסף וטביעת מטבעות שישמשו הליך חוקי והן הוצאתם יהיו על פי חוק.

שער תשיעי: צבא הגנה לישראל

133. מטרה

א. צבא ההגנה לישראל מופקד על שלמות המדינה בגבולותיה, ביטחונה וביטחון אזרחיה ותושביה מפני פלישת אויב לתחומה או פגיעה בהם מהאוויר ומהים.

ב. צבא ההגנה לישראל יהיה ערוך לשבירת כוחו הצבאי של כל תוקף, ויעשה ככל יכולתו להעביר את המלחמה לשטח האויב ולרכוש שליטה על שטחים חיוניים לשם מניעת חדירה נוספת לתחום המדינה.

134. אמצעים

א. בצבא ההגנה לישראל ישרתו חיילים וקצינים בשירות קבע, בשירות ממלכתי חובה ובשירות מילואים.

ב. צבא ההגנה לישראל רשאי לנקוט פעולות שביצוען המידי נועד להצלת חיים או להתמודדות עם אסונות טבע.

ג. פעולות מחוץ לגבולות המדינה טעונות החלטת הנהגת המדינה וידווחו לכנסת דרך קבע.

ד. חוק יכול שיסמיך את צבא ההגנה לישראל – באישור ההנהגה – לפעול להשגת יעדים לאומיים-ממלכתיים חיוניים, ובלבד שפעולתו של צבא ההגנה לישראל חיונית לשם השגת היעדים האלה; פעולות כאמור ייעשו בהסכמת מבצעיהן.

135. כפיפות למרות אזרחית

א. בראש צבא ההגנה לישראל עומד ראש המטה הכללי והוא כפוף לשר ההגנה והביטחון.

ב. הצבא נתון למרות הממשלה באמצעות שר ההגנה והביטחון.

ג. הכנסת תפקח על הצבא ועל פעולותיו באמצעות ועדת ההגנה והביטחון של הכנסת.

136. ראש המטה הכללי

א. מפקד הצבא הוא ראש המטה הכללי.

ב. את ראש המטה הכללי תמנה ההנהגה לפי המלצת ראש הממשלה.

ג. המינוי יהיה תקף לארבע שנים עם אפשרות להארכה לשנה נוספת.

137. חובת גיוס לשירות ממלכתי

א. חובת השירות הממלכתי, כולל השירות הצבאי, תחול על כל אזרחי המדינה מגיל שמונה-עשרה שנה עד חמישים שנה.

ב. את משאבי כוח האדם הדרושים לשירות בצבא ולשירותים ממלכתיים אחרים תקבע הנהגת המדינה לפי המלצת ראש הממשלה.

ג. אזרח המדינה החייב בשירות ממלכתי רשאי להביע את העדפתו לשרת בצבא או בשירות ממלכתי אחר, וייענה בחיוב במידת האפשר על פי צורכי המדינה והתאמתו הבריאותית והאישית לשירות המבוקש.

ד. הסמכה ואמות מידה למתן דחיית שירות לשם רכישת השכלה או הכשרה ייקבעו בחוק.

ה. זכויותיו של אזרח שאינו יכול לשרת עקב בעיות בריאות, לא תיפגענה.

שער עשירי: כוחות המודיעין והלחימה בטרור

138. מטרות

זהות ופעולות כוחות המודיעין והלחימה בטרור יהיו חשאיות ופרסומן מחייב החלטה קונקרטית של הנהגת המדינה. אלה מטרות כוחות הביטחון והמודיעין:

א. לרכז מידע על היערכות כוחות עוינים של מדינות וארגוני טרור נגד מדינת ישראל ומוסדותיה בחו"ל, וכן נגד יהדות הפזורה, ולהיערך למאבק בהם.

ב. למנוע חדירה למערכות המחשוב של מדינת ישראל, מוסדותיה ואזרחיה.

ג. לאתר ולמנוע פעילות לאומנית חתרנית נגד המדינה, אזרחיה ותושביה, המתוכננת על ידי ארגונים ויחידים יהודיים, ערביים או אחרים.

ד. להכשיר ולקיים יחידות ללוחמה בטרור.

ה. לשלוט באזורים אשר תחת שלטון מדינת ישראל וקיים בהם חשש סביר שעלולה להיווצר התארגנות עוינת.

139. כפיפות

ראש כוחות המודיעין והלחימה בטרור כפוף לשר המודיעין והלחימה בטרור.

140. ארגון

א. כוחות המודיעין והלחימה בטרור יהיו בנויים מהמסגרות הבאות: המוסד; שירות הביטחון הכללי; יחידות ללחימה בטרור.

ב. בראש כל אחת מהמסגרות הנ"ל יעמוד מפקד הכפוף לראש כוחות המודיעין והלחימה בטרור.

141. המוסד

המוסד למודיעין ולתפקידים מיוחדים יהיה מופקד מטעם מדינת ישראל על איסוף מידע, מחקר מודיעין וביצוע פעולות חשאיות מיוחדות מחוץ לגבולות המדינה. תפקידיו העיקריים של המוסד הם:

א. איסוף מידע מחוץ לגבולות המדינה.

ב. סיכול פיתוח נשק בלתי קונבנציונאלי על ידי מדינות עוינות וסיכול הצטיידותן בו.

ג. סיכול פעילות חבלנית וטרור נגד מטרות ישראליות ויהודיות בחו"ל וכנגד גורמים יהודיים, לרבות אישים ישראלים הנמצאים במפגש רשמי בחו"ל.

ד. פיתוח קשרים חשאיים מיוחדים, מדיניים ואחרים מחוץ למדינה והחזקתם.

ה. אבטחת שגרירויות וקונסוליות ישראליות בחו"ל, לרבות אבטחת התקשורת והמידע.

ו. העלאת יהודים למדינת ישראל ממקומות שהעלייה מהן אינה מתאפשרת באמצעות מוסדות העלייה המקובלים של מדינת ישראל.

ז. הפקת מודיעין מדיני אסטרטגי ואופרטיבי.

ח. תכנון ותיאום ביצוע מבצעים מיוחדים מחוץ לגבולות מדינת ישראל.

ט. פיתוח מדעי של אמצעים טכנולוגיים ללחימה בטרור ומעקב אחר התארגנות עוינת.

142. שירות הביטחון הכללי (שב"כ)

שירות הביטחון הכללי מופקד על מניעת חתרנות פנימית המסכנת את ביטחונה של מדינת ישראל, נבחריה, מוסדותיה, אזרחיה ותושביה. תפקידיו העיקרים של השב"כ הם:

א. סיכול פעילותם של מרגלים הפועלים בישראל.

ב. שמירה על ביטחונם האישי של מנהיגי המדינה בגבולות המדינה.

ג. סיכול טרור פנימי של ערבים ויהודים כאחת על ידי חשיפת התארגנויות טרור וחקירתן בתחומי מדינת ישראל ובשטחים הנתונים לשליטתה בתיאום עם המוסד.

ד. פיקוח על אבטחת נכסים אסטרטגיים של המדינה, כגון שדות תעופה, מתקני חברת חשמל, מתקני מקורות והתפלת מים, שדות גז ונפט. האבטחה תבוצע בתיאום עם המוסד, צה"ל ומשטרת ישראל.

ה. אחריות לקביעת הסיווג הביטחוני לתפקידים ולמשרות ולקביעת ההתאמה הביטחונית של המיועדים לתפקידים ומשרות מסווגים מבחינה ביטחונית בשירות הציבורי ובגופים נוספים בהתאם להחלטות הנהגת המדינה.

ו. אחריות לפיתוח אמצעים מדעיים וטכניים למטרות איסוף מודיעין וסיכול טרור.

ז. אחריות לאבטחת המידע והתקשורת בתחומי מדינת ישראל, ולהסדרת ביטחונם בגופים ציבוריים, כפי שנקבע על ידי הנהגת המדינה.

ח. קיום ממשל בשטחים שאינם חלק אינטגרלי ממדינת ישראל (במקום השלטון הצבאי הקיים).

143. יחידות ללחימה בטרור

א. היחידות ללחימה בטרור יהיו כפופות למפקד כוחות המודיעין והלחימה בטרור.

ב. את מפקד היחידות ללחימה בטרור ימנה ראש הממשלה בהמלצת ראש כוחות המודיעין והלחימה בטרור.

ג. תפקידי היחידות ללחימה בטרור הם: התערבות מזוינת בעת אירוע של פעולת טרור; שיבוש פעילותם של ארגוני טרור; חיסולם הפיזי של פעילים בארגוני טרור המאיימים על שלומה של מדינת ישראל, מנהיגיה, מוסדותיה, אזרחיה ותושביה.

ד. הארגון וההכשרה של היחידות ללחימה בטרור הם באחריותו של ראש כוחות המודיעין והלחימה בטרור, על פי תרחישים חזויים או אפשריים, בתיאום עם המוסד והשב"כ ובאישור ראש הממשלה.

שער אחד-עשר: משטרת ישראל

144. מטרה

משטרת ישראל תהיה מופקדת על אכיפת החוק, שמירת הסדר הציבורי וביטחון הפנים של מדינת ישראל.

145. המפקח הכללי

א. המשטרה היא ארגון הירכי שבראשו עומד המפקח הכללי.

ב. את המפקח הכללי ימנה שר ההגנה והביטחון באישור הנהגת המדינה לתקופה של ארבע שנים עם אפשרות להארכה לשנה נוספת.

146. תחומי פעילות המשטרה

המשטרה תעסוק בתחומים הבאים:

א. חקירת פשעים חמורים בינלאומיים.

ב. איסוף מודיעין על ארגוני פשע ועבריינים.

ג. חקירת אירועי פשע וארגוני פשע והמלצה על העמדתם של פושעים
לדין.

ד. מאבק בפשיעה הכלכלית ובהונאה והמלצה על העמדתם של
הפושעים לדין.

ה. אבטחת הסדר הציבורי, פיקוח על התנועה ואבטחת התקהלויות
חוקיות לרבות הפגנות.

ו. פיקוח על היוצאים מישראל והנכנסים לתחומי המדינה.

ז. שמירה על גבולות המדינה בעת רגיעה.

שער שנים-עשר: השירות הממלכתי

147. הגדרת החייבים בשירות ממלכתי

א. השירות הממלכתי חל על כל אזרחי מדינת ישראל, גברים ונשים
כאחת, מגיל שמונה-עשרה שנה עד גיל חמישים שנה.

ב. בסמכות הכנסת לשנות את תקרת גיל השירות הממלכתי, בתנאי
שהיא תהיה אחידה וזהה בכל השירותים הממלכתיים.

ג. השירות הממלכתי כולל שירות חובה, מגיל שמונה-עשרה שנה, ושירות
מילואים, מתום שירות החובה ועד גיל חמישים שנה.

ד. השירות הממלכתי לא חל על נשים נשואות או חד-הוריות.

ה. משך שירות החובה והמילואים, לגברים ולנשים, יוגדר בחוק.

148. הגדרת תחומי השירות הממלכתי

א. השירות הממלכתי, חובה ומילואים, ייעשה במסגרות האלה: צבא הגנה
לישראל; משמר הגבול, במסגרת משטרת ישראל; היחידות ללחימה
בטרור, במסגרת כוחות המודיעין והלחימה בטרור; שירותי ההצלה:
לוחמה באש, מגן דוד אדום ובתי חולים; חינוך ורווחה.

ב. כל אזרח או אזרחית העומדים להתגייס לשירות ממלכתי יציינו בעת
עריכת מבחני הכניסה את תחום השירות המועדף עליהם. המוסד
המשבץ יעשה ככל האפשר להיענות לבקשה בהתחשב במגבלות
סך כל הצרכים הממלכתיים ובתוצאות מבחני הכניסה.

149. דחיית מועד ההשתלבות בשירות הממלכתי

א. דחיית מועד ההשתלבות בשירות הממלכתי תתאפשר לתקופה שאינה
עולה על ארבע שנים במקרים של רכישת השכלה אקדמית, הכשרה
מקצועית או הכשרה דתית בשיעורים שייקבעו בחוק ובהתחשב
במספר המשתלבים בכל מחזור.

ב. ההשתלבות בשירות הממלכתי תחל מיד עם תום תקופת הדחייה,
ומשך השירות יהיה זהה לשנות השירות שהיו תקפות בעת הדחייה.

150. פטור משירות ממלכתי

א. מי שאינו אזרח מדינת ישראל פטור משירות ממלכתי, אך רשאי
להתנדב אם רצונו בכך.

ב. כל מי שמצבו הרפואי אינו מאפשר את השתלבותו בשירות הממלכתי,
כפי שתקבע ועדה רפואית ממלכתית, פטור משירות ממלכתי, וזכויותיו
האזרחיות לא תיפגענה.

151. המסגרת הקובעת התאמה להשתלבות בשירות הממלכתי

א. משרד מקצועי שיהיה כפוף לראש הממשלה יקבע את מקום
השתלבותו של כל פרט בשירות הממלכתי לאחר בדיקת מצבו
הרפואי ולאחר שהתחשב, ככל האפשר, בהעדפתו האישית. המשרד
להשתלבות בשירות הממלכתי יעסוק בנושאים הבאים:

ב. זימון החייבים בשירות ממלכתי לבדיקות רפואיות ולבחינת נתוני
התאמה לתחום השירות המבוקש ולתחומים נוספים.

ג. בחינת מצבו האישי, המשפחתי, החברתי והכלכלי של המועמד
לשירות ממלכתי.

ד. הודעה למועמד לאיזה תחום שירות יכוון ובחינת ערעורים, אם יוגשו.

ה. הכוונת המשתלבים לתחום השירות הממלכתי המתאים.

ו. מעקב אחר ההשתלבות בשירות הממלכתי ופרסום, אחת לשנה, דוח על רמת ההשתלבות בתחומים השונים.

שער שלושה-עשר: הרשות השופטת

152. סמכות שפיטה

סמכות השפיטה היא בידי הרשות השופטת, המורכבת מבתי משפט ומבתי דין לסוגיהם, המופקדים על עשיית צדק.

153. בתי משפט

אלה בתי המשפט שסמכות שפיטה נתונה בידיהם: בית המשפט העליון; בית משפט מחוזי; בית משפט שלום; בית משפט אחר שנקבע בחוק כבית משפט. בחוקה זו, "שופט" – שופט של בית משפט כאמור.

ניהול בתי המשפט יהיה בידי שר המשפטים ונשיא בית המשפט העליון.

154. בתי דין

סמכות שפיטה נתונה גם בידי בתי הדין האלה: בית דין לתעבורה; בית דין לעבודה; בתי דין לעניינים מקומיים; בתי דין אחרים שנקבעו בחוק.

155. ייחוד שפיטה

לא יוקם בית משפט או בית דין אלא בחוק. לא יוקם בית משפט או בית דין למקרה מיוחד.

156. אי-תלות

בענייני שפיטה אין מרות על מי שבידו סמכות שפיטה, זולת מרותו של הדין. לא יועבר שופט דרך קבע ממקום כהונתו לבית משפט במקום אחר אלא בהסכמת נשיא בית המשפט העליון או על פי החלטת בית הדין המשמעתי

לשופטים, ולא יתמנה שופט לכהונה בפועל בבית משפט של דרגה נמוכה יותר אלא בהסכמתו.

157. פומביות הדיון

מי שבידו סמכות שפיטה ידון בפומבי, זולת אם נקבע אחרת בחוק או אם הוא הורה אחרת לפי חוק.

158. מינוי שופטים

שופט יתמנה בידי נשיא המדינה לפי המלצתה של ועדה לבחירת שופטים. בחוקה זו, "שופט בעל מינוי של קבע" – שופט שהתמנה על פי סעיף זה.

הוועדה לבחירת שופטים תמנה תשעה חברים: שר המשפטים, שישמש כיושב ראש הוועדה; נשיא בית המשפט העליון; שני שופטים אחרים של בית המשפט העליון, שייבחרו על ידי חבר שופטיו; השר לביטחון פנים; שני חברי כנסת, שתבחר הוועדה לחוק ומשפט של הכנסת; ושני נציגים של לשכת עורכי הדין, שתבחר המועצה הארצית של הלשכה.

הוועדה אינה רשאית לפעול אם מספר חבריה פחות משבעה.

159. כשירות

כשירותם של שופטים תיקבע בחוק.

לא יתמנה לשופט מי שאינו אזרח ואינו תושב קבע של מדינת ישראל.

160. הצהרת אמונים

מי שנתמנה לשופט יצהיר הצהרת אמונים לפני נשיא המדינה. ואלה דברי ההצהרה: **"אני מתחייב לשמור אמונים למדינת ישראל, לחוקתה ולחוקיה, לשפוט משפט צדק, לא להטות משפט ולא להכיר פנים."**

161. כהונת שופטים

שופט יתחיל בכהונתו מעת שהצהיר הצהרת אמונים. שופט יסיים את כהונתו באחד המקרים האלה: בצאתו לגמלאות, בהתפטרותו, בהיבחרו או במינויו לאחד התפקידים שנושאיהם מנועים מלהיות שופטים, על פי החלטת הוועדה ובתנאי

שנתקבלה ברוב של שבעה חברים לפחות, השופט הורשע בפסק דין סופי בעבֵרה שבית המשפט שהרשיע אותו קבע שיש עמה קלון, על פי החלטה של בית הדין המשמעתי. שופט שיצא לגמלאות יכול שיתמנה בהסכמתו לתפקיד של שפיטה על ידי מי שבידו סמכות המינוי, לאותו בית משפט או בית דין, לזמן, בדרך ובתנאים שייקבעו בחוק.

162. חסינות שופטים

לא תיפתח חקירה פלילית נגד שופט אלא בהסכמת היועץ המשפטי לממשלה, ולא יוגש כתב אישום נגד שופט אלא בידי היועץ המשפטי לממשלה.

הוגשה נגד שופט קובלנה פלילית או נפתחה נגדו חקירה פלילית, או הוגש נגדו כתב אישום, רשאי נשיא בית המשפט העליון להשעות את השופט לתקופה שיקבע.

163. ייחוד כהונה

שופט לא יעסוק בעיסוק נוסף ולא ימלא תפקיד ציבורי, אלא לפי חוק או בהסכמת נשיא בית המשפט העליון ושר המשפטים.

164. שיפוט משמעתי

שופט נתון לשיפוטו של בית דין משמעתי אשר יוקם על פי חוק. את חברי בית הדין ימנה נשיא בית המשפט העליון.

הוראות בדבר העילות לדין משמעתי, דרכי הקבילה, הרכב המותב, הסמכויות של בית הדין המשמעתי ואמצעי המשמעת שהוא רשאי להטיל, ייקבעו בחוק. סדרי הדיון יהיו לפי חוק.

165. נציב תלונות הציבור על שופטים

ימונה נציב תלונות הציבור על שופטים, אשר יברר תלונות על התנהגות שופטים במסגרת מילוי תפקידם לרבות דרך משפט על ידם.

166. בעלי סמכות שפיטה

הוראות פרק זה לגבי שופטים יחולו גם לגבי בעלי סמכות שפיטה אחרים, בשינויים המחויבים, וזאת כפי שייקבע בחוק.

167. בית המשפט העליון

בית המשפט העליון ידון בערעורים על פסקי דין ועל החלטות אחרות של בתי המשפט המחוזיים.

בית המשפט העליון, בשבתו כבית משפט גבוה לצדק, ידון בעתירות נגד החלטות, מעשים או מחדלים של אנשים או גופים הממלאים תפקידים ציבוריים על פי דין.

מספר השופטים בבית המשפט העליון יהיה כקביעת הכנסת בהחלטה על פי המלצת הוועדה לבחירת שופטים. מספרם לא יפחת מתשעה ולא יעלה על חמישה-עשר.

סמכויות אחרות של בית המשפט העליון והרכבו ייקבעו בחוק.

168. בתי משפט אחרים

בתי משפט מחוזיים, בתי משפט שלום, בתי דין, בתי משפט אחרים ורשויות אחרות שבידיהן סמכות שפיטה – הקמתם, סמכויותיהם, הרכבם, מקום מושבם ואזורי שיפוטם יהיו בחוק או על פיו.

169. ערעור

פסק דין של בית משפט בערכאה ראשונה ניתן לערעור בזכות, להוציא פסק דין של בית המשפט העליון.

170. דיון נוסף

עניין שפסק בית המשפט העליון בשלושה או בחמישה שופטים, ניתן לקיים דיון נוסף בבית המשפט העליון במספר שופטים גבוה מזה, בעילות שנקבעו בחוק ובדרך שנקבעה לפי חוק.

171. הרכב בית המשפט המחוזי בעבֵרות פליליות חמורות

הדיון בעבֵרות פליליות חמורות שניתן לפסוק בהן עונש מאסר העולה על שלוש שנים וקביעת קלון, יקוים בבית המשפט המחוזי בהרכב של שלושה שופטים לפחות.

172. משפט חוזר
בעניין פלילי שנפסק בו סופית ניתן לקיים משפט חוזר בעילות שנקבעו בחוק ובדרך שנקבעה בחוק.

173. הלכה פסוקה
הלכה שנפסקה בבית משפט תנחה בית משפט של דרגה נמוכה ממנו.

הלכה שנפסקה בבית המשפט העליון מחייבת כל בית משפט, זולת בית המשפט העליון.

174. שפיטות חוקתיות
בית המשפט העליון, הוא לבדו, בהרכב שלא יפחת משני שלישים מחבר שופטיו בעלי המינוי קבוע, רשאי לפסוק כי חוק אינו תקף בשל אי-חוקתיות.

התעורר בפני בעל סמכות שפיטה ספק בדבר תוקפו של חוק בשל אי-חוקתיות, ומצא כי לא ניתן להכריע בעניין שבפניו בלי להכריע בשאלת התוקף כאמור, ואין בידיו להסיר את הספק ולקיים את תוקפו של החוק, יביא את השאלה בפני בית המשפט העליון. שאלת תוקפו של חוק יכולה לעלות בפני בית המשפט העליון, לפי ההסדרים שנקבעו בסעיף זה, על ידי צד להתדיינות בדרך של ערעור ישיר על החלטה, כאמור ברישא.

175. אי-שפיטה חוקתית
בית המשפט העליון לא יתערב ולא יפסוק בכל עניין של דת כלשהי.

שער ארבעה-עשר: מבקר המדינה ונציב תלונות הציבור

176. מבקר המדינה
ביקורת המדינה נתונה בידי מבקר המדינה.

177. מהות מבקר המדינה

א. יקיים ביקורת על הפעולות של המדינה, של משרדי הממשלה, של כל מפעל, מוסד או תאגיד של המדינה, של הרשויות המקומיות ושל גופים או מוסדות אחרים שהועמדו על פי חוק לביקורתו של מבקר המדינה.

ב. יבחן את חוקיות הפעולות, טוהר המידות, הניהול התקין, היעילות, החיסכון והפעולות לרווחת הציבור של הגופים המבוקרים וכל עניין אחר שיראה בו צורך.

ג. יברר תלונות מאת הציבור על גופים ועל אנשים כפי שייקבע בחוק או על פיו; בתפקיד זה יכהן מבקר המדינה בתואר "נציב תלונות הציבור".

ד. ימלא תפקידים נוספים כפי שייקבע בחוק.

178. אי-תלות ואחריות בפני נשיא המדינה והכנסת

א. במילוי תפקידיו יהיה מבקר המדינה כפוף לנשיא המדינה וימסור דוח ערוך, לרבות המלצותיו, לכנסת.

ב. תקציב מבקר המדינה ייקבע לפי הצעה שעל דעת נשיא המדינה, והיא תובא לאישור ועדת הכספים של הכנסת ותפורסם יחד עם תקציב המדינה.

179. בחירה ותקופת כהונה

א. את מבקר המדינה ימנה נשיא המדינה על פי המלצת הכנסת ולאחר שימוע.

ב. את מבקר המדינה תבחר הכנסת בהצבעה חשאית.

ג. מבקר המדינה יכהן תקופת כהונה אחת של חמש שנים.

180. כשירות

כל אזרח ישראלי שהוא תושב קבע במדינת ישראל, בעל השכלה אקדמית וללא עבר פלילי כשיר להיות מועמד לכהונת מבקר המדינה; ניתן לקבוע בחוק תנאי כשירות נוספים.

181. ייחוד כהונה

מבקר המדינה לא יעסוק בכל עסק או עיסוק נוסף ולא ימלא תפקיד ציבורי
אחר אלא לפי החוק.

182. הצהרת אמונים

מבקר המדינה ייכנס לתפקידו לאחר שהצהיר לפני נשיא המדינה הצהרת
אמונים זו: **"אני מתחייב לשמור אמונים למדינת ישראל, לחוקתה ולחוקיה
ולמלא באמונה את תפקידי כמבקר המדינה."**

183. חובה למסור ידיעות וחומר

גוף העומד לביקורתו של מבקר המדינה ימציא למבקר, ללא דיחוי ולפי דרישתו,
ידיעות, מסמכים, הסברים וכל חומר אחר שלדעת המבקר דרושים לו לצורכי
הביקורת ובירור התלונות.

184. תוצאות הביקורת וקשר עם הכנסת

א. מבקר המדינה יגיש לנשיא המדינה ולכנסת דוחות ואת חוות דעתו,
לרבות המלצות בתחום המבוקר, ויפרסם אותם ברבים.

ב. מצאו נשיא המדינה או ועדת הביקורת של הכנסת שתוצאות הביקורת
מחייבות, לדעתם, דיון משפטי, יועבר הנושא לטיפולו של היועץ המשפטי
לממשלה ולפרקליטות המדינה.

ג. דרכי הטיפול בתוצאות הביקורת ייקבעו בחוק.

185. תום כהונה

להעברת מבקר המדינה מתפקידו דרושות המלצת נשיא המדינה והחלטת
הכנסת ברוב של שישים ואחד קולות.

שער חמישה-עשר: הרשויות המקומיות

186. מהות וסמכויות

א. הרשויות המקומיות ינהלו את ענייני הציבור המקומי לטובת תושביהן תוך כדי התחשבות בטובת הציבור הכללי ובכפוף למדיניות הממשלה בתחומים שייקבעו בחוק.

ב. סמכויותיהן של הרשויות המקומיות לעצב מדיניות וליישמה, לספק שירותים ולנהל את ענייניהן הפנימיים, ייקבעו בחוק.

ג. הרשויות המקומיות יעודדו את שיתופם ואת מעורבותם של תושביהן בפעילותן.

187. בחירות ומוסדות נבחרים

א. בראש הרשות המקומית יעמוד ראש רשות שייבחר בבחירות אישיות, ישירות וחשאיות. ראש הרשות המקומית הוא ראש הרשות המבצעת בתחום המוניציפלי.

ב. הבחירות לראש הרשות תכלולנה גם בחירת ממלא מקום לראש הרשות המקומית. כל מועמד לתפקיד ראש הרשות המקומית יציע מועמד מטעמו לתפקיד ממלא המקום.

ג. דרכי בחירתם, כשירותם וסמכויותיהם של ראש הרשות המקומית וממלא מקומו ייקבעו בחוק.

ד. בכל רשות מקומית תכהן מועצת רשות מקומית שתמנה בין תשעה לתשעה-עשר חברים, כפי שיקבע שר הפנים. המועצה תיבחר במסגרת רשימות שיאושרו על ידי ועדת הבחירות של הכנסת, וחלוקת המושבים בין הסיעות במועצת העיר תיעשה על פי חוק.

ה. כשירותם של תושבי הרשות המקומית לשמש כחברי מועצה יוגדרו בחוק.

ו. מועצת הרשות המקומית תבחר מבין חבריה את יושב ראש מועצת העיר, וזה יקבע את סדר היום של המועצה וינהל את דיוניה. מועצת

העיר היא הרשות המחוקקת את חוקי העזר והמאשרת את תוכניות הבנייה במסגרת הסמכויות המואצלות לה בחוק ועל ידי משרד הפנים.

ז. המועצה תפקח על פעולות הרשות המקומית באמצעות ועדות שתקים מתוכה. עיקרון הפרדת הרשויות אוסר על חבר מועצה לעסוק בתפקיד ביצועי בתחום הרשות המקומית ואוסר על ראש הרשות לקחת חלק בהחלטות המועצה, אבל מותר לו, אם ביקש או נתבקש על ידי יושב ראש המועצה, לשאת דברים במועצה או לענות לשאלותיהם של חברי המועצה.

ח. משך הכהונה של ראש רשות מקומית, ממלא מקומו וחברי מועצת הרשות יהיה חמש שנים.

ט. העילות לתום הכהונה של ראש הרשות המקומית, ממלא מקומו וחברי המועצה ייקבעו בחוק.

188. מימון ומיסוי

א. בנושא מימון ומיסוי תהא למועצת הרשות המקומית סמכות להתקין תקנות שתחולתן על תחומי הרשות המקומית; להטיל תשלומי חובה ולגבות אגרות.

ב. כל האמור בסעיף הקודם ייעשה כפי שייקבע בחוק.

189. תכנון ובנייה

א. כל חברי מועצת הרשות הם חברי הוועדה לתכנון ובנייה של הרשות המקומית.

ב. תוכניות מִתאר ותוכניות בנייה תוגשנה לדיון בוועדה לתכנון ובנייה על ידי ראש הרשות המקומית ומהנדס הרשות המקומית.

ג. ראש הרשות המקומית ומהנדס הרשות המקומית יציגו את הנושאים המועלים לדיון אך לא ישתתפו בקבלת ההחלטות.

ד. ימונה יועץ משפטי מיוחד, בשכר, שילווה את דיוני הוועדה לתכנון ובנייה. התנגדות של היועץ המשפטי להחלטת הוועדה לתכנון ובנייה מטעמים

חוקיים תועבר במסמך מנומק לחברי הוועדה, לראש הרשות המקומית,
למהנדס הרשות המקומית וליושב ראש הוועדה המחוזית לתכנון ובנייה,
אשר מוסמך ליזום דיון להבהרת נושא ההתנגדות, אם ימצא לנכון.

ה. ראש הרשות המקומית ומהנדס הרשות המקומית רשאים לערער בפני
הוועדה המחוזית על החלטת הוועדה המקומית לתכנון ובנייה, ואם
ערעורם לא נתקבל, רשאים לערער בפני הוועדה הארצית לתכנון ובנייה.

190. פיקוח ובקרה

א. מבקר הרשות המקומית ועובדי משרדו ימונו וימומנו על ידי משרד הפנים.

ב. מבקר הרשות המקומית ישמש גם כנציב פניות הציבור.

ג. מבקר הרשות המקומית יונחה במילוי תפקידו על ידי משרד הפנים,
כפי שיקבע שר הפנים.

ד. אחת לשנה ולא יאוחר מה-1 באפריל יפרסם מבקר הרשות המקומית
דוח שיועבר לטיפול משרד הפנים, ראש הרשות המקומית ויושב ראש
מועצת העיר. הדוח יפורסם לאחר מתן אפשרות לראש הרשות וליושב
ראש מועצת הרשות להגיב על הערותיו של המבקר. הדוח הסופי יפורסם
גם בפורטל הרשות המקומית.

ה. חוק יכול שיקבע לממשלה את הסמכות:

1. להשעות או להעביר נבחרי ציבור ברשות המקומית מתפקידיהם על
פי עילות ובדרך שייקבעו בחוק.

2. להשעות את תוקפה של תקנה שהתקינה הרשות המקומית או
לבטלה, אם מצאה הממשלה שהתקנה פוגעת במידה העולה על
הנדרש בטובת הציבור, ברשות מקומית אחרת או במדיניותה הכללית
של הממשלה.

שער שישה-עשר: הסדרים בדבר מעמדה של החוקה

191. תיקונים לחוקה

תיקונים לחוקה נחקקים על ידי הכנסת מכוח סמכותה לכונן חוקה.

192. יוזמה לתיקון החוקה

הצעה לתיקון החוקה תוגש לכנסת על ידי הנהגת המדינה, או על ידי ועדת החוקה של הכנסת, או על ידי שישים חברי כנסת שהגישו את הצעתם בצוותא; ההצעה תפורסם ברשומות ותונח על שולחן הכנסת.

193. שלבי תיקון החוקה

א. תיקון לחוקה יתקבל בארבע קריאות במליאת הכנסת.

ב. תיקון לחוקה יתקבל בקריאה ראשונה, בקריאה שנייה ובקריאה שלישית במליאת הכנסת ברוב של שישים ואחד חברי כנסת, ובקריאה רביעית ברוב של שמונים חברי כנסת.

ג. בעת הדיונים בין הקריאות רשאית ועדת החוקה של הכנסת להחליט על תיקונים בהצעה ככל שייראה לה, ובלבד שאלה לא יחרגו מגדר הנושא של ההצעה, או שיהיו דרושים כדי להתאים סעיפים אחרים של החוקה לתיקון המוצע.

ד. תיקון לחוקה יתקבל בקריאה הרביעית במליאת הכנסת רק בנוסח שאושר בקריאה השלישית. הקריאה הרביעית תהיה בישיבת הכנסת שנועדה לעניין זה בלבד, והיא תיערך לא לפני חלוף שישה חודשים לפחות מתום הקריאה השלישית.

194. סדרי הגשה ודיון

הוראות בדבר סדרי הגשה של הצעות לתיקון החוקה ובדבר סדרי הדיון בהן במליאת הכנסת ובוועדת החוקה, ככל שלא נקבעו בפרק זה, ייקבעו בחוק.

195. פרסום

א. תיקון לחוקה יפורסם ברשומות.

ב. נוסחו של תיקון לחוקה כפי שפורסם ברשומות הוא הנוסח המחייב.

ג. הוראות בדבר סדרי הפרסום ותיקוני טעויות ייקבעו בחוק.

196. תחילה

תחילתו של תיקון לחוקה היא ביום פרסומו ברשומות, אלא אם כן נקבע אחרת בתיקון.

שער שבעה-עשר: מצב חירום

197. הגדרת תנאי חירום

לעניין פרק זה: "תנאי חירום" – מצב של מלחמה או איום חמור ומידי על קיום המדינה, על ביטחונה, על הסדר החוקתי שלה או על חיי התושבים עקב אסון טבע או מפגע בריאותי.

198. ועדת שעת חירום

א. הכנסת תכונן מבין חבריה ועדה לשעת חירום שתמנה עשרים ושבעה חברים.

ב. בראש ועדת החירום יעמוד יושב ראש הכנסת ויהיו חברים בה שנים-עשר חברי כנסת שייצגו את אזורי הבחירה ועוד ארבעה-עשר חברי כנסת שייבחרו על פי היחס המספרי של סיעות הכנסת, ובלבד שלכל סיעה בת שישה חברים, או יותר, יהיה נציג בוועדה.

ג. מספר סיעות רשאיות להודיע ליושב ראש הכנסת כי הן מהוות סיעה אחת לצורך הייצוג בוועדה.

ד. דרכי הכינון של הוועדה ייקבעו בחוק.

199. הכרזת מצב חירום

א. ראתה הנהגת המדינה שקיימים תנאי חירום, תפנה לכנסת כדי להכריז על מצב חירום לתקופה שתיקבע בהכרזה, ובלבד שלא תעלה על חצי שנה.

ב. ראתה הכנסת כי קיימים תנאי חירום, רשאית היא להכריז על מצב חירום גם ללא פניית ההנהגה.

ג. ראתה ועדת שעת חירום של הכנסת שקיימים במדינה תנאי חירום ויש להכריז בדחיפות על מצב חירום, עוד לפני שאפשר לכנס את הכנסת, רשאית היא להכריז על מצב חירום. תוקפו של מצב החירום יפקע כעבור שבעה ימים מיום ההכרזה, אלא אם כן אושרה או בוטלה קודם לכן על ידי הכנסת בהחלטה של רוב חבריה. אם לא התכנסה הכנסת, רשאית הוועדה לחזור ולהכריז על מצב חירום כאמור בסעיף קטן זה.

ד. הכרזה של הכנסת או של ועדת שעת חירום של הכנסת על מצב חירום תפורסם ברשומות. אם אי אפשר לפרסם הכרזה על מצב החירום ברשומות עקב תנאי החירום, תפורסם ההכרזה בדרך מתאימה אחרת, ובלבד שתפורסם ברשומות מיד כשאפשר יהיה לעשות כן.

ה. הכנסת רשאית בכל עת לבטל הכרזה על מצב חירום; הודעה על הביטול תפורסם ברשומות.

200. תקנות לשעת חירום

א. משעה שהוכרז על מצב חירום, רשאית ועדת שעת חירום של הכנסת להתקין תקנות לשעת חירום החיוניות להגנת המדינה או הציבור או לקיום האספקה והשירותים החיוניים.

ב. ראתה הנהגת המדינה כי אי אפשר לכנס את ועדת שעת החירום של הכנסת במועד הדרוש בנסיבות העניין בשל תנאי חירום, וכי קיים צורך דחוף וחיוני להתקין תקנות שעת חירום, רשאית ההנהגה להתקינן. תקנות שעת חירום יונחו על שולחן ועדת שעת החירום של הכנסת סמוך ככל האפשר לאחר התקנתן.

ג. תקנות שעת חירום ייכנסו לתוקף עם פרסומן ברשומות. היה ולא ניתן לפרסמן ברשומות, הן יפורסמו בדרך מתאימה אחרת, ובלבד שיפורסמו ברשומות מיד כשניתן לעשות כן.

ד. תקנות שעת חירום כוחן יפה לשנות כל חוק, להפקיע זמנית את תוקפו או לקבוע תנאים, וכן להטיל או להגדיל מִסים או תשלומי חובה אחרים, והכול אם אין הוראה אחרת בחוקה או בחוק.

ה. אין בכוחן של תקנות שעת חירום לשנות את הוראות החוקה, להפקיע זמנית את תוקפן או לקבוע בהן תנאים, ואולם מותר להורות בתקנות שעת חירום על פגיעה בזכויות המנויות בשער זכויות יסוד של האדם או לדחיית מועדים לפי חוקה זו, ובלבד שהפגיעה בזכויות או דחיית המועדים תהיינה תוך כדי שמירה על ערכיה של המדינה וחוקתה, לתכלית חיונית ולתקופה ובמידה שלא תעלינה על הנדרש. על אף האמור לעיל, לא תותר בתקנות שעת חירום אפליה מטעמי דת, גזע, לאום, מין, עדה, ארץ מוצא, מוגבלות או מכל טעם אחר, ולא יותרו עינויים או עבדות.

ו. אין בכוחן של תקנות לשעת חירום לפגוע במעמדו ובתפקידיו של בית המשפט העליון, לפגוע בהמשך פעולתם של מוסדות השלטון המרכזי או המקומי שהנסיבות לא גרעו מיכולתם לתפקד, למנוע פנייה לערכאות או לקבוע דין עונשי למפרע.

ז. לא יותקנו תקנות לשעת חירום אשר קובעות הוראות כאמור בסעיפים 200 ד או ה, ולא יופעלו מכוחן הסדרים, אמצעים וסמכויות, אלא אם כן מצב החירום מחייב זאת ואין אפשרות לפעול בדרך חקיקה במועד הדרוש.

ח. תוקפן של תקנות לשעת חירום יפקע כעבור שלושה חודשים מיום התקנתן, זולת אם הוארך תוקפן בחוק, או שבוטלו על ידי הכנסת בחוק או בהחלטה של רוב חברי הכנסת.

ט. חדל מצב החירום מהתקיים, יוסיפו תקנות שעת חירום להתקיים לתקופת תוקפן, אך לא יותר משישים יום מסיום מצב החירום, ובלבד שלא יפעלו אלא להשלמת ביצועו של צו אישי שניתן לפני תום מצב החירום.

פרק הוראות כלליות

201. פרשנות

מהותה ומטרתה של החוקה תנחה את פרשנותה.

202. כשירות

באשר לכשירותם של נשיא המדינה, יושב ראש הכנסת, ראש הממשלה, חברי כנסת, שרים, מי שבידו סמכות שפיטה או של מבקר המדינה, אפשר לקבוע בחוק תנאים נוספים על אלה שפורשו בחוקה.

203. פסול לכהונה

לא יהי אדם כשיר כנשיא מדינה, כיושב ראש כנסת, כראש ממשלה, כחבר כנסת, כשר, כבעל סמכות שפיטה או כמבקר מדינה, אם הורשע בפסק דין פלילי סופי לעונש מאסר בפועל או לקלון.

204. שכר

א. נשיא המדינה, יושב ראש הכנסת, ראש הממשלה, השרים, חברי הכנסת, מבקר המדינה, שופטים ומבקרי הרשויות המקומיות יקבלו שכר מאוצר המדינה, כפי שייקבע בחוק.

ב. ראשי הרשויות המקומיות, ממלאי מקומם וחברי המועצה של הרשויות יקבלו שכרם מקופת הרשות המקומית, כפי שייקבע בחוק.

205. שמירת דינים – הוראת שעה

הוראות חיקוק שאלמלא שער זכויות יסוד של האדם היו תקפות ערב תחילתה של חוקה זו, יעמדו בתוקפן עשר שנים מיום קבלת החוקה, אם לא בוטלו קודם לכן, ואולם פירושן של ההוראות ייעשה ברוח הוראות חוקה זו, אלא אם כן נקבע אחרת.

פרק יז

מצע אידיאולוגי למפלגה ציונית, ממלכתית ודמוקרטית (צמ"ד)

ביזור קולות הבוחרים בין עשרות רשימות ומפלגות הוא אחת הסיבות העיקריות לכך ששום מפלגה גדולה לא מצליחה לזכות ברוב המושבים בכנסת. הדרך לטיפול הולם בבעיותיה המרכזיות של מדינת ישראל היא יצירת מצב של יציבות שלטונית. אפשר להשיג יציבות שלטונית על ידי נקיטת הצעדים הבאים:

1. הקמת מפלגה המאחדת את רוב המפלגות הציוניות למפלגה **ציונית, ממלכתית ודמוקרטית**.
2. להתנות את השתתפותה של מפלגה בבחירות לכנסת ברישומה כחוק לפחות שנתיים לפני מועד הבחירות הקבוע בחוק, ולדרוש שיתמכו בה לפחות עשרת אלפים חברים או אוהדים.
3. בחירת מחצית מחברי הכנסת בבחירות אזוריות, ישירות וחשאיות.
4. הנהגת חוקה למדינת ישראל שתגדיר באופן ברור את ההפרדה בין הרשויות: המחוקקת, המבצעת והשופטת. החוקה ושינוים בה יתקבלו בכנסת ישראל ברוב של שמונים קולות.
5. צמצום פער ההכנסה בין עשירים לעניים והקטנה משמעותית של שיעור העניים.
6. צמצום המתח הלאומי, הדתי והחברתי בין אוכלוסיות שונות והגברת הזדהותן עם מדינת ישראל כמדינת העם היהודי. המתח קיים בעיקר בין יהודים לערבים ובין דתיים לחילונים.

7. הקמת שירות ממלכתי שייקחו בו חלק כל אזרחי מדינת ישראל בגילים 18-50. פרט שאינו מוכן לקחת חלק בשירות הממלכתי, יוותר מרצונו על אזרחותו הישראלית ויוגדר "תושב קבע". זכויותיו של תושב הקבע יוגדרו בחוקה ובחוק.

8. מצבה הביטחוני הייחודי של מדינת ישראל מחייב שידוד מערכות ביחס לתפקידי צה"ל, המוסד, השב"כ ומשטרת ישראל.

9. השחיתות שפשתה בכל רובדי השלטון, לרבות הקשר בין הון לשלטון, מחייבים נקיטת צעדים מונעים:

   א. קיום שימוע פומבי לפוליטיקאים ועובדי ציבור בכירים בטרם התמנותם.

   ב. שקיפות מלאה להון ולאינטרסים הכלכליים של פוליטיקאים ועובדי ציבור בכירים.

   ג. איסור על חזרה לפעילות פוליטית וציבורית על מי שנדון לעונש מאסר או לקלון.

10. כנסת ישראל לא תעסוק בחקיקה דתית, והממשלה לא תאכוף חוקי דת על אזרחיה ותושביה.

11. הממשלה תהיה מחויבת להעניק את מיטב השירותים לאזרחיה ולתושביה מיום הלידה ועד הקבורה, ללא הבדל לאום, דת, גזע או מין.

היתכנות הקמתה של מפלגה ציונית, ממלכתית ודמוקרטית

תנועת החירות דגלה בעבר ב"שתי גדות לירדן" ובכלכלה ליברלית, שעה שמפא"י דגלה בפשרה טריטוריאלית ובכלכלה סוציאליסטית. היום אין כמעט הבדל בין שתי המפלגות.

מבחינה ביטחונית:

שתיהן מסכימות להקמתה של מדינה פלסטינית בחלקים ניכרים מיהודה, שומרון ועזה, ורואות עין בעין את הסכנות העומדות לפתחה של מדינת ישראל מצד אירן והארגונים האסלאמיים הקיצוניים.

מבחינה כלכלית:

הוכח כישלונם הכלכלי של המשק הסוציאליסטי ושל הכלכלה הליברלית, שהביאה לגידול ניכר בשיעור העניים. שתי המפלגות רואות היום בחיוב את הכלכלה החופשית והגלובלית, ואני מקווה ששתיהן יאמצו את עיקרי תורתו של הסוציולוג הבריטי אנתוני גידנס, שפורסמה בספרו "הדרך השלישית" ואומצה על ידי הנשיא ביל קלינטון, קנצלר גרמניה גרהרד שרדר וראש ממשלת בריטניה טוני בלייר. תורתו מבוססת על העיקרון שאין לזנוח את הרעיונות הסוציאל-דמוקרטיים בדבר האחריות החברתית לרווחת הפרט, ויש לשלבם בכלכלה המודרנית, שאין לה תחליף, והיא: כלכלת השוק.

סלידתם של אזרחי ישראל (ובמיוחד הדור הצעיר) ממצבם המוסרי הירוד של הפוליטיקאים תביא בסופו של דבר לזעזוע ציבורי שיתעצם בעזרת התקשורת האלקטרונית ועלול להביא להתקוממות המונים שתוצאותיה עלולות להביא לכאוס. עלינו להכיר בעובדה המצערת שהשחיתות פשתה בכל רובדי השלטון. כדי למנוע זעזוע ציבורי ומדיני בלתי נשלט, יש להקים מפלגה ציונית, ממלכתית ודמוקרטית ולהעמיד בראשה מנהיגים נקיי כפיים ושונאי בצע, וטוב שעה אחת קודם!

עיקרי מצעה של מפלגה ציונית, ממלכתית ודמוקרטית

מפלגת צמ"ד תהיה נאמנה **לאידיאולוגיה הציונית** של בנימין זאב הרצל; **לדרכו הממלכתית והדמוקרטית** של מייסד המדינה דוד בן-גוריון; **לכיבוד עליונותה של הרשות השופטת** בדרכו של מנחם בגין; **לנאמנות הלאומית** של זאב ז'בוטינסקי ומנחם בגין; **לחתירה לשלום עם הפלסטינים וארצות ערב** כפי שהתוו מנחם בגין, יצחק רבין ושמעון פרס; **למתן שירותים סוציאליים לאזרחי המדינה** על פי דרכם של זאב ז'בוטינסקי ודוד בן-גוריון.

ייעוד המדינה

מדינת ישראל היא מדינת **כל בני הלאום היהודי** עלי אדמות ותעניק יחס שווה לכל אזרחיה, יהיו לאומיותם, דתם, גזעם ומינם אשר יהיו. שערי המדינה יהיו פתוחים לעליית יהודים לארץ אבותינו, והיא תהיה מופת לאומות העולם בכל הנוגע לשוויון זכויות וליחס למיעוטים החיים בתוכה.

חובת המדינה היא לשרת את כל אזרחיה ותושביה ולדאוג לאושרם, לביטחונם, לחירותם ולשמירת קניינם. חוקת המדינה והמשטר בה חייבים להבטיח:

1. קיום שלטון נאור, ציוני, ממלכתי ודמוקרטי ברוח המוסר והצדק שהטיפו להם נביאי ישראל ומנהיגי ישראל.

2. קיום זכויות וחובות שוות לכל אזרחיה.

3. יצירת לכידות חברתית על ידי צמצום הפער בהכנסות בין רובדי האוכלוסייה השונים.

4. הענקת חינוך ממלכתי שוויוני.

5. כיבוד הדתות המונותאיסטיות; מתן גישה חופשית למקומות הקדושים ליהדות, לנצרות ולאסלאם ושמירה עליהם.

6. שמירה על קשר עם יהדות הפזורה; עידוד עלייתה למדינת ישראל; סיוע במתן חינוך יהודי לילדיהם.

7. כנסת ישראל לא תעסוק בחקיקה דתית ולא תכפה שירותי דת. הממשלה לא תאכוף חוקי דת מלבד שבתון במועדי ישראל הנבחרים.

8. מדינת ישראל תבטיח חופש דת לכל אזרחיה ותושביה ותתייחס באופן שווה לכל הזרמים ביהדות ובדתות אחרות.

מדינת ישראל והמשטר בה

מדינת ישראל היא מדינה יהודית ודמוקרטית. נשיא המדינה ייבחר אחת לשבע שנים בבחירות כלליות, אישיות, ישירות וחשאיות. הכנסת וראש הממשלה ייבחרו אחת לחמש שנים. הכנסת תורכב ממאה ועשרים חברי כנסת, ובראשם יעמוד יושב ראש הכנסת. שישים חברי כנסת ייבחרו מתוך מפלגות או רשימות מאושרות בבחירות כלליות וחשאיות, ושישים חברי כנסת ייבחרו בבחירות אישיות וחשאיות בשנים-עשר אזורי בחירה. המשטר במדינה יהיה משטר פרלמנטרי שבראשו הנהגה המורכבת מנשיא מדינה, ראש ממשלה ויושב ראש כנסת.

ירושלים – בירת מדינת ישראל

ירושלים היא בירת מדינת ישראל, לבו של העם היהודי, מוקד געגועיו, מחוז חלומותיו, ערש תפילותיו, ולכן היא תהיה מקום משכנם של נשיא המדינה, הממשלה, כנסת ישראל, בית המשפט העליון,מבקר המדינה ומקום מושבן הרצוי של השגרירויות הזרות. תחומה המוניציפלי של ירושלים העברית יסוכם בשיחות שלום עם הפלסטינים וארצות ערב.

מעמד אזרח תושב

אזרח ישראל יהיה כל מי שנולד להורים אזרחי ישראל או תושבי ישראל, וכן זה אשר קיבל אזרחות במסגרת חוק השבות או חוק ההתאזרחות התקף.

אזרח ישראלי מעל גיל שמונה-עשרה שאינו רוצה להזדהות עם המדינה ולשרתה רשאי, אם זה רצונו האישי והחופשי, לוותר על אזרחותו הישראלית ולזכות במעמד של תושב קבע.

מי שאינו אזרח ישראל אין לו זכות לבחור ולהיבחר לכנסת, ואינו יכול להיות מועסק על ידי הממשלה או אחד ממוסדותיה.

מי שמוותר על אזרחותו הישראלית ו**ממשיך להתגורר במדינת ישראל בדרך קבע, יזכה למעמד תושב קבע.** לתושב קבע יהיו זכויות לרכוש, לחירות ולחופש תנועה ככל אזרח, ורשאי יהיה לבחור בבחירות לרשות המקומית שהוא מתגורר בתחומה ולהיבחר אליה. זכויותיו וחובותיו של תושב קבע יוגדרו בחוק ויכובדו זכויותיו כאדם.

החזון לשלום ולביטחון

1. **המדינה תחתור לשלום עם העם הפלסטיני ועם מדינות ערב, יחד עם הבטחת ביטחונה וריבונותה של מדינת ישראל. הגבולות יסוכמו בשיחות שלום עם הפלסטינים ועם מדינות ערב שלישראל יש הסכמי שלום עמן.**
    אנו מאמינים ששלום אמת בין מדינת ישראל למדינות ערב והפלסטינים אפשרי וחיוני לשם קיומה הנצחי של מדינת ישראל כמדינת הלאום היהודי.

2. בבואנו לדון על תיחום קו גבול בינינו ובין הפלסטינים עלינו להפנים כמה עקרונות:

א. ההלכה היהודית קובעת שאין דבר העולה בקדושתו על החיים, כנאמר: "וחי בהם" (ויקרא יח ה); "כל עבירות שבתורה אם אומרים לאדם: עבור ואל תיהרג, יעבור ואל ייהרג, חוץ מעבודה זרה וגילוי עריות ושפיכות דמים" (בבלי, סנהדרין עד, ע"א). אין האדמה קדושה מהחיים, ולכן מותר, ואף חייבים, לוותר על חלק מארצנו למען השלום.

ב. קיומו של רוב יהודי יציב הוא תנאי לקיומה של מדינת ישראל כמדינת העם היהודי, ולכן ישראל רואה בחיוב את הקמתה של מדינה פלסטינית מפורזת מנשק החיה בשלום לצִדה של מדינת ישראל.

ג. מדינת ישראל תכיר במדינה פלסטינית שתקום במסגרת גבולות שיסוכמו במשא ומתן בין מדינת ישראל לבין הרשות הפלסטינית ומדינות ערב שלמדינת ישראל יש הסכם שלום עמן.

ד. לגבול שיימתח בין מדינת ישראל למדינה הפלסטינית תהיה משמעות מדינית על פני השטח, והוא יחייב שיתוף פעולה והסכמה בכל הנוגע לתחום האווירי (טיסה, תקשורת), לתחום הקרקעי (מקורות מים, סילוק ביוב והזרמת נגר עילי ומי קולחים), דרכי תחבורה יבשתיים ותת-קרקעיים ומוצא לים למדינה הפלסטינית.

ה. מתן אפשרות לאזרחיה של מדינה אחת לחיות כתושביה של המדינה השכנה. כלומר ערבים שהם תושבי ישראל יוכלו לבחור באזרחות פלסטינית, ויהודים שיתגוררו ביישובים בתחום המדינה הפלסטינית יהיו תושבי פלסטין ובו זמנית אזרחי מדינת ישראל.

ו. יועלה לדיון מעמדה של ירושלים ויידונו מחדש פתרונות לבעיה. כל פתרון צריך להיות על דעת שני הצדדים. המחלוקות יידונו בשיחות וכינוסים בפורומים שונים ובראשן סוגיית השליטה במקומות הקדושים ליהדות, לאסלאם ולנצרות.

3. שלום פירושו יחסים של כבוד הדדי ושיתוף פעולה בתחומים הבאים: ביטחון, כלכלה, בינוי, פיתוח, מניעת מעשי איבה והסתה. התנתקותנו החד-צדדית

מחבל עזה מוכיחה שהרס יישובים ויציאת ישראל משטח ללא הסכם בין הצדדים אינם מקרבים את השלום. איננו רואים בהרס יישובים דרך נאותה להשגת שלום.

קיימות שתי אפשרויות שיש לדון ולסכם עליהן עם הרשות הפלסטינית, מצרים וירדן: החלפת שטחים או השארת יישובים מסוימים בתחום הרשות הפלסטינית, ואם ירצו תושביהם היהודים להמשיך להתגורר בהם, יזכו מצד המדינה הפלסטינית ליחס זהה ליחס שהערבים זוכים לו במדינת ישראל. דרישה שפלסטין תהיה "נקייה מיהודים" אינה מתקבלת על הדעת, כפי שלא נסכים שישראל תהיה "נקייה מערבים". ההתנגדות ל"טרנספר" של אוכלוסייה" צריכה לחול בשני הצדדים. יהודים שיתגוררו בפלסטין יוכלו להיות תושבי פלסטין ואזרחי ישראל, אם ירצו בכך, וערבים הגרים בישראל יוכלו להיות אזרחי פלסטין ותושבי ישראל. **מערכת יחסים כזו תחזק את שיתוף הפעולה ואת השלום.**

1. על מדינת ישראל להכיר בזכותם של ערבים שהם אזרחי מדינת ישראל משנת 1948 לפיצוי הולם עבור רכוש שהורחקו ממנו או נלקח מהם על ידי מדינת ישראל, והם נשארו בגבולותיה. בראש הערבים הזכאים לפיצויים נמצאים אזרחי ישראל שהיו תושבי איקרית, בירעם וחיפה.

2. הלחימה בטרור (האסלאמי והיהודי) תופקד בידי שירותי המודיעין. הם יקיימו יחידות מקצועיות ללחימה בטרור ולשליטה על אוכלוסייה עוינת.

3. הסדר הציבורי ושמירת הגבולות בעתות רגיעה יופקדו בידי משטרת ישראל. היא תכלול את משמר הגבול, אשר יצויד באמצעים טכנולוגיים מתקדמים לאיתור ניסיונות חדירה לגבולות המדינה ללא היתר.

4. צה"ל יעסוק באימונים ובהכנה להתמודדות עם אויביה הפוטנציאליים של המדינה ויהיה גורם הרתעה וייערך להעברת המלחמה לשטח המדינה התוקפת. גם המרחב האווירי והימי, לרבות מניעת חדירה לא חוקית או עוינת, יופקדו בידי צה"ל. צה"ל לא יקים ולא יפעיל שלטון צבאי בשטח מדינת ישראל או בשטחים שבשליטת המדינה, מלבד אזורי ביטחון הדרושים למערכה צבאית בשעת התנהלותה.

חזון הכלכלה, המשק והחברה הישראלית

1. אנו תומכים בתורה הכלכלית-חברתית המכונה "הדרך השלישית" אשר הגה הסוציולוג הבריטי בן זמננו, אנתוני גידנס. בספרו "הדרך השלישית" מציע המחבר **לא לזנוח את הרעיונות החברתיים של הסוציאל-דמוקרטים בדבר אחריות חברתית לרווחת הפרט**, **ולשלבם בכלכלה המודרנית שאין לה תחליף – כלכלת השוק.**
2. המפלגה רואה בדאגה את הגידול בפער בשכר ובהכנסות בין רובדי האוכלוסייה השונים. הפער המתבטא בכך ש-20.9 אחוז מאוכלוסיית ישראל ענייה, ובה 905 אלף ילדים! המפלגה תפעל לצמצום הפער בהכנסות בין רובדי האוכלוסייה על ידי קביעת מכפלה בין שכר המינימום במשק לשכר המרבי למנהלים ולעומדים בראש המגזר הציבורי ובמוסדות ועסקים המגייסים הון ציבורי.
3. כנסת ישראל תגדיר את הצרכים הבסיסיים הדרושים לקיום אדם בכבוד ותעשה כל שלאל ידה לספק את הצרכים הבסיסיים בחמש המ"מים של זאב ז'בוטינסקי: מזון, מלבוש, מעון מרפא ומחנך.

חוקה למדינת ישראל

נפעל בנחישות וללא פשרות לחקיקת חוקה למדינת ישראל (זו המוצעת בספר זה), כפי שנקבע במגילת העצמאות.

יחס המדינה לדתות

1. עלינו לכבד את בני כל הדתות כנאמר על ידי הנביא מיכה המורשתי: "והיה באחרית הימים יהיה הר בית ה' נכון בראש ההרים ונישא הוא מגבעות ונהרו עליו עמים; והלכו גויים רבים ואמרו לכו ונעלה אל הר ה' ואל בית אלוהי יעקב ויורנו מדרכיו ונלכה באורחותיו כי מציון תצא תורה ודבר ה' מירושלים; ושפט בין עמים רבים והוכיח לגויים עצומים עד רחוק וְכִתתו חרבותיהם לְאִתים וחניתותיהם למזמרות, לא יישאו גוי אל גוי חרב ולא יִלמדון עוד מלחמה; וישבו איש תחת גפנו ותחת תאנתו ואין מחריד כי פי ה' צבאות דיבר; כי כל העמים ילכו איש בשם אלוהיו ואנחנו נלך בשם ה' אלוהינו לעולם ועד" (ד, א-ה).

2. המדינה תספק את כל השירותים החיוניים שנזקק להם אזרח ותושב מיום לידתו ועד יומו האחרון, ולא תחייבו בחוק לקבל שירותים מאחת הדתות.

3. כל מי שיבחר לקבל שירות כלשהו מדת או ממוסד דתי באשר הם, חופשי ורשאי לעשות זאת, ומדינת ישראל ומוסדותיה לא יעמידו כל מכשול לקבלת השירות הדתי ותכיר בו, כפי שיבחר כל פרט מרצונו החופשי.

4. מדינת ישראל היא מדינה יהודית המכירה בכל זרמי היהדות והכתות היהודיות. וכן היא תבטיח את מעמדן ואת עצמאותן של כל הדתות.

5. מדינת ישראל תסייע לדתות, לזרמים הדתיים ולכתות הדתיות לממן את פעילותם במסגרת תקציב מאושר, שיחולק באופן יחסי בין כולם, על פי שיעור ההשתייכות הדתית של כל הפרטים באוכלוסייה. הסיוע ייגזר באמצעות קביעת שיעור ממס ההכנסה של כל נישום כפרט, ויופנה לשירותי הדת שהוא זקוק להם, כפי שייקבע בחוק.

6. כל המקומות הקדושים לכל הדתות יהיו שמורים מפני חילול או פגיעה ויובטח חופש גישה אליהם וחופש הפולחן הדתי.

המאבק בשחיתות ובמושחתים

1. אנו עדים זה עשרות שנים לשחיתות שפשתה בארצנו, וברשתה נפלו נשיאים, שרים, חברי כנסת, רבנים וראשי ישיבות, אנשי צבא, אנשי משטרה, ראשי רשויות מקומיות, אנשי כלכלה, שופטים וכן אזרחים רבים. נפעל בכל התוקף הנדרש לעקירת תופעה מכוערת זו ממדינתנו, ונקים כל מחסום אפשרי כדי למנוע את היווצרותה. אחת הסיבות העיקריות לתופעה שלילית זו טמונה בשיטת הבחירות לכנסת ולרשויות המקומיות הגורמת לקשר בין הון לשלטון.

2. דבריו של דוד בן-גוריון, שנכתבו אל יצחק הויסמן (גוראל) ב-16 בדצמבר 1968, יהיו קו מנחה לפעילי המפלגה. להלן ציטוט מדבריו:

"לדעתי אנו מוכרחים להיות מדינה למופת (או 'עם סגולה' בלשון התנ"ך), לא מפני שזה יותר טוב, מאחרים, אלא מפני שיש הרבה

גורמים בינלאומיים – שלא יעלמו כל כך מהר – הפועלים נגדנו... ורק אם משטרנו, תרבותנו, חברתנו יעוררו כבוד בעולם – נעמוד.

מתנגדינו ושונאינו – מכל מיני טעמים – לא במהרה יודו בזכותנו להתקיים, ורק אם הטובים שבאומות (ויש כאלה בכל עם) יעמדו על עליונותנו הרוחנית-המוסרית והאינטלקטואלית, החברתית והמדינית, נרכוש מעמד בינלאומי שיעזור לנו להתגבר על השנאה ועל השונאים – והם רבים!"[74]

3. המושחתים מקרבנו – רודפי הבצע והכבוד וחסרי הבושה – **מסכנים את קיום המדינה לא פחות מאויביה מחרחרי המלחמה והטרור**.
4. נעשה כל מה שאפשר כדי ליצור שוויון הזדמנויות לכל היכולים והמוכשרים לעסוק בפעילות פוליטית, ונדאג לצמצם את ההוצאות הכספיות הדרושות לנבחרי ציבור לשם מניעת קשר בין הון לשלטון.
5. ההסתפקות במועט של מנהיגיה הדגולים של מדינת ישראל – דוד בן-גוריון, לוי אשכול, גולדה מאיר, מנחם בגין ויצחק שמיר – **תהיה** מופת לחברי מפלגתנו. חברי מפלגתנו אשר ייבחרו לתפקידים ציבוריים יחויבו להצהיר מדי שנה על הונם ורכושם. הצהרתם תהא פומבית כדי להבטיח שמניעי פעילותם הם אידיאולוגיים ולא מטעמי כדאיות אישית או כלכלית.
6. המועמדים לתפקידים הציבוריים הבאים: נשיא המדינה, יושב ראש הכנסת, ראש הממשלה, שרים וחברי הכנסת, יעברו שימוע לפני ועדה לא פוליטית שתורכב משופט בית המשפט העליון, מבקר המדינה, נשיא מדינה לשעבר, ראש ממשלה לשעבר. פסילת מועמדות תתקבל ברוב קולות, ותנומק בכתב. החלטת הוועדה הנ"ל היא סופית.
7. על חברי כנסת ועל בעלי תפקידים בממשלה ובמוסדותיה חל איסור מוחלט לעסוק בכל עיסוק אחר מלבד תפקידם הציבורי. בעלי תפקידים ציבוריים יהיו חייבים לדווח מדי שנה על הונם ורכושם. הדיווחים האלה יהיו גלויים ושקופים לציבור.

---

74 "הזקן והעם", עמ' 117.

מוסדות המפלגה, ארגונה ובחירת נציגיה

1. המפלגה תקיים סניף בכל אחד מאזורי הבחירה ותאי פעילים בכל עיר ויישוב.

2. הסניף יורכב מאוהדים ומחברים. כל פרט רשאי להצטרף לסניף כאוהד. ההצטרפות כחבר תאושר למי שהגדיר את עצמו כאוהד לא פחות משנתיים, משלם את מס החבר שנקבע, ולקח חלק בלפחות שליש מפעולות הסניף.

3. יושב ראש הסניף ייבחר בבחירות אישיות, ישירות וחשאיות שתיערכנה אחת לשלוש שנים. הזכות לבחור ולהיבחר מוענקת לחברי הסניף.

4. מועצת הסניף תורכב מאחד-עשר חברים והם ייבחרו בבחירות אישיות, ישירות וחשאיות שתיערכנה אחת לשלוש שנים. הזכות לבחור ולהיבחר מוענקת לחברי הסניף.

5. מוסדותיה של המפלגה הם:

הנהגת המפלגה תורכב מיושב ראש המפלגה, מזכיר מועצת המפלגה ומנכ"ל המפלגה.

לשכת המפלגה תורכב מהנהגת המפלגה ומזכירי סניפי המפלגה (סך הכול חמישה-עשר חברים).

מועצת המפלגה תורכב מלשכת המפלגה ועשרה נבחרים מכל אחד מסניפי המפלגה (סך הכול מאה שלושים וחמישה חברים).

הנהגת המפלגה תיבחר אחת לשלוש שנים בבחירות אישיות, ישירות וחשאיות על ידי חברי מועצת המפלגה. כל חבר מפלגה רשאי להגיש מועמדות לאחד מתפקידי ההנהגה, ולא יותר.

הנהגת המפלגה תביא לאישור המועצה מועמדים שיעמדו בראש המוסד לביקורת המפלגה והמוסד לייעוץ משפטי.

הגדרת התפקידים הזמניים עד בחירת מוסדות המפלגה מוטלת על הגורמים שיפעלו להקמתה.

1. השיטה לקביעת מעמדם הפוליטי של חברי המפלגה ומיקומם ברשימה המפלגתית לכנסת תבוסס על פעילותם הפוליטית הרציפה של מציגי המועמדות. את הרשימה תקבע ועדה שתורכב מיושב ראש המפלגה,

היועץ המשפטי של המפלגה ונציגי שנים-עשר אזורי הבחירה, שייבחרו בבחירות אישיות, ישירות וחשאיות. הנציגים האלה לא יהיו רשאים להציג את מועמדותם לכנסת.

2. המועמדים לכנסת מטעם האזורים ייבחרו על ידי חברי המפלגה באזור בבחירות אישיות, ישירות וחשאיות, כלומר פריימריז אזוריים. רק חבר מפלגה שיהיה פעיל לפחות שנתיים באזור בחירה יהיה רשאי להגיש את מועמדותו לחבר כנסת מטעם האזור.

פרק יח

הגות דמוקרטית
על קצה המזלג

ה צורך בקיומה של מדינה, ובעיקר מקור הצורך הזה, העסיק ומעסיק פילוסופים משחר ההיסטוריה ועד ימינו אלה. אחת השאלות הנאיביות שרבים שאלו ושואלים את עצמם, היא מדוע הפשטות הפרימיטיבית המתוארת באגדות העבריות על "גן עדן מקדם" אינה מתקיימת עלי אדמות. שאלה זו העסיקה גם את גדול הפילוסופים, אפלטון. תשובתו של אפלטון לשאלה זו מובאת בשורות הבאות:

"מחמת תאוות הבצע ואהבת המותרות, אין הבריות מסתפקים בחיים פשוטים. הם שוחרי רכוש, רודפי כבוד, מלאי תחרות וקנאה. עד מהרה ישתעממו במה שיש להם, וישתוקקו למה שאין להם. והתוצאה: עדה אחת משיגה גבולה של עדה אחרת. התחרות בין העדות על מקורות והאמצעים שהאדמה מניבה, ובסופו של דבר: מלחמה!"75

ג'ורג' סאנטיאנה, הפילוסוף שנולד במדריד בשנת 1863 וחי את מרבית חייו בארצות הברית, פרסם בשנת 1915 ספר ששמו "התבונה בחברה" ובו הדברים הבאים:

---

75 ויל דיוראנט, "גדולי ההוגים", הוצאת אחיאסף, 1955, עמ' 193.

"ייתכן כי המדינה היא מפלצת, כפי שכינה אותה ניטשה: מפלצת שהגיעה לממדים מיותרים... הרעה הגדולה שבמדינה נטייתה להיות מכונת מלחמה, אגרוף איבה המונף בפניו של עולם נחות דרגה כביכול."

סאנטיאנה סבר כי מעולם לא ניצח שום עם במלחמה:

"מקום שהמפלגות הן רעות, כפי שהן רעות ברוב הזמנים וברוב הארצות, למעשה אין לו הבדל לציבור – חוץ ממה שנוגע למעשי-פרעות מקומיים – אם מחנהו הוא או מחנה האויב ניצח במלחמה... האזרח הפרטי בארצות כאלו ממשיך מכל-מקום לשלם את מקסימום המסים ולסבול בכל ענייניו הפרטיים את מקסימום הטורח וההזנחה... אף-על-פי-כן... ילהט האזרח המדוכא, כשאר אחיו, בהתלהבות פטריוטית, ויוקיע כבוגד בכבודו ובחובתו את כל מי שיצביע על מידת השחיתות שבנאמנות זו לממשלה אשר אינה מייצגת את ענייני הציבור."[76]

הבאתי ציטוטים אלה מתוך הזדהות עם הנאמר בהם: הרצון לשלוט בעם אחר פסול בעיניי, והוא אחת הסיבות למלחמה. מלחמות וכיבושים מלווים בדיכוי עמים ובהחנקת תרבויות ולשונות, שריבוין המגוון מוסיף לאוצר התרבות האנושית כולה.

פרט לאמור לעיל אינני מזדהה עם הפילוסוף ג'ורג' סאנטיאנה, אשר דגל בשלטון ריכוזי והיה סבור כי הכיבוש על ידי מדינה גדולה יותר וההיבלעות בה הריהם צעד קדימה להשלטת שלום במין האנושי ובארגונו. סאנטיאנה מתעלם בפילוסופיה שלו מאופיים של בני האדם, השואפים לשלוט, ובסופו של דבר אחד מדיח את האחר. האימפריות שאיחדו בכוח עמים שונים התפצלו מחדש במחיר הפסד ההישגים התרבותיים שהשיגו העמים שנכבשו ונעלמו. היהודים הם אולי העם היחיד שלא נעלם הודות לייחודו בהיותו בעת ובעונה אחת מסגרת לאומית ודתית.

---

76 "גדולי ההוגים", עמ' 359-360.

הבאתי את הספק הפילוסופי לעצם קיומה של מדינה, או את התוצאה השלילית מקיומה של מדינה, כדי להזכיר כי קיומה אינו מוסכם ובוודאי אינו מקובל כאקסיומה. עמדה זו של היעדר צורך במדינת ישראל, שהיא מעשה ידי אדם, היא חלק מאמונתה של העדה החרדית, המחכה לימות המשיח, ולדעתם רק ביכולתו לגאלנו. אך עלינו לכבדם בכך שאנו חבים להם את המשך קיומנו הייחודי כלאום דתי, אף על פי שגורשנו מארצנו ונרדפנו בכל ארצות הפזורה.

לנו, בני העם היהודי, שבע הרדיפות והאיבה, ובמיוחד ליהדות הציונית, ברור הכורח בקיומה של מדינה יהודית עצמאית וריבונית בארץ אבותינו. הצורך הוא בהמשך שמירת לשוננו, תורתנו ותרבותנו, והכורח נובע מהניסיון העגום שלנו שמקורו בשנאת זרים, ובמיוחד האנטישמיות שפשתה אף בנאורות שבמדינות.

כדי לבסס את עמדתי אביא כמה משפטים מספרו של חוזה המדינה, בנימין זאב הרצל. בספרו "אלטנוילנד" מתנהלת שיחה בין לונברג, הרוצה לחפש דרך חיים חדשה, לבין אוסוולד, ההולך בדרכי הארץ המקובלות על יהודים רבים, ונודד ממקום למקום.

> "לא יוצלח תהיה, אמר לו אוסוולד המסכן בנעימה של זעף, לפני נסיעתו לברזיל. כי אתה בוחל בדברים רבים מדי. צריך אדם לדעת לבלוע דברים כלשהם כגון: רמשים ואשפה. אלה גורמים לו לאדם שישמן ויתחסן, וכך הוא מגיע להישג כלשהו. אבל אתה אינך אלא חמור אנין דעת. לך למנזר אופליה!... שאדם הגון אתה בין כה וכה, לא יאמין לך איש, שכן יהודי הנך... ובכן מה?"[77]

הרצל ראה בחזונו את השואה ואת הימים הנוראים שהחלו בגרמניה הנאצית שלושים שנה אחר מותו.

---

77 "אלטנוילנד", עמ' 16-17.

"רואה אני, קרא לאשנר, שיהיה על כולנו לחזור ולענוד טלאי צהוב, או להגר, אמר הרב."[78]

לבני העם היהודי יש זיכרון ארוך. הנאצים לא המציאו את הטלאי הצהוב וגם לא את העלאתם של נשים וגברים, טף וזקנים בני העם היהודי למוקד ושריפתם בכבשנים. דורות שקדמו להם, מוסלמים ונוצרים, עשו זאת לפניהם!

בשנת 634 גזרו הערבים המוסלמים על היהודים לענוד טלאי צהוב, על הנוצרים לענוד טלאי כחול ועל הפרסים בני דת זרתוסטרה לענוד טלאי שחור. גם הארצות הנוצריות הוכיחו את איבתן ליהודים. בשנת 1274 גזר מלך אנגליה, אדוארד הראשון, כי היהודים יישאו על בגדם טלאי צהוב בצורת לוחות הברית. בעקבות האנגלים גזרו גם הצרפתים, הספרדים והגרמנים שעל היהודים לשאת טלאי צהוב. בשנת 1984, באירן, עם עלייתו של האייתוללה חומייני, העביר הפרלמנט האירני חוק שחייב את היהודים לענוד טלאי צהוב, אלא שבעקבות לחץ בינלאומי ביטלו האייתוללות את החוק.

אנו, בני העם היהודי, חייבים מדינה יהודית עצמאית וריבונית, ציונית ודמוקרטית. עלינו לשאוף לעשות הכול כדי שמדינתנו תהא שוויונית לכל אזרחיה – נשים וגברים, יהודים וגויים – ותהא אור לכולם **ומדינה דמוקרטית שוחרת צדק ברוח נביאי ישראל ושוחרת שלום בין העמים. ובעיקר: שנדע להעניק למיעוטים הגרים במדינתנו את הזכויות שאנו מבקשים לבני עמנו בפזורה!**

המונח "דמוקרטיה"

הגדרת המונח "דמוקרטיה" שונה לא רק מתקופה לתקופה אלא גם מארץ לארץ. מקור השוני בכמה גורמים: ההיסטוריה של העם והשלטון במדינה, אופיו של העם **ויחסו של העם לחוק ולמרות.** השפעת הגורמים הללו ברורה אם משווים אותם בין עמים: רוסים, גרמנים, אנגלים, סינים, יפנים, הודים, ערבים ויהודים.

78 "אלטנוילנד", עמ' 23.

אני חושב שאת הביטוי הנכון ביותר והקצר ביותר למונח "דמוקרטיה" נתן הנשיא אברהם לינקולן בנאום שנשא בשדה הקטל גטיסברג ב-19 בנובמבר 1863 במסגרת טקס להקדשת בית הקברות לנופלים בקרב לביטולה של העבדות בארצות הברית. כך אמר לינקולן בסוף נאומו:

"כדי שאומה זו, בעזרת האל, תדע לידה חדשה בחֵירות – וכדי שממשל העם, בידי העם, למען העם לא יסוף מן הארץ."[79]

משמעות הדברים: העם הוא הריבון היחיד, והשלטון שואב את סמכותו מהעם למען טובת העם, וכולם שווים בחובותיהם, בזכויותיהם ובמתן דין על פי חוק השווה לכל נפש.

על הדמוקרטיה היוונית

היוונים היו הראשונים שהתייחסו למבנה השלטון הדמוקרטי. אזכיר את הבחנתם ביחס למבני שלטון, כפי שהנציחו אותה הרודוטוס, פוליביוס, אפלטון ואריסטו:

1. דמוקרטיה – שלטון העם.
2. אריסטוקרטיה – שלטון האצולה.
3. מלוכה – שלטון יחיד.

על פי אפלטון, סופו של כל משטר להיכחד עקב שימוש יתר ביסוד המרכזי המאפיין אותו. **המלוכה** הופכת לטירניה – שליט יחיד המחוקק חוקים שאינם חלים עליו, ולכן לא מציית להם. **אריסטוקרטיה** הופכת לאוליגרכיה – שלטונם של מספר מצומצם מאוד של משפחות מיוחסות המשתלטות על רכושם של האריסטוקרטים האחרים. **דמוקרטיה** הופכת לאוכלוקרטיה – שלטון האספסוף המאופיין בהיעדר סדר ציבורי, כל דאלים גבר!

79 "לינקולן על הדמוקרטיה", מריו מ' קוואומו והרולד הוזר, הוצאת כרתא, 1994, עמ' 196.

אפלטון זלזל מאוד בכושר ההבחנה של העם וביכולתו להחליט החלטות נבונות. אני מצטט מ"פרוטגורס", סימן 317:

> "ואשר לעם אין להם ההבנה הדרושה, ואין הם אלא חוזרים על מה שטוב בעיני מושליהם, כפי שמספרים להם..."[80]

רבים מדברים בערגה על הדמוקרטיה היוונית, אך מתעלמים מן העובדות הבסיסיות ביחס למהותה. להלן כמה עובדות:

1. רק מי שנולדו להורים אזרחי אתונה נחשבו לאזרחים בעלי זכות לבחור ולהיבחר. אלה היו רק שישית או שביעית מכלל האוכלוסייה.
2. מי שלא נולדו להורים אזרחי אתונה נחשבו לברברים ולחסרי זכויות, ולרוב עסקו במלאכות שונות ובעיקר במסחר.
3. לנשים לא הייתה זכות בחירה והן לא הורשו להשתתף בשלטון.

מן הראוי גם לספר בקצרה על אורח החיים היווני באותם הימים כדי להבין היטב את העובדות שציינתי לעיל. חיי היווני, משעת לידתו ועד מותו, אופיינו במתינות בכל השטחים: בתים פשוטים ללא חלונות אל החוץ וחצר פנימית בלבד; לבוש פשוט חסר צבע (לרוב לבן); הרגלי אכילה לצורכי קיום בלבד; שתיית יין מכיוון שהיה בריא ממים, אך לא שתייה לשכרה.

היוונים חיו בכמאה ערים בלתי תלויות – כל עיר ארגנה את סדרי השלטון שלה. השיחה הייתה אחד התענוגות בחיים. השיחות התנהלו על מהות החיים, דרכי החיים, אלים וכד'. לא היו שיחות בטלות. יחסם לעבד היה ידידותי, כל עוד העבד ביצע את המוטל עליו. העבדות נחשבה לכורח חיים, והיחס אל העבדים היה טוב יותר מאשר בקרב עמים אחרים באירופה או באסיה.

צורת השלטון התבססה על אֲסֵפַת אזרחים בעלי זכות בחירה. בשנה התקיימו כעשר אספות ודנו בהן על סלילת דרך, בניית מקדש, מלחמה או כריתת ברית שלום. כל ההכרעות התקבלו בהצבעה גלויה, והביצוע הוטל על פקידות נבחרת, שהייתה מבצעת בקנאות את החלטת הרוב.

---

80 "גדולי ההוגים", עמ' 19.

היווני ידע לקבל את דעת הרוב במשמעת מופתית. המקרה הידוע הוא פסק דין מוות שנגזר על סוקרטס, ולמרות הפצרת תלמידיו הוא סירב לברוח. אביא מדברי אפלטון, המספר על ביצוע גזר הדין נגדו – הוא שתה את הרעל שהוגש לו.

> "...עד כאן היינו מתגברים, רובנו ככולנו על צערנו: אך עכשיו כאשר ראינוהו שותה וגם ראינו שגמר לשתות, לא יכולנו עוד להתאפק: נגד רצוני החלו עיניי זולגות דמעות, עד שכיסיתי פניי, והייתי בוכה על עצמי. ואמנם, לא בכיתי על סוקרטס אלא על אסוני שלי, שקיפחתי ידיד ורע כזה – ואף לא הייתי הראשון, כי קם גם קריטון משנוכח שאין הוא יכול לעצור בדמעותיו. קם וסר הצידה ואני הלכתי אחריו. באותו רגע צעק אפילודורוס, שהיה ישוב ובוכה כל הזמן, צעקה גדולה ומרה שהרעידה את כולנו. רק סוקרטס שמר על מנוחתו. 'מה הטעם של צעקה איומה זו?' שאל סוקרטס. 'הרי שילחתי מכאן את הנשים שלא תפרענה בהפרעות כאלה. כי שמעתי שיאה לו לאדם למות בשלום. הירגעו, אפוא, אזרו סבלנות!'"[81]

סוקרטס נדון למוות, ברוב קולות, על כך שהוא מטעה את הנוער מדרך הישר. גם כאשר הדין נראה לא צודק ולא התקבל פה אחד, המשמעת היוונית עמדה על ביצועו עד תום.

משמעות הדברים לדמוקרטיה הישראלית

הבאתי פרטים אלה רק כדי לקבוע באופן החלטי: המודל הדמוקרטי היווני אינו הולם את רוחו ואת דרכו של העם היהודי, אך ההגות היוונית ראויה ללימוד והעמקה וההתנהגות היוונית ראויה לחיקוי מבחינת הפשטות, המשמעת ואורח החיים.

---

81 "גדולי ההוגים", עמ' 12-13.

על משנתו הליברלית של ג'ון לוק (1704-1632)[82]

אני מדלג על אלפיים ומאה שנה, מתקופתו של אפלטון למאה השבע-עשרה. בתקופה זו לא קרה דבר הראוי להיקרא "דמוקרטיה", לא בחשיבה ולא במעשה.

ג'ון לוק, שנולד באנגליה, נחשב כאבי הליברליזם והמשטר הדמוקרטי בעת החדשה והשפיע מאוד על התפיסה הליברלית-דמוקרטית האמריקאית ועל חוקת ארצות הברית. לוק טען שהאדם מטבעו הוא טוב. טענה זו נוגדת את התפיסה הדתית, היהודית והנוצרית, הטוענת **"כי יצר לב האדם רע מנעוריו"** (בראשית ח כא).

כתוצאה מהשקפתו, מצפה לוק כי במצב של צורך חברתי יסייעו בני אדם זה לזה. אם נקבל את ההשקפה של לוק, נשאלת השאלה: מדוע יש צורך במדינה? על כך משיב לוק: תמיד יהיו יחידים שינסו לפגוע בזכויות האחר, **והמדינה היא זו שצריכה להגן על זכויותיו של הפרט.**

על פי לוק, לכל אדם יש זכויות טבעיות: הזכות לחיים, הזכות לחירות והזכות לקניין. השלטון מחויב, על פי השקפתו, להגן על כל יחיד בכל אחת מזכויותיו הטבעיות. **שלטון שאינו עושה זאת, אינו ראוי לכהן!** לוק מבסס את תורתו הדמוקרטית על היסודות הבאים:

1. בשלטון דמוקרטי חייבות להתקיים שתי רשויות: רשות מבצעת ורשות מחוקקת.
2. בלשונו, באנגלית: "The majority have the right to act and collect the rest". נכון שעיקרון זה היה ידוע כבר מימי יוון הקדומה, אך ניסוחו של לוק הפך את המושג "דמוקרטיה" לרעיון בעל השפעה רבה יותר.
3. הרשות המבצעת חייבת לכנס את הרשות המחוקקת על פי חוק. אם מסרבת הרשות המבצעת לכנס את הרשות המחוקקת, אזי **רשאי העם להתקומם ולסלק את הממשלה.** למיטב ידיעתי, לוק הוא הראשון שניסח את זכות המהפכה נגד שלטון לא דמוקרטי.

---

82 Ted Hondrich, The Oxford Companion to Philosophy, pages 493-495.

4. הפרדה בין דת למדינה וסובלנות דתית הן תנאי הכרחי לקיומו של שלטון דמוקרטי. לוק ניסח זאת כך: **"השלטון עובר על סמכותו כאשר הוא דוגל בדעה שהוא יכול להכתיב באמצעות חוק את עיקרי האמונה לאזרחיה."**[83]
5. אסור לכנסיות להתערב בעניינים ארציים-פוליטיים. על הכנסייה לחדול מדרישותיה לקבלת זכויות יתר ועל פי ניסוחו: **"כשם שארץ ושמים רחוקים זה מזה, כן רחוקים ביניהם עניינים ארציים ודתיים."**

לוק ראה במלוכה את הרשות המבצעת ובפרלמנט את הרשות המחוקקת, המורכבת מרוב ומיעוט, ואילו הכנסייה והדת מורחקים מהמישור הפוליטי.

משמעות הדברים לדמוקרטיה הישראלית

1. החלטות המתקבלות ברוב קולות של פורום מחייב, מחייבות את כולם.
2. שלטון חייב להגן על היחיד ועל זכותו של היחיד לחיים, לחירות ולקניין.
3. ההפרדה בין דת למדינה ניתנת לביצוע על ידי **הכרה בכל זרמי היהדות ומתן מעמד שווה לכל הדתות האחרות.**
4. ההפרדה בין הרשות המחוקקת לרשות המבצעת היא תנאי בסיסי ומחייב לקיומו של שלטון דמוקרטי.

"האיזונים והבלמים" של לואי מונטסקיה (1755-1689)[84]

הפילוסופיה של שארל לואי דה סקונדה, הידוע בעיקר בתוארו "מונטסקיה" (הוא היה ברון לה ברד ומונטסקיה), מבוססת על הומניזם שפירושו: כל בני האדם זכאים לחירות, לכבוד ולשוויון. אין להעלות על הדעת, על פי גישתו, משטר דמוקרטי שאינו מכיל ומקיים חירות, כבוד ושוויון לכל אזרחי המדינה.

כדי לקיים שלטון דמוקרטי הוא מחייב **"איזונים ובלמים"** בין שלוש רשויות עצמאיות:

---

83 "על הממשל המדיני", תרגם: יוסף אור, הוצאת מגנס, 1948.

84 ויקיפדיה – הפרדת רשויות על פי מונטסקיה.

1. הרשות המחוקקת – המופקדת בידי העם, הבוחר את נציגיו לפרלמנט,

2. הרשות המבצעת – המופקדת בידי הממשלה,

3. הרשות השופטת – שופטים שדיוניהם מתנהלים על פי חוק **וצדק** (ולא
   רק על פי החוק; **חוק לא צודק יש לבטל!**).

לדעתו, הרפובליקה היא צורת המשטר הטובה ביותר, וזה מתקבל מהציונים
שהוא העניק למשטרים השונים:

1. הדמוקרטיה – המידה הטובה.

2. האריסטוקרטיה – המידה טובה, אך הריסון חיוני לשם מניעת אוליגרכיה.

3. המלוכה – מתקיימת על פי כלל השררה והכבוד.

4. העריצות – מתקיימת מפחד ואימה על אזרחיה.

משמעות הדברים לדמוקרטיה הישראלית

המשטר במדינת ישראל מבוסס על בחירת חברי כנסת על ידי העם, אבל
הרכבת הממשלה היא פרי משא ומתן בין הסיעות בכנסת, כלומר הממשלה
והעומד בראשה אינם נבחרים ישירות על ידי העם. ובהיותם חברי כנסת, השרים
נמצאים בו זמנית ברשות המחוקקת וברשות המבצעת. **עובדה זו מטילה צל
כבד על הדמוקרטיה הישראלית.**

לאור האמור לעיל, אין במדינת ישראל הפרדת רשויות שלמה, ולכן גם אין
"איזונים ובלמים" של ממש. הממשלה נבחרת על ידי הכנסת, אך הממשלה היא
זו שיוזמת חקיקה ומנצלת את כוחה ואת השפעתה על חברי הכנסת בכפיית
משמעת קואליציונית וסיעתית על חברי הכנסת. **זו איננה דמוקרטיה ראויה!**

עמדתי זו מאוששת על ידי קביעת בג"ץ בעתירה שהגיש בשנת 1986 רב
סרן יהודה רסלר נגד שר הביטחון על אי-גיוסם של בחורי הישיבות. התביעה
התבססה בעיקר על החלטה שקיבל שר הביטחון בחוסר סמכות חוקית. בג"ץ
קבע שהרשות המבצעת, הממשלה, פעלה בלי שהחוק הסמיכה לכך. נשיא
בית המשפט העליון, השופט מאיר שמגר, קבע בפסק דין שניתן ב-12 ביוני
1988 את הדברים הבאים:

> "הפרדת הרשויות נוצרה כדי ליצור איזון בין רשויות, שכן רק בדרך זו, היינו על ידי מניעת ריכוז היתר של הכוח באופן בלעדי בידי רשות אחת, מובטחת הדמוקרטיה ונשמרת חירותם של הפרט ושל הכלל. הביזור השיטתי והקונספטואלי של הסמכויות בין הרשויות, תוך השלטת עקרונות חוקתיים בדבר פיקוח ובקרה הדדיים, וקביעתם למטרה זו של קשרים וגשרים בין הרשויות השונות, הם שיצרו את הבסיס בעל המרכיבים המשולבים החובקים את כל זרועות השלטון. כך נוצרת מקבילית הכוחות, המקימה ומייצבת את האיזון, שהוא תנאי לקיום החירות ולקיום תקינות הממשל על כל זרועותיו."[85]

דרושה הפרדה של ממש בין הרשות המחוקקת לרשות המבצעת, וזאת על ידי מניעת האפשרות ששר יכהן בו זמנית גם כחבר כנסת. יש ליצור מצב חוקתי שבו אדם יוכל לקחת חלק רק באחת משלוש הרשויות.

הבטחת פלורליזם דרך חלוקת סמכויות – השקפתו של אלכסיס דה טוקוויל (1859-1805)

אלכסיס דה טוקוויל הצרפתי היה הוגה דעות והיסטוריון. הוא כתב את הספר "הדמוקרטיה באמריקה", שני כרכים שפורסמו בשנים 1835 ו-1840, וכן את הספר "המשטר הישן והמהפכה", שפורסם בשנת 1856.

דה טוקוויל היה אולי הראשון שהבחין באחת הסכנות של הדמוקרטיה: **עריצות הרוב נגד המיעוט.** כל המערכת האמריקאית, לדעתו, מושפעת מדעת הרוב וכפופה לה. מערכת המשפט מבוססת על חבר מושבעים ההופך את דעת הרוב להכרעה משפטית, והצבא, כדבריו, **"אינו אלא רוב הנושא נשק."**

עם זאת, הוא חזה שהמהפכה הדמוקרטית תשתלט על העולם, ובלשונו **"מי שרוצה לעצור את הדמוקרטיה כאילו מנסה להילחם באלוהים עצמו."**

---

85 בג"ץ 910/86, רסלר נגד שר הביטחון, פ"ד מב (2) 441, 518.

הוא טען שבשלטון דמוקרטי קיים חשש שהמדינה תיהפך לבעלת עוצמה בלתי
מוגבלת, בעיקר בזכות הריכוזיות, העלולה להשריש בתודעתם של בני אדם
את הרעיון כי אל לו לפרט לסמוך על עצמו – הממשלה תעשה בכל מקרה
את הדבר הטוב ביותר. בכך חזה דה טוקוויל את היווצרותן של דיקטטורות
אשר קוראות לעצמן **"הדמוקרטיות העממיות".**

בממשל הדמוקרטי הריכוזי בא אפוא השוויון על חשבון החופש. ככל שגדל
השוויון – מתעצם השלטון המרכזי ופוחתת חירותו של הפרט. לצורת שלטון זו
קורא דה טוקוויל **"העריצות המנהלית".** על אותו משקל קרא חבר הכנסת ד"ר
יוחנן בדר המנוח לצורת הממשל בישראל **"פקידיסטאן"!** אם זו הייתה קביעתו
לממשל במדינת ישראל בשנות השישים של המאה הקודמת, תארו לעצמכם
מה היה אומר על שלטון הביורוקרטיה חסר הרסן היום.

על השאלה "מדוע מעדיפים העמים הדמוקרטיים את השוויון על פני החירות",
השיב דה טוקוויל:

"השוויון מובן וקונקרטי יותר. חירות פוליטית דורשת מאמצים רבים
ויש לרכשה על ידי הקרבת קורבנות. השוויון לעומת זו מורגש ופתוח
לכל. כדי לאבד את השוויון יש לשנות את הסדר החברתי. כדי לאבד
החירות והחופש – די אם לא שומרים עליהם!"[86]

על מנת להתגבר על הסכנות והחולשות של השלטון הדמוקרטי, מציע דה
טוקוויל דצנטרליזציה של הממשל בכמה דרכים:

1. העתקת סמכויות לממשל עצמי מקומי,
2. בחירת הפקידות הבכירה על ידי אזרחים,
3. ייסוד מערכת שיפוטית בלתי תלויה בהשתתפות מושבעים,
4. הסרת כל פיקוח על העיתונות והאוניברסיטאות,
5. בחירות חופשיות בזמנים קבועים.

---

86   אלכסיס דה-טוקוויל, "הדמוקרטיה באמריקה", הוצאת מוסד ביאליק, 1962, תרגמו: יוחנן
טברסקי וישראל מרגלית.

הדמוקרטיה בארצות הברית

אחד העקרונות המעניקים עצמאות דמוקרטית בארצות הברית הוא הפרדת הדת מהמדינה. ארצות הברית ערה לחולשותיה ולסכנותיה של השיטה הדמוקרטית ונתנה להן פתרונות סבירים:

1. דבקות בחוקה שהיא קבועה ומשמשת נר לרגלי הרשות המחוקקת והרשות המבצעת כאחת. ניתן לשנות את החוקה רק בהליך אִטי ומסובך.
2. הרשות המחוקקת מורכבת משני בתים: **הקונגרס** – מספר הנבחרים לכל אחת מהמדינות הוא ביחס למספר האזרחים במדינה; **הסנאט** – נבחרים אליו שני נציגים מכל מדינה.
3. הרשות המבצעת: **הנשיא** – נבחר על ידי אלקטורים שנבחרים על ידי אזרחי המדינות (כל מדינה בנפרד). מספר האלקטורים שמקבלת כל מדינה נקבע יחסית לגודל אוכלוסיית המדינה; **המזכירים** (מקבילים לשרים) – מומלצים על ידי הנשיא, אך צריכים לקבל את אישור הקונגרס.
4. הרשות השופטת: מערכת עצמאית של בתי משפט, לרבות בית משפט פדרלי העוסק בענייני חוקה. את שופטי בית המשפט העליון ממנה הנשיא.
5. איזונים ובלמים בענייני חקיקה:

א. חוקים חייבים לקבל את אישור הקונגרס והסנאט.

ב. לנשיא שמורה זכות הטלת "וטו" על החלטותיהם.

ג. הנבחרים בקונגרס ובסנאט יכולים לבטל את הווטו ברוב של שני שלישים בקונגרס ובסנאט.

ד. נשיא אשר אינו מקיים את החלטות הנבחרים עלול להיות מודח מכס הנשיאות. הדבר דורש רוב של שני שלישים בקונגרס ובסנאט.

ה. בית המשפט העליון יכול לקבוע שחוק שחוקק הקונגרס עומד בסתירה לחוקה ויש לבטלו.

ו. בתגובה להחלטת בית המשפט העליון יכול הקונגרס לעשות שינוי בחוקה. השינוי אטי ומסובך – נדרש רוב של שני שלישים בקונגרס ובסנאט וכן הסכמת 75 אחוז ממדינות ארצות הברית.

6. איזונים ובלמים במערכת המשפט:

7. את שופטי בית המשפט העליון ממנה הנשיא לכל חייהם. הנשיא הארי טרומן אמר: **"ברגע שמינית שופט לבית המשפט העליון, איבדת חבר."**

   א. המינוי של שופטי בית המשפט העליון מובא לאישור הסנאט.

   ב. שופטי בית המשפט העליון מפרשים את החוק בכלל ואת החוקה בפרט.

   ג. לנשיא יש סמכות להעניק חנינה ולדחות ביצוע עונש מוות. סמכות זו אינה מוגבלת.

8. איזונים ובלמים בהכרזת מלחמה:

   הכרזת מלחמה נגד מדינה אחרת נתונה בידי בתי המחוקקים (הקונגרס והסנאט), ונעשית, בדרך כלל, לאחר פניית הנשיא. הנשיא וודראו ווילסון היה פציפיסט שניסה למנוע את השתתפות ארצות הברית במלחמת העולם הראשונה, אך נאלץ לבקש כי תוכרז מלחמה על גרמניה לאחר שצוללת גרמנית הטביעה בנמל ניו פורט בארצות הברית תשע אניות בריטיות. ב-2 באפריל 1917, לאחר אישור היציאה למלחמה, הוא העיר לאחד מחברי הקונגרס: "המסר שלי היום היה מסר המבשר את מותם של רבים מנערינו. כמה מוזר לי להאזין למחיאות הכפיים, לאחר הודעתי זו."

דה טוקוויל היה ער לרוח הנושבת בדמוקרטיה ושעלולה להפוך לחולשתה: **רוח ההמון.** הוא אמר: **"לעולם קל יותר להמונים, לקבל שקר פשוט על אמת מורכבת."** לטענתו, העובדה שאנשים מתאחדים והופכים לרוב **אינה הופכת אותם בהכרח לצודקים**, ואף קיימת סכנה שינצלו את כוחם כרוב לשם דיכוי המיעוט.

הוא גם חזה באופן בהיר את עתידה של ארצות הברית, שתיהפך למעצמה עולמית ולבסוף תעניק זכויות לכל אזרחיה: לנשים, לאינדיאנים ולאפריקאים, שיפסיקו להתקיים כעבדים.

משמעות הדברים לדמוקרטיה הישראלית

9. לאחר שישים ושבע שנה של עצמאות ישראל מן הראוי כי נושפע יותר מהדמוקרטיה האמריקאית. הדבר צריך לקבל ביטוי ב**ניסוח חוקה למדינת ישראל כמדינה יהודית, ציונית, ממלכתית ודמוקרטית, המפרידה בין חקיקה ממלכתית למצוות דתיות** ומעניקה חירות לתושב לבחור את מעמדו האזרחי (אזרח או תושב קבע) בהגיעו לבגרות.

10. לאחר ניסוח חוקה יש להקים בית משפט גבוה לצדק ולחוקה, בעל סמכויות זהות לבית המשפט העליון של ארצות הברית.

11. יש להפריד באופן חד וברור בין הרשות המחוקקת, הרשות המבצעת והרשות השופטת. לא ייתכן ששר, המשתייך לרשות המבצעת, יהיה בעת ובעונה אחת חבר ברשות המחוקקת.

12. הפרדת הרשויות צריכה לקבל ביטוי בהענקת סמכות, הטלת אחריות ומתן כלים חוקיים לביצוע חובותיה של כל אחת מהרשויות יחד עם הוספת סמכויות לרשות המבקרת.

13. ראש הממשלה שייבחר ירכיב ממשלה מאנשי מקצוע בעלי שיעור קומה שיקבלו את אמון הרשות המחוקקת.

הפרט והעם בחוקת וירג׳יניה משנת 1780 והשפעתה על חוקת ארצות הברית

אתייחס במסגרת זו לשלושה נושאים עקרוניים שקיבלו ביטוי בחוקת וירג׳יניה משנת 1776, שקדמה לחוקת ארצות הברית והשפיעה עליה:

1. כל בני האדם הם בני חורין על פי הטבע ובלתי תלויים.

2. העם הוא בעל כל הזכויות המדיניות, וכל הסמכות באה ממנו. הפקידים הם משרתיו ומטפלים מטעמו בעניינים, והם אחראים בפני העם בכל עת.

3. אם הממשלה לא תפעל על פי ההנחיות שנתנו לה נבחרי העם, אזי יכולה רוב הקהילה להשתמש בזכותה – שאינה מוטלת בספק, אינה ניתנת

להעברה ואינה ניתנת לערעור – להכריח את הממשלה לבצע את הפעולה הנכונה, לשנות את הרכב הממשלה או להדיחה, וכל זאת בהתאם לקביעת הגוף הנבחר לטובתו המרבית של הכלל.

בעת הכרזת העצמאות של ארצות הברית, ב-4 ביולי 1776, פרצה מלחמה נגד בריטניה. היא נמשכה שש שנים והסתיימה באוקטבר 1781 עם כניעתו של הגנרל האנגלי צ'רלס קורנוואליס ביורקטאון. חוקת ארצות הברית הושלמה ב-7 בספטמבר 1787 ואומצה רשמית ב-4 במרץ 1789. מנסחי החוקה בחנו בקפידה רעיונות שונים, ולנגד עיניהם עמדו הדברים הבאים:

1. העם הוא הריבון וממנו שואב השלטון את כוחו.
2. קיים חשש שהשלטון יעשה שימוש לא נאות בכוחו ויזיק והעם יקופח.
3. קיים חשש שהרשויות תהיינה חלשות מדי ותחסרנה כוח ביצוע – החשש העיקרי היה מפני חולשתה של המערכת המשפטית.

השלטון בארצות הברית בנוי משתי רמות: רמת המדינות כמסגרות עצמאיות בעלות סמכות חקיקה, ביצוע ושפיטה; והרמה הפדרלית שבראשה נשיא (ראש הרשות המבצעת), מסגרות חקיקה (קונגרס וסנאט) ושפיטה לרמה הפדרלית.

מערכת השלטון בארצות הברית מבוססת על כמה מוסדות:

1. **שלושה דרגי ממשל:** הממשל המרכזי הפדרלי – בראשו נשיא; הממשל במדינה – בראשו מושל (Governor); הממשל המוניציפלי – הבנוי משלוש רמות: מחוז (County), עיר (City), יישוב (Town).
2. **ארבעה בתי מחוקקים:** ברמת המדינה – קונגרס וסנאט; ברמה הפדרלית – קונגרס וסנאט.
3. **שתי רמות שיפוטיות עצמאיות:** מערכת שיפוטית לכל המדינה; מערכת שיפוטית פדרלית.

משמעות הדברים לדמוקרטיה הישראלית

1. יש לתת ביטוי בחוק לרעיון "חירות הפרט", שיושם בכך שכל אדם היה רשאי להגדיר את מעמדו האזרחי עם הגעתו לבגרות: אזרח, תושב קבע או תושב ארעי.

2. כדאי לבחון אפשרות להקמת שני בתי מחוקקים: האחד לשלטון המקומי (הרשויות המקומיות) והשני לרמת המדינה – כנסת ישראל.
3. הפקידות הישראלית אינה מכירה בחובתה לשרת את העם, מתנשאת ויוצרת סבך של ביורוקרטיה, המוליד שחיתות. עלינו לאמץ את רוח חוקת וירג'יניה ולפשט את הביורוקרטיה בכל דרגי הממשל בישראל ולהגביר בקרה ואיזונים.
4. ריבוי הדרגים ומספרם הרב של הפקידים בכל דרג מרסקים את השלטון המקומי במדינת ישראל.

"מטרת המדינה היא חופש" – הפילוסופיה הפוליטית של ברוך שפינוזה (1677-1632)[87]

ברוך שפינוזה היה בנם של אנוסים מפורטוגל. הם חזרו ליהדותם בהולנד ושם נולד ברוך. הוא זכה לחינוך יהודי בתלמוד תורה "עץ חיים", ידע עברית על בוריה והיה בקיא בפרשנות כתבי הקודש של אבן עזרא, הרמב"ם, רבי חסדאי קרשקש ועוד. הוא העשיר את השכלתו בכך שלמד לטינית, יוונית, מדעים מדויקים וכן את כתביהם של גדולי הפילוסופים ואת הברית החדשה. אך מעולם לא התנצר.

שפינוזה פסל את האפשרות שהתורה תהיה חוקה למדינה, לרבות ההלכה והפירושים שנתנו רבנים לדורותיהם. בפסילה זו פסל את הרבנות היהודית ואת כמרי הכנסייה הנוצרית כאחת, וכן פסל את סמכותם ואת הרעיון שיש לציית להם באופן עיוור. זו הסיבה שהוחרם על ידי רבנים יהודים וכמרים נוצרים, וכתביו נאסרו לפרסום בהולנד.

אף על פי שהרבנות בהולנד ובאירופה רדפה אותו, הוא מעולם לא המיר את דתו. הוא ראה יסודות דמוקרטיים חשובים בתורת משה. אחטא לנושא הדמוקרטיה הדרושה לעם ישראל במדינת ישראל היהודית, אם לא אתייחס באובייקטיביות לפילוסופיה המדינית של ברוך שפינוזה. הודות למחשבתו

87 "אחרים: ברוך שפינוזה ושלמה מימון", עורך: דב איכנוולד, הוצאת "ידיעות אחרונות", עמ' 215-19.

העצמאית והרציונליסטית הוא הוכר מאה שנה לאחר מותו כאחד מגדולי הפילוסופים.

בהולנד הוקמו שתי אנדרטאות לזכרו. הראשונה הוקמה בבירת הולנד, האג, בשנת 1882, במלאות מאתיים שנה למותו. האנדרטה, העשויה מאבן שחם, הוקמה הודות לתרומות שנאספו מכל העולם. הפילוסוף וההיסטוריון הצרפתי ארנסט רנאן, שהשתתף בחנוכת האנדרטה, נשא נאום מרגש:

> "אוי לו למי שיעבור ויפטיר עלבון לעבר הראש העדין הזה. הוא ייענש כשם שכל גסי הרוח נענשים, על ידי עצם גסות רוחו ועל ידי קוצר-ידו לתפוס מה שהוא אלוהי. האיש הזה יראה לכל בני-האדם, מצבת שחם זו, את דרך האושר אשר מצא. ועוד דורות יחלפו, ועובר-אורח, בעברו במקום הזה, יאמר בלבו: חזון האלוהים האמיתי ביותר שנחזה אי-פעם התגלה אולי פה."

האנדרטה השנייה הוקמה בעיר הולדתו, אמסטרדם. האנדרטה היא פרי יוזמתו של ראש עיריית אמסטרדם באותה עת, שהיה יהודי בן לניצולי שואה. האנדרטה נחנכה בנובמבר 2008, בציון 376 שנה ללידתו של ברוך שפינוזה. בפסל המרשים ניצב ברוך שפינוזה במלוא קומתו בכיכר העירייה, Zwanen burgwal, ועל גבי הבמה הנושאת את דמותו חרוט משפט שכתב: **"מטרת המדינה היא חופש".**

שפינוזה פסל את האפשרות שעם ישראל הוא נעלה בכך שהוא העם הנבחר על ידי אלוהים וכדבריו: **"מבחינת השכל והשלמות האמיתית אין עם נבדל מעם, ולפיכך אי אפשר שייבחר על ידי אלוהים על פני עם אחר."** המסקנה ממשפט זה היא שהמדינה העברית כמוה ככל מדינה אחרת עם מערכת חוקים משלה. כמו כן, הצורך שלה לקיים יחסים עם אומות אחרות ורצונה להשתלב כאומה שווה בין האומות מחייבים אותה לציית לחוקים בינלאומיים. אין יכולת קיום ושרידות בתנאים של בדלנות.

שפינוזה מצא בתורת משה מרכיבים החשובים לקיומו של שלטון דמוקרטי:

1. **לחוקת משה נדרשה הסכמת העם**, ככתוב "ויבוא משה ויקרא לזקני העם וישם לפניהם את כל הדברים האלה אשר ציווהו ה'; ויענו כל העם יחדיו

ויאמרו כל אשר דיבר ה' נעשה וישב משה את דברי העם אל ה'" (שמות יט, ז-ח). אני גם מזכיר את הנאמר בפרקים הקודמים: את הלכות המשנה קבעו הרבנים ברוב קולות.

2. המנהיגות כפופה לחוק ככל אחד מהעם.
3. אין מנהיגות עוברת בירושה.
4. הפרדה בין כהונה לשלטון. אין זה נכנס לתחומו של זה (כתר מלכות לחוד וכתר תורה לחוד).
5. לאנשי הדת, הכוהנים, אין זכות על קרקע כדי שלא יוכלו להשתלט על נכסי העם.
6. הצבא בנוי מבני העם ולא משכירי חרב, ובכך הם אינם תוקפים אלא מגִנים.
7. על מטרתה של המדינה כתב שפינוזה בספרו "מאמר תיאולוגי-מדיני":

> "המטרה הסופית של המדינה איננה לשלוט על הבריות, ואף לא להגבילם על ידי פחד, אלא לשחרר כל אדם מפחד, למען יוכל לחיות ולפעול בבטחה מלאה ובלי פגיעה בעצמו או בזולתו. מטרת המדינה, חוזר אני ואומר, איננה להפוך ברואים שכליים לחיות-פרא ולמכונות, אלא לאפשר לגופם ולנפשם לפעול לבטח. המטרה היא להנהיג את האנשים שיחיו על פי שכלם החופשי ויפעילוהו, שלא יבזבזו את אונם בשנאה, ולא יונו איש את רעהו, כך, מטרת המדינה היא לאמיתו של דבר – החירות."[88]

באותו הספר תחת הכותרת "תמיד מתקוממים אנו נגד איסורים, ומים גנובים ימתקו" הוא כותב:

> "ככל אשר תרבה ממשלה לשאוף לקצץ בחופש הדיבור, כן מרבה היא על עצמה התנגדות נחושה. אומנם לא מצד שואפי-הבצע... אלא מצד אלה אשר החינוך הטוב, המוסריות הבריאה והמידות הטובות עשו אותם יותר חופשיים. בדרך כלל בנויים בני-האדם כך, שאין לך דבר

88 "גדולי ההוגים", עמ' 138.

אשר ימעטו כל כך לשאתו בסבלנות כמו את המעשה הזה, שדעות הנחשבות אמת בעיניהם תיחשבנה חטאים כנגד החוקים... בתנאים כאלה אין זה בלתי הוגן בעיניהם, אלא לכבוד יחשב להם, לתעב את החוקים ולא להימנע משום פעולה נגד השלטון... לו רק המעשים בלבד היו מתקבלים כיסוד להעמדה בדין בפלילים, ואילו לדיבורים היה ניתן תמיד לעבור תוך חירות, ניטל היה מן ההסתה וההדחה כל צל של הצדקה."[89]

משמעות הדברים לדמוקרטיה הישראלית

1. המדינה אחראית לאושר אזרחיה ותושביה ועליה להבטיח את החופש, לרבות חופש הדיבור וחופש התקשורת.
2. הפרדה מוחלטת בין הממסד הדתי לחקיקה ושלטון שתקבל ביטוי בחוקה.
3. הצבא הוא צבא העם שנועד להגנת המדינה.
4. כולם כפופים לחוק ושווים בפני החוק.
5. שלטון אינו עובר בירושה ויש לערוך בחירות מדי כמה שנים.
6. שום דת, או תורה דתית, אינה תחליף לחוק או לחוקה המתקבלים בהסכמת העם באופן דמוקרטי.

---

89 "גדולי ההוגים", עמ' 139.

דברי נעילה

פתחתי מנשרי זה באירועים שחרשו תלמים באישיותי ובהגותי. אינני מאחל לאיש מקוראיי לעבור אירועים דומים, אך מוטב שכל אדם ילמד את הלקחים המתחייבים.

מנשר זה והדברים האמורים בו נועדו להשכנת שלום בין הפלגים בעמנו ובינינו לעמי ערב. נבסס את מקומנו בין אומות העולם בדרכי נועם ושלום, לא בכוח ולא בשליטה על העם הפלסטיני. עלינו לזכור ולשמור בתודעתנו את דברי הנביא יחזקאל בן בוזי הכהן: **"אם לא דם שנאת ודם ירדפך"** (יחזקאל לה ו). דבריו אלה הופנו כלפי תושבי הר שעיר אך חלים, לדעתי, על כל עם וכמובן על עמנו. תוצאת השנאה תוארה באותו פרק בפסוק ד: **"עריך חרבה אשים ואתה שממה תהיה וידעת כי אני ה׳."**

זו הייתה תוצאתן של המרידות ברומא, שהסתיימו בשנת 70 ובשנת 138 לספירה. אני מזכיר את האסונות האלה כדי למנוע אסונות נוספים העלולים לבוא עלינו, חס וחלילה, אם לא נתחשב בערבים החיים בקרבנו ולצדנו, ואם נמשיך להיגרר אחר שפיכות הדמים של קיצונים ערבים ושל יהודים לאומנים משיחיים שבקרבנו.

וכעת, עת נעילה, נמקד מבט פנימה, אל עצמנו. הישגינו בקליטת עולים, במדע ובכלכלה מרשימים ואין להם אח ורע בעולם. עמידת צה"ל ועם ישראל מול תוקפנותם של צבאות ערב ומעשי הרצח של הטרור הערבי הנתמך על ידי אירן היא ייחודית ונלמדת באקדמיות הצבאיות בעולם.

בצד ההישגים האלה עומד לרועץ הכישלון המוסרי של חלק מהפוליטיקאים בכל רובדי הממשל, ומטיל כתם כבד על דמות מדינתנו. **כישלון מוסרי זה דבק**

בכל אחד מאתנו, היות שהמשכנו לבחור בהם – באותם פוליטיקאים, ולא פעלנו בנחישות לשינוי שיטת הבחירות והממשל. **הגיעה העת שהעם ישמיע את קולו ויקיא את הפוליטיקאים המושחתים מקרבו.**

חובה על כל אחד מאתנו להפנים שאנו קובעים את דמותה של המדינה, ואנו נושאים באחריות למעשי מנהיגינו שבחרנו בהם. אנו מעצבים את דמות המדינה במעשינו היומיומיים ובהצבעתנו בקלפי בעת בחירות.

בעת שירותי בצה"ל, ערב יום העצמאות תשל"ט, קיבלתי מידי הרמטכ"ל ספר בשם "החלום והגשמתו" על הגות ומעש בציונות. בהקדשה רשם בכתב ידו הרמטכ"ל רפאל איתן ז"ל את הדברים הבאים: **"המדינה – זה אתה. אתה תקבע את רמתה ודמותה בהווה ולדורות."**

דבריו של הרמטכ"ל רפאל איתן מחייבים כל אחד מאתנו. כמו כן, תקפים דברי חוזה המדינה בנימין זאב הרצל בספרו "אלטנוילנד":

"אם תרצו – אין זו אגדה, ואם לא תרצו – זו תישאר אגדה."